Dan Davis

DER TAG
an dem die Welt
ERWACHTE

ZEITREISEN, UFOs, WELTKRIEGE,
DEEP STATE, GEHEIMGESELLSCHAFTEN,
GEHEIME SCHRIFTEN, CORONA, FAKTEN,
ZEUGEN & WARUM ES BIS ZUM „TAG X"
VERSCHWIEGEN WERDEN WIRD

BAND 1

1. Auflage, 21. Oktober 2020

© All-Stern-Verlag

Wolf 8

88430 Rot/Ellwangen

Tel. +49 (0) 7568 29 89 98 2

Fax: +49 (0) 7568 29 89 98 1

http://www.all-stern-verlag.com

info@all-stern-verlag.com

Satz/Umbruch: All-Stern-Verlag

Umschlaggestaltung: Irene Repp
Coverbild: jgolby, Shutterstock

ISBN 978-3-947048-14-4

Inhaltsverzeichnis – Band 1

Inhaltsverzeichnis – Band 2

„Würde es stimmen, dass unser Gott, wie im Alten Testament beschrieben, Massenmorde und Massaker befielt, dann wäre es zumindest nicht mein Gott!"

Dan Davis

Einleitung

In dem vorliegenden Buch werden wir unter anderem einer spannenden Frage nachgehend, die „Offenbarung an Johannes" für die „Letzten Tage" betreffend. Denn bei näherer Betrachtung wird deutlich, dass diese ein Geheimnis verbirgt, das einen deutlichen Fingerzeig aufweist: Augenscheinlich wird in der Offenbarung das Ende einer freimaurerischen satanischen, luziferianischen Weltverschwörung angekündigt, wenn man die Zeichen zu deuten weiß. Ich möchte dies hier an einigen einleitenden Beispielen deutlich machen: Es ist ein bewusst aufgebautes Rätsel.

Das Allsehende Auge auf der Dollarnote mit dem Gründungsjahr nicht nur der Vereinigten Staaten, sondern auch dem der Illuminaten, finden wir auch an anderer Stelle. Es ziert auch die Mütze des so oft gezeigten Obersatanisten, Illuminaten und Hochgadfreimaurers Aleister Crowley auf seinen bekanntesten Fotos (siehe Abb. 150). Und ganz zufälligerweise finden wir das OTO der Ordo Templi Orientis Logen auch unter der offiziellen Anschrift des `Illuminaten-Ordens`, welche sogar ein eingetragener Verein ist (so wie übrigens auch die `Church of Satan` in Amerika ein eingetragener Verein ist (e.V.) mit Steuerbefreiung, da sie eine eingetragene Glaubensgemeinschaft, wie viele andere satanische Verbindungen, ist). Man findet sie unter `Illuminaten Orden e.V. OTO` in *Frankfurt*. Ein Polizist, befragt zu diesen Vorgängen, sagte, allein die Mitgliedschaft in einem satanischen Verein sei eben noch keine Straftat. Um etwas mehr über die Geschichte um und über Aleister Crowley zu erfahren, werden wir kurz ein wenig in die Geschichte gehen, damit wir die Zusammenhänge besser verstehen.

Crowley schrieb das magische Hauptwerk `Das Buch des Gesetzes` (Liber Legis, The Book of Law). Ein kurzes, sehr intensives Werk, welches durch die verschiedensten Gelehrten und Magier interpretiert worden ist. Man dachte, es enthielte den Schlüssel zur Magie.

Am 12. August 1903 heiratete Crowley eine Frau mit dem Namen Rose Kelly. Doch leider interessierte sich diese nicht für Esoterik. Trotzdem wäre ohne sie das `Buch des Gesetzes` nie zustande gekommen. Aus diesem Grund wird ihr Hochzeitstag auch jedes Jahr in den verschiedenen OTO (Ordo Templi Orientis)-Logen mit einem Fest gefeiert. Sie reisten nach ihrer Heirat für längere Zeit durch den Orient. Dies gefiel ihnen besser als das kalte Wetter in England, was sie bei ihrer Rückkehr festzustellen begannen, worauf sie kurz entschlossen in die „Mars-Stadt" Kairo reisten. Sie gingen zu den großen Pyramiden und verbrachten einen Abend in der Königskammer.

Bei Rose hinterließ dies einen tiefen Eindruck. Zurück in Kairo fiel sie angeblich in einen veränderten Bewusstseinszustand, ungewöhnlich, da sie doch keinerlei okkulte Interessen hatte. In diesem wiederholte sie ständig, Crowley hätte den ägyptischen Gott Horus beleidigt. Zum Erstaunen Crowleys, da Rose ansonsten keine Ahnung von der ägyptischen Mythologie hatte. Sie sagte ihm, wie er Horus herbeirufen könne, brachte ihn dazu, ins ägyptische Boulak-Museum zu gehen. Dort bekam er einen Schock. So zeigte sie ihm eine Darstellung des Gottes Horus als Ra-Hoor-Khuit, welche Teil eines Steinmonuments war, die als die Stele *Ankh-Af-an-khonsu* bezeichnet wird, bekannt als der Priester von Mentu (siehe Abb. 20). Die Museumsnummer der Stele: *666*! Jene Nummer, mit der sich Crowley selbst identifizierte!

Dieses Erlebnis veränderte sein Leben für immer! Es ist wichtig zu wissen, dass das `Buch des Gesetzes` auf unglaubliche Weise fehlinterpretiert worden ist. Vor Crowley war die Stele des Ank-af-an-khonsu als die `Stele 666` bekannt. Crowley nannte sie `die Stele der Offenbarung`. So steht in der Offenbarung des Johannes, 13 Vers 15: `*Das zweite Tier konnte sogar das Standbild des ersten Tieres beleben, so dass dieses Bild sprechen konnte*`. Und Vers 16:` *Das Tier hatte alle Menschen in seiner Gewalt: Hohe und Niedrige, Reiche und Arme, Sklaven und Freie. Sie mussten sich ein Zeichen auf ihre rechte Hand oder Stirn machen. Nur wer dieses Zeichen hatte, konn-*

te kaufen oder verkaufen. Das Zeichen bestand aus dem Namen des Tieres oder der Zahl für diesen Namen. Dazu braucht man Weisheit. Wer Verstand hat, der kann herausfinden, was die Zahl des Tieres bedeutet, denn sie steht für den Namen eines Menschen. Es ist die Zahl Sechshundertsechsundsechzig.`

Crowley war eingeweiht in das Illuminatenwissen der absteigenden Bewusstseinszustände der Menschheit. Aleister Crowley zählte man zur dunklen Bruderschaft, zur okkulten Gesellschaft. `Das Buch des Gesetzes`, welches Crowley verfasste, wurde ihm angeblich von einem Wesen mit dem Namen `Aiwass` diktiert, wobei Crowley in der Rolle eines Mediums fungierte. `Das Buch des Gesetzes` zeigt Crowley als den Propheten des Mentu oder Priester des Mentu. Crowley, der mit bürgerlichen Namen Eduard Alexander hieß, hat in seinem selbst gewählten Namen Aleister eine weitere Verbindung, denn dieser stammt von einer griechischen Bezeichnung für den Gott der Vergeltung ab. Er wählte den Namen, lange bevor er das `Buch des Gesetzes` diktiert bekam. Auch hier wird sein magischer Einfluss deutlich, denn sein geheimer Name war angeblich OTO Phönix. In der ägyptischen Mythologie war der Phönix ein großer Vogel, der angeblich in Zyklen seinen eigenen Scheiterhaufen aufbaute und sich erneuerte, indem er sich verbrannte und danach wieder jung aus der Asche aufstieg.

Der Phönix wurde durch einen Falken oder Reiher als Vehikel des Gottes Horus dargestellt. Eine mögliche außerirdische Verbindung, auf die wir im Buch näher eingehen werden.

Auch *Helena Petrovna Blavatsky* war weibliche Freimaurerin, *Satanistin*, und eine okkulte Führerin. Zudem war sie Mitbegründerin der Theosophischen Gesellschaft. Sie schrieb okkulte Klassiker, wie *The Secret Doctrine* und *Isis Unveiled* und sagte: `Satan ist der Gott unseres Planeten und es gibt nur einen Gott: Luzifer!` Weitere bekannte freimaurerische Satanisten waren unter anderem *Gerald B. Gardner* und *Dr. Wynn Westcott*, Mitglied der *Societas Rosicruciana* und

Gründungsmitglied des okkulten *Order of the Golden Dawn*. Lafayette Ron Hubbard, Gründer der Scientology-Kirche, geboren am 13. März 1911 in Tilden, Nebraska, kam zum ersten Mal 1945 mit dem kalifornischen `Ordo Templi Orientis` (O.T.O.) in Berührung. Genauer: Mit John W. Parson, der sich `Frater 210` nannte, und der im selben Jahr von Aleister Crowley zum Führer der `Agape Loge` bestimmt worden war. Parson führte seinen Freund Hubbard in diese Loge ein. Der erwies sich als gelehriger Schüler und gab schon bald den Ton an. Auch Parson äußerte sich anerkennend über seinen Schüler Hubbard. Der Führer des kalifornischen O.T.O glaubte sogar, dass Hubbard in Kontakt zu einer `höheren Intelligenz` zu einem Schutzgeist stehe. Im März 1945 zelebrierte Parson zusammen mit seiner Frau Betty und dem späteren Begründer der Scientology ein seltsames Zeugungsritual, bei dem wohl ein *Moonchild* erschaffen werden sollte (eine unter astrologischen Gesichtspunkten in magischer Umgebung gezielt herbeigeführte Zeugung mit nachfolgender, vorgeburtlicher ritueller Beeinflussung des Fötus, was zur Geburt eines magisch besonders begabten Kindes führen soll).

Hubbard vergnügte sich im Bett mit Parsons Frau Betty, aber der Ehebruch alleine brachte den Führer des kalifornischen O.T.O. nicht aus der Ruhe. Erst der Umstand, dass Hubbard und Betty von seinem Geld eine Yacht kaufen und verschwinden wollten, ließ ihn handeln. Er sorgte dafür, dass die Yacht auf offener See so schwer beschädigt wurde, dass sie in den Hafen zurück musste. Einen offensichtlichen Hinweis, dass Hubbards Scientology aus Crowleys Neo-Satanismus schöpft, finden wir ebenfalls im Symbol seiner `Kirche`, einem Kreuz, dessen Balkenenden in je drei Rundungen auslaufen, ergänzt durch lange, gleichschenklige Dreiecke, die wie Strahlen von dem Kreuzungspunkt der beiden Kirchenbalken ausgehen. Dieses Strahlenkreuz prangt auf der Rückseite jeder Karte des `Aleister Crowley Tarots`, dass von Crowley selbst entworfen wurde. Zudem sollen in den oberen Stufen der Scientology (`Graden`) ebenfalls magische Zeremonien zelebriert werden. Vergessen wir auch nicht die Verbindung eines Charles Manson *mit der Scientology*. DER SPIEGEL (Nr. 51/1974) berichtet, sich dabei auf US-Staatsanwalt Vincent Bugliosi berufend: `Nach seiner Religionszugehörigkeit gefragt, gab Manson an, er sei *Scientologe*. Er behauptete, er hätte sich die Scientology-Methode sehr rasch angeeignet. Einem Gefängnisbesucher erzählte er, er hätte im Gefängnis hundertfünfzig `Schulungssitzungen` mitgemacht.` Es gibt vermutlich eine erstaunliche okkulte Verbindung zum berüchtigten Montauk-Projekt, Long Island, New York, bei dem es um Zeitreisen und hierzu verwendete außerirdische Hochtechnologie geht, auf das wir später im Buch aufgrund neuer aufgetauchter Fakten näher eingehen werden. Das angeblich im Verlauf der siebziger und frühen achtziger Jahre des zwanzigsten Jahrhunderts in der Luftwaffenbasis durchgeführte Montauk-Projekt soll einen Versuch dargestellt haben, den Zeitfluss zu erkunden, zu kartieren und letztlich zu manipulieren. Siehe hierzu auch das Buch „Geboren in die Lüge."

Jeder, der sich ernsthaft mit dem Okkulten beschäftigt, wird früher oder später auf die Arbeit von Aleister Crowley stoßen. Dies ist kein Zufall. Crowley war sehr einflussreich und wohl kurz vor dem Höhepunkt seiner Laufbahn, als er sich dazu entschied, im Sommer 1918 am *Montauk Point* einen `magischen Urlaub` zu machen, heißt es in verschiedenen Schriften. Die Gebrüder Wilson verkehrten mit der Familie Crowley als Freunde und Geschäftspartner. Gemeinsam waren die beiden Familien an einer Firma beteiligt, die sich dann in den zwanziger Jahren des 20. Jahrhunderst mit einigen anderen Unternehmen zusammenschloss. Dieses Konglomerat wurde später als Thorn-EMI bekannt, seinerzeit einer der größten Elektronikkonzerne des Vereinigten Königreiches. Thorn-EMI hatte auch eine berühmte Unterhaltungsabteilung, die einen Musik- und Videoverlag mit einschließt. Interessanterweise war Thorn-EMI *die* Firma, die den Film *Das Philadelphia Experiment* herausbrachte, bei welchem den Berichten zufolge ein Kriegsschiff durch ein Zeitloch in die Vergangenheit geschickt wurde. *Einer der Beteiligten am Philadelphia-*

Experiment soll der deutsche Wissenschaftler Albert Einstein gewe-
sen sein. Angeblich wäre bei den Experimenten ein UFO erschienen.

Anscheinend war der Film in den Kinotheatern überall in den USA schon angelaufen, als er auf Anordnung von Regierungsbeamten durch Gerichtsbeschluss wieder zurückgezogen wurde. Thorn-EMI zog angeblich vor Gericht und ließ die ursprüngliche Anordnung wieder aufheben. Es wurde vermutet, dass Thorns Status als ausländische Firma viel bewirkt hatte, da sie nicht so leicht von den amerikanischen Behörden eingeschüchtert werden konnten.

Jack Parson war nicht nur ein wesentlicher Mitarbeiter in der Raketenforschung bei CalTech, sondern auch ein Student Aleister Crowleys. 1941 trat er dem Ordo Templi Orientis („O.T.O.") bei. Später befreundete er sich mit L. Ron Hubbard, dem Begründer der Dianetik und der Scientology, mit dem er auch magische Experimente durchführte. Nachzulesen in dem Buch „*The Secrets of Aleister Crowley*" (Die Geheimnisse des Aleister Crowley). Laut Amado Crowley waren die Gebrüder Wilson eng mit Aleister und Großvater Crowley (Edward Alexander) befreundet gewesen. Sie standen auch mit dem Schriftsteller H. G. Wells auf vertrautem Fuß (der Autor von *Die Zeitmaschine*), der möglicherweise von ihnen beeinflusst war, als er seine Romane über die Zeit schrieb.

`Ich mache mir vor allem Sorgen über die Gruppe, die sie die Mon-*
*tauk-Boys nennen`, sagte der Autor Nichols in seinen Aufzeichnungen. Die Montauk-Boys waren mittels psychosexueller Gedankenkontrolle programmiert worden. In den frühen Siebziger Jahren begann die Montauk-Gruppe sich für die Programmierung von Kindern zu interessieren. Den Berichten zufolge hatte man etwa fünfzig Kinder geschnappt und lieferte sie nach Montauk. Dort wurden diese programmiert und in drei Altersgruppen eingeteilt: 6-12 Jahre, 13-16 Jahre und 17-22 Jahre. Nach der Bearbeitung wurden diejenigen aus der ersten Gruppe, welche die Behandlung überlebt hatten, in zwei verschiedene Gruppen aufgeteilt. Eine davon ging angeblich zu Au-

ßerirdischen für genetische Experimente, die andere wurde programmiert und wieder in die Gesellschaft zurückgebracht. Manche kehrten zu ihren ursprünglichen Familien zurück, andere wurden in neue Familien gesteckt. Die Idee war, dass sich diese jüngeren Kinder in die Gesellschaft integrieren sollten. Sie sollten zu normalen Stützen der Gesellschaft werden, würden auf die Universität gehen und Anwälte, Ärzte, Politiker und so weiter werden. Diese Leute wären Schläfer, das heißt, wenn die geheime Regierung sie aktivieren will, werden sie in Bereitschaft stehen. Der Plan bestünde darin, diese Leute in chaotischen Zeiten zu aktivieren. Die Programmierungen der anderen zwei Gruppen sollte hingegen sofort Ergebnisse bringen. Wie bei den jüngeren Boys wurden die Programmierten in zwei Untergruppen eingeteilt, vorausgesetzt, sie überlebten die Programmierung. Die erste Gruppe war eine Todesschwadron von kopflosen Attentätern. Diese Agenten konnten so programmiert und aktiviert werden. Die zweite Gruppe wurde `Discrupters` (Störenfriede) genannt. Diese waren die Antreiber der satanischen Bewegung und anderer *ähnlicher* Kulte. Die Programmierung all dieser Jugendlichen begann 1973, aber es gab Anzeichen dafür, dass sie schon viel früher in den Brookhaven National Laboratories auf Long Island ausgeführt wurden.

Die Interessen von Hitler und seine Forschungen hingen den Berichten zufolge auch damit zusammen. Es waren auch einige mit dunklen Haaren und dunklerer Haut unter den Jugendlichen, die meisten aber entsprachen dem arischen Bild. Sie sperrten die Kinder völlig nackt in einen Raum. Ferngesteuerte elektronische Geräte wurden angeblich an ihren Genitalien angebracht. Ein diabolisches Programm wurde in Gang gesetzt, wobei diese Kinder brutal behandelt wurden, nicht unähnlich dem Pawlow`schen Hund. Sie wurden fast zu Tode geprügelt, bis sie seelisch gebrochene, bewusstlose Hüllen waren. Viele starben dabei. Wer überleben konnte, wurde so äußerst beeinflussbar. Während die Kinder misshandelt wurden, waren in dem Raum stabförmige Antennen aufgestellt. Nachdem die Kinder gebrochen waren, wurden sie zu einem Programmierer geschickt. Dieser baute dann ihren Verstand wieder so auf, wie die Befehlshaber es wünschten. Das gesamte Unterbewusstsein wurde von Grund auf neu gestaltet. Der Geist wurde immer zu einem bestimmten Zweck programmiert. Dann wurden sie auf die Welt losgelassen. Über Parson fand man heraus, dass er 1914 in einer wohlhabenden Familie in Pasadena, Kalifornien, geboren wurde. Obwohl er an der University of South California studierte, war er anscheinend zu genial, um an der Universität zu bleiben. Er hatte einen bemerkenswerten Ruf als Sprengstoffexperte, und er war einer der wichtigsten Wissenschaftler in der dem CalTech angeschlossenen Raketenforschungsgruppe, welche die Jet Propulsion Laboratories gründete. Ein befreundeter Naturwissenschaftler brachte ihn zum O.T.O.. Parson war besonders von der Tatsache beeindruckt, dass Crowley die Arbeit Albert Einsteins und die Quantentheorie in seinem Buch *Liber Legis* (Das Buch des Gesetzes) vorausgesehen hatte.

Jack trat dem O.T.O. im Jahre 1941 bei und war kurzzeitig der Vorsitzende der `Agape-Loge` des Ordens. Nach dem Krieg baute er eine Beziehung mit L. Ron Hubbard auf, und beide nahmen zusammen mit Marjorie Cameron, Parsons zweiter Ehefrau, am `Babalon Working` teil. Das `Babalon Working` war ein magischer Ritus, der über Tage ging, und es ist wohl das berühmteste magische Working des Zwanzigsten Jahrhunderts. L. Ron Hubbards Laufbahn bei der Navy ist voll mit Vieldeutigkeiten. Seine eigentlichen Navy-Akten werden nicht veröffentlicht, aber man weiß im Allgemeinen, dass Hubbard im Navy-Geheimdienst diente. Da dies der Fall ist, müsste man erwarten, dass automatisch Fehlinformationen über seine Aufgaben fabriziert werden. Es ist weiter bekannt, dass Hubbard die psychiatrischen Akten des Navy-Personals studierte. Er hatte auch Informationen über die Vorgehensweisen, die dem letzten Stand der Technik entsprachen, darunter auch Narkosynthese und Regressionstechniken. Einige Leute dachten, die CIA hätte die Bewegung infiltriert und einen Scientologyzweig gegen den anderen aufgebracht. Hubbard verstarb im Jahr 1986 im Alter von vierundsiebzig Jahren.

Über *Camp David* hat man in den Medien immer wieder Geschichten gehört. So wurden Staatspräsidenten verschiedener Länder nach Amerika in dieses `Feriendomizil des Präsidenten` eingeladen, wenn alle anderen Verhandlungsversuche gescheitert waren, so dass leicht mystischen Geschichten aufkamen. Doch ob man versuchte, dort Staatsoberhäupter mit Gedankenkontrolle in ihren Entscheidungen zu manipulieren, dazu gibt es verschiedene Berichte. Es gibt Leute, die ich kenne, die dies behaupten. Und auch Uri Geller sagte mir, er habe an solchen Experimenten teilgenommen, bei der es um Verhaltensbeeinflussung von Politikern bei ihren Entscheidungen ging. Thomas Jefferson berichtete über die Sprache der „Montauks." Er sagte, die Sprache der Montauks sei als `*Vril*` bekannt gewesen, einer alten atlantischen Sprache. Dies wäre eine Version einer noch viel älteren Sprache, der Sprache der Engel, die man `Enochisch` genannt hätte. Der „Montauk-Chair", die Zeitreiseeinrichtung selbst, soll vom Sirius stammen, also außerirdischen Ursprungs sein.

Wenn man Crowleys geheime Verbindungen weiter untersucht, findet man weitere Hinweise. Crowley war nicht nur mit dem O.T.O. verbunden, er war auch Mitglied einer Geheimgesellschaft, des A.:A.: (Argentum Astrum), den „Orden des silbernen Sterns." Der `Silberne Stern` selbst ist der Sirius, der hellste am Himmel und der Hauptstern in der alten Konstellation des *Phönix*. Die alten Assyrier und Phönizier leiteten beide ihre Namen aus diesem Erbe ab. Crowley bezeichnete den Orden des Silbernen Sterns als die „Illuminati."

Den alten Ägyptern zufolge gab es eine spezielle Verbindung zwischen dem Sirius und der Erde. Und natürlich wurde der Montauk-Stuhl angeblich von den Sirianern geliefert. Wenn dieses ganze, unglaubliche Szenario wahr ist, scheint es doch schon wahrscheinlich, dass die Sirianer eine ziemliche Ahnung davon hatten, wie man einen Stuhl konstruiert, der mit dem Bewusstsein der Zeit in Resonanz ist. Dies alles führt uns zu Bast, der Göttin der Hexerei und der sexuellen Magie im ägyptischen Pantheon. Sie wird unter anderem mit der Lust auf bizarre sexuelle Praktiken in Verbindung gebracht, was auch als das „Reich von Bast" bezeichnet wird. Bast ist eine der ältesten Formen von Babalon, der Muttergöttin, und sie wird oft als die ägyptische Katzengöttin identifiziert. Bast wird sowohl als Katze als auch als Löwin dargestellt. Als Göttin der sexuellen Magie herrschte sie über Lust und sexuelle Erregung. Es war ihre Aufgabe, sicherzustellen, dass alle Möglichkeiten sich manifestieren und ausleben konnten. Bast wird gerne als das Tier („Beast") angesehen, weil sie bei den umfangreichen Sexualexperimenten in Atlantis angeblich den Vorsitz gehabt haben soll. Aus dem Erbe der Bast ergeben sich unter anderem zwei Wörter in unserem Wortschatz: *Bastard* stammt aus einer durch die uneingeschränkten Zuchtpraktiken, die während ihrer Zeit üblich waren, sowie die geöffnete *Büchse der Pandorra*. Während der Regentschaft der Göttin war Vaterschaft kaum ein Thema. Auf einer grundlegenden Ebene ist die weibliche Energie dazu da, durch die Sexualorgane zu regenerieren.

Dies ist das Tor zur Unsterblichkeit für das Tier, die animalische Form der Spezies. Crowleys Idee der `scarlet woman` (scharlachroten Frau = verrufenen Frau) oder *Babalon* ist ein anderer Name für die Göttin Bast. Scarlett wurde deshalb von ihm ausgewählt, weil es die Farbe des Blutes ist (auch die Farbe des Umschlags für *Das Buch des Gesetzes*).

Wegen ihres Mondaspektes (Mondkalender) wurden die Nachkommen von Bast *Kinder des Mondes* genannt, und daher kommt der Ausdruck `moonchild` (Mondkind), über das Crowley ein gleichnamiges Buch schrieb. Im alten Ägypten wurde Bast in der Sphinx verehrt, symbolisiert im Sternzeichen des Löwen. Bast wurde in unserer Kultur tabuisiert. Alle Hunde stammen vom Wolf ab, einem im New-Age-Denken viel beliebteren und heiligeren Tier. Die Ägypter identifizierten Seth mit *An*, was `der Hund` bedeutet. Daraus wurde später Set-an und dann Satan, der die Hölle beherrscht. Die

17

Sphinx stellt wie erwähnt die Göttin in Form der Bast dar, welche auch als Babalon und schließlich als Isis bekannt wurde. Die Namen Isis und Osiris leiten sich von *Sirius* ab. Aleister Crowley war in diesem Wissen unterrichtet worden. Als er in der großen Pyramide schlief, bevor er angeblich das *Buch des Gesetzes* empfing.

Wenn in einer einzigen Form derart viel Symbolik steckt, kann man gut verstehen, dass aus der geometrischen Matrix ein Energiestrom des Bewusstseins herausströmt, welcher ein Tetraeder oder eine Pyramide enthält. Dies ist eine konische Energiespirale, welche der genauen mathematischen Vorgabe entspricht, die man eine *Fibonacci-Spirale* nennt. Das ein solcher Konus der Energie einem Hirn zusätzliche Intelligenz zufließen lassen kann, wurde in der Vergangenheit genutzt, indem man dem langsamsten Schüler einen spitzen Papierhut (englisch: dunce`s cap) aufsetzte. Der Konus auf dem Kopf sollte ihm zu mehr Intelligenz verhelfen, aber dies entwickelte sich bald zu einer degradierenden Bestrafung des betroffenen Schülers. Crowley hatte einen dreieckigen Magierhut, mit dem `Allsehenden Auge` darauf, was wohl auf das gleiche hinaus läuft (siehe Abb. 150).

Wenn man zum Beispiel die Cheops-Pyramide als die obere Hälfte eines Oktaeders betrachtet, würde man erwarten, dass die Basiswinkel der dreieckigen Seitenflächen beide 60° wären. Aber sie messen nur 51,51°. Das heißt, die Pyramide ist von der Spitze her `zusammengedrückt`. Ein weiterer interessanter Aspekt tritt zutage, wenn man die Pyramidenwinkel untersucht. In ihren besten Tagen war die Pyramide mit Kalkstein verkleidet, der zur Hauptsache aus Kalziumkarbonat (Kalzit) besteht. Dies wurde abgetragen und unter anderem in der Stadt Kairo verbaut. Wenn man Kalzit unter einem Mikroskop betrachtet und man ein Winkelmaß anlegt, findet man, dass die beiden Basiswinkel der Dreiecksmoleküle auch einen Winkel von 51,51° aufweisen. Das heißt, die Moleküle der Kalksteinplatten, welche die Pyramide verkleideten, haben denselben Winkel wie die Pyramide selbst, die wiederum denselben Winkel wie das Erdgitternetz aufweist. In seinen verschiedenen Werken weist Crowley darauf hin, dass er diese verschiedenen Aspekte und Energien der großen Pyramide kannte. Er benutzte dieses Wissen, zusammen mit anderen Informationen, die er aus seinem intensiven Studium der Sumerer gewonnen hatte, um spezifische Rituale zu entwerfen, die nicht nur andere Bewusstseinsebenen mit einschließen, sondern auch die Kommunikation mit unsichtbaren Welten mit allen Mitteln ermöglichen sollten. Darin waren Außerirdische bewusst mit eingeschlossen. Was auch immer mit Crowley los war, es ist unbestreitbar, dass er einen anderen Magier sehr stark beeinflusst hatte, der untrennbar mit Außerirdischen, dem CIA und Montauk verbunden war. Dies war der bereits erwähnte Jack Parson, der sein größtes Experiment 1946 durchführte, bereits benannt mit dem Namen *Babalon Working*.

Offiziell kam er am 17. Juni 1952 durch eine chemische Explosion in seinem Labor ums Leben, aber Nachforschungen in allen möglichen Zeitungen sowie Gespräche mit seiner Frau und einem Freund zeigten mysteriöse Umstände auf. Seine Frau, Marjorie Cameron, kam kurz nach der Explosion, noch bevor die Ambulanz das Labor verließ, dort an. Die Sanitäter ließen sie aber in der Ambulanz nicht mitfahren, und sie durfte ihren Mann auch im Spital nicht sehen. Das Unverschämte war, dass die Polizei das normale Vorgehen missachtete und sie die Leiche nicht identifizieren ließ! Sie war mittlerweile Jacks nächste Verwandte, da seine Mutter sich eben selbst umgebracht hatte, nachdem sie von Jacks Tod erfahren hatte.

Weder Cameron noch Gregory Frey, der für die Kremation verantwortlich war, hatten die Leiche je gesehen. Dazu sind die Zeitungsberichte voller verdächtiger Charaktere und Darstellungen. Der Tod von Virginia Parsons, Jacks Mutter, war von gleichermaßen bizarren Umständen begleitet. Als man im Pasadina-Polizeirevier nachfragte, ob man die Akten des Falls sehen könnte, meinte man, die seien schon alt und man solle sich bei der Mikrofilmabteilung melden. Wenn die Akte nicht unter Verschluss stünde, sollte man sie dort einsehen können. Nach langer Wartezeit teilte man jedoch mit, die

Akten seien aus ihrem System entfernt worden. Als Jack 1946 das Babalon Working durchführte, rief er die Göttin Babalon an. Cameron sagte, dass der Vorgang sowohl Jack Parson als auch Ron Hubbard für immer verändert habe. Sie waren nie mehr dieselben. Nachdem er sich von einer rechtsseitigen Lähmung erholt hatte, erreichte Hubbard schließlich eine angeblich immense Energie. Er ließ Rückführungen über außerirdische Implantate schon vierzig Jahre, bevor dies in Mode kam, durchführen. Parson ging einen anderen Weg. Die Militärs hatten ihn schon immer als ein Sicherheitsrisiko angesehen. Wenige Monate vor seinem angeblichen Tod sah er voraus, dass er sterben würde. Jack schrieb eine Erklärung über das Babalon Working, in welcher er sagte, er würde vom Feuer verzehrt werden. Er sagte es zu Ehren von Babalon.

Es gab noch ein größeres Rätsel, das von vielen übersehen worden ist: Obwohl Jack und der O.T.O. nach dem Babalon Working auf Kriegsfuß standen, hatte er den neunten Grad des Ordens empfangen. Um über diesen Grad aufzusteigen, muss man seine Identität aufgeben. Fraglos ist dies auch geschehen. Ob er eine geheime Identität innerhalb der geheimen Regierung annahm oder einfach starb, ist nicht bekannt. Es wird auch kaum beachtet und erwähnt, dass Jack Parson nicht nur dem O.T.O., sondern auch dem A.:A.: angehörte, sowie dem Orden der Illuminaten.

Die *Grundlagen* der Freimaurerei, die alle Freimaurer durchlaufen müssen, ist die blaue Loge. Diese blaue Loge stellt die ersten drei Grade (Johannes-Grade) der Freimaurerei dar:

1. Grad: *Eingetretener Lehrling*

2. Grad: *Mitwerker*

3. Grad: *Meistermaurer*

Die meisten Maurer kommen nie über den 3. Grad hinaus. Doch wenn jemand wählt, den 3. Grad zu überschreiten, gibt es zwei Wege, die man einschlagen kann: Der eine ist der *York-Ritus*, der andere der *Schottische Ritus*. Die meisten Maurer, die sich entscheiden, weiter zu gehen, treten in den *Schottischen Ritus* der Freimaurerei ein. Der Schottische Ritus besitzt 32 Grade. Der 33. Grad in der Freimaurerei ist größtenteils ehrenhalber.

Die Republik von *Platon* war im 16. Jahrhundert ein populäres Werk. Platon war griechischer Philosoph und hatte im 5. vorchristlichen Jahrhundert gelebt. Er hatte auch die Korruption, die in der Regierung gang und gäbe war, völlig satt. Er sagte, wenn wir eine Gruppe von weisen Männern haben würden, die gut bezahlt werden dafür, dass sie über die Menschenregierungen regieren, dann würde es keine Korruption geben. Das Ergebnis kennen wir und wird unter anderem hier beschrieben.

Die ersten drei Grade der Freimaurerei geben den darin befindlichen Freimaurern den Eindruck, dass sie in einer guten, christlichen Sache involviert sind. Umso höher man in der Freimaurerei aufsteigt, umso mehr wendet sich das Blatt. In den oberen Graden wird nur noch ein Gott angebetet: **Luzifer**.

Genau das ist auch *die Absicht* dieser Geheimgesellschaft, *nämlich die unteren Grade über die Abläufe in den oberen im Unklaren zu lassen*. Das System einer Pyramide, welches in jeder Geheimgesellschaft vorherrscht.

Manche Logenbrüder wundern sich, dass sie trotz immenser Anstrengungen nicht über einen bestimmten Grad hinauskommen, weil sie die wahren Auswahlkriterien für die höheren Grade nicht kennen und durchschauen! Die moderne Freimaurerei begann eigentlich im Jahr 1717 in England. Die Loge wurde gebildet, und viele dieser Dinge wurden nach 1717 in England entwickelt. Das Wissen gelangte nach Kanada und Amerika, während die Menschen in diesen Jahren nach Nordamerika auswanderten. Man schätzt, dass es über 5 Millionen Mitglieder in Nordamerika gibt.

Das Ritual und Theologie leidet sich wirklich vom ägyptischen Heidentum ab. Diese stammen von den spekulativen Freimaurern, was natürlich die Rosenkreuzer sind. Die Rosenkreuzer glaubten an die hermetischen und ägyptischen Traditionen. So finden wir, dass in der Freimaurerei Osiris, Odonis und Isis recht häufig Erwähnung finden. Dies sind die heidnischen Symbole, die heidnischen Götter. Eines der Rituale, was man in den Logen vor 1717 verwendete, war das Ritual des „Blut einweihen-Ritus.“ Man schnitt in den kleinen Finger und es wurde Blut vergossen. Das neue Mitglied tat dies und schloss damit einen Bund mit der Organisation.

Was geschieht, wenn sich ein Maurer der Loge anschließt, er tritt zuerst in die sogenannte *Blaue Loge* ein. Und das allererste, was man von einem Maurer verlangt ist, dass er eine *Initiationszeremonie* durchläuft, die man als den *Inneren Lehrlingsgrad* bezeichnet. Während dieser Inneren Zeremonie zieht man ihm die meiste Kleidung aus. Eine Binde wird um seine Augen angelegt und man platziert eine Schlinge um seinen Hals, man bringt ihn zur Tür der Maurerloge. Eine Person begrüßt ihn und führt ihn hinein. Und dort kommt er vor einen Altar. Und hinter dem Altar steht ein Mann, den man als den ˋanbetungsvollen Meister der Logeˋ bezeichnet.

Heute sieht es so aus, dass wenn ein neues Mitglied der Organisation beitritt, dann kniet er vor ihm (anbetungsvollen Meister der Loge) nieder, mit den Augen verbunden und seine Brust ist entblößt. Ein Aussteiger berichtete: *„Der Logenmeister berührt seine linke Brust mit einem scharfgespitzten Schwert. Und dort wird von ihnen verlangt, dass sie mit verbundenen Augen einen Blutschwur ablegen, dass sie die Geheimnisse der Freimaurerei nicht preisgeben werden, oder sie werden ihr Leben verlieren. **Jeder** Maurer legt seine Hand auf das Schwert und schwört **einen Blutschwur**, dass er nicht die Geheimnisse der Freimaurerei offenbart, weil sonst schlitzt man seinen Hals von Ohr zu Ohr auf und zerreißt seine Eingeweide, um diese den Tieren auf dem Feld vorzuwerfen!“*

Und dieser heidnische Blutschwur *wird abgelegt*. Um sie auf die Geheimhaltung einzuschwören, damit sie nicht die Geheimnisse offenbaren, was sie lernen, während sie in der Loge voranschreiten. In jeden dieser 33 Grade huldigen sie die Anbetung verschiedener ägyptischer Götter und Gottheiten. Und sie durchlaufen eine Reihe von Ritualen. Vieles davon wird durch Symbole und Allegorien verdeckt, so dass die Maurer, die diese durchlaufen, nicht ganz verstehen, was sie machen.

Ein ehemaliger Freimaurer, 32. Grad: *„In den blauen Graden wird ein Initiant in die ägyptische Dreieinigkeit der antiken Mysterien Ägyptens eingeweiht. Und diese ägyptische Dreieinigkeit wird vor den Initianten verborgen. Er weiß überhaupt nicht, in was er eingeweiht wird. Es wird nicht einmal erwähnt. Wenn sie jedoch ihre eigenen Fachbücher lesen würden, die die verschiedenen Symbole und Allegorien erklären, dann wird sehr schnell offensichtlich, in was sie wirklich alle involviert sind. Vieles davon basiert auf der Kabbala, was das antike, jüdische Buch des Okkulten ist! Die Freimaurerei verwendet recht oft ägyptische heidnische Symbole, und wir können das sehen – was einem dabei einfällt, ist der Obelisk. Der Obelisk ist eine Steinsäule mit einem rechteckigen Durchschnitt und einer Pyramide auf seiner Spitze!"*

Einige Elemente des Satanismus und der Freimaurerei weisen derartige Übereinstimmungen auf, dass es kein Zufall sein kann:

Freimaurer der Blauen Loge	Satanismus / Hexerei
„Bei der Einweihung der Freimaurer mussten wir von einem anderen Freimauer empfohlen werden."	„Man muss erst überprüft und dann von jemandem empfohlen werden, der derzeit dem Satanismus angehört."

„Als ich eingeweiht wurde, wurde, wurden meine Augen verbunden, ich bekam eine Schlinge um den Hals und auf meine Brust wurde ein Schwert gerichtet."	„Wir wurden in ein Ritual eingebunden dem der Kandidat mit verbundenen Augen an den Rand des Kreises geführt wurde."
„Man kniet vor dem Meister der Loge nieder, als wenn er ein Gott wäre."	„Man wird vom Priester / der Priesterin in Empfang genommen, und ein Schwert gegen die Brust gerichtet."
„Mir wurde mit dem Tode gedroht, wenn ich die Geheimnisse der Freimaurerei verraten würde."	„Man legt einen Blutschwur ab, dem Satanismus / Hexerei treu zu bleiben, und wird mit den an sonstigen Folgen verbal vertraut gemacht."
„Beendet wurde die Zeremonie mit den Worten: So möge es geschehen."	„Ein Aspekt war, dass die Rituale mit den Worten `So möge es geschehen` beendet wurden.

Die Kammer des stillen Nachdenkens:

Es handelt sich um einen Raum, der gegen Geräusche von außen abgeschirmt, dunkel ausgeschlagen und nur schwach erleuchtet sein soll, damit der Suchende ungestört meditieren kann. Doch der Sinngehalt dieser Kammer liegt noch viel tiefer. Er geht auf die initiatische Tradition Ägyptens und anderer Mysterienkulte zurück, nach der der Suchende längere Zeit (manchmal Monate) in einer dunklen Höhle verbringen musste, in der er sich der inneren und äußeren Reinigung widmete, vor allem durch Fasten. Dabei wurde er von schrecklichen Visionen, etwa des Todes, heimgesucht. Der Eintretende findet in diesem Raum einen Hocker und einen kleinen Tisch, auf dem verschiedene Gegenstände liegen: Ein Totenschädel, eine brennende Kerze, ein Stück Brot, ein Krug mit Wasser und Schreibgerät.

Totenschädel und Kerze sind Symbole für Tod und Wiedergeburt. Eine Sanduhr steht für die Kürze und Vergänglichkeit des Lebens, ein Hahn für die Morgenröte, also den beginnenden Tag, die Auferstehung aus dem Dunkel der Nacht. Der verborgene Stein ist der `Stein der Weisen`, eine Allegorie für die Erkenntnis, die Weisheit, oder – in der freimaurerischen Terminologie – der `rauhe Stein` des Lehrlings, und der `behauene Stein` des Gesellen, an denen gearbeitet werden muss, bis sie die vollkommene Gestalt erhalten haben.

Die ersten drei Grade werden übrigens nicht nur `blaue`, sondern auch `Johannes-Maurerei` genannt. Sie entsprechen auch den drei Lebensaltern Jüngling, Mann, Greis – oder auch Geburt, Leben und Tod.

Dann folgen die `roten Grade` oder auch `Hochgrad-Maurerei` genannt. In der DDR war die Freimaurerei ebenso wie im Dritten Reich verboten und konnte erst nach dem Fall des kommunistischen Regimes 1989 wiederbelebt werden.

Versuche, dem Verbot im Dritten Reich entgegenzuwirken, waren vergeblich. Im Jahre 1935 musste der `Nationale christliche Orden` seine Selbstauflösung beschließen. Das gesamte Vermögen wurde eingezogen. Erst nach Ende des Zweiten Weltkrieges konnten diese wieder in Deutschland Fuß fassen und sich neu formieren, namentlich in Form der `Großen National-Mutterloge`.

Kann es sein, dass die Offenbarung des Johannes in der Bibel einen verborgenen Schlüssel für das Ende einer freimaurerischen Weltverschwörung beinhaltet, der zu einer Zeit installiert wurde, als es dieses Problem noch gar nicht gab?

Tatsache ist, dass Jesus Christus augenscheinlich die Gabe hatte, in die Zukunft zu blicken. So konnte er unter anderem, wenn man den Überlieferungen glaubt, auch den Verrat von Judas voraussehen, kurz vor seiner Festnahme, sowie die Verleumdungen von Petrus. Um zu verstehen, worum es geht, greifen wir ein Beispiel aus der Offenbarung heraus:

„Dann erhielt ich ein Rohr, das wie ein Messstab war, und jemand sagte: „Steh auf und miss den Tempelbereich aus und den Altar darin, wie viele Menschen dort beten. Aber den äußeren Vorhof des Tempels lass weg! Dort brauchst du nicht zu messen, weil er den Fremden preisgegeben wird. Zweiundvierzig Monate lang werden sie die Heilige Stadt verwüsten. Ich werde meine zwei Zeugen schicken. Sie tragen Trauerkleidung..." („Die Offenbarung", Die zwei Zeugen, 11, 1-5)

Erinnern wir uns an die Aussage von Albert Pike, Hochgradfreimauer und Satanist, über die Freimaurerei:

„Die blauen Grade stellen den Außenhof oder den Säulengang des Tempels dar. Ein Teil der Symbolik wird dort dem Eingeweihten gezeigt, aber er wird absichtlich durch falsche Interpretationen in die Irre geführt. Es ist nicht beabsichtigt, dass er sie verstehen soll, sondern es ist beabsichtigt, dass er sich vorstellen soll, sie zu verstehen." (Quelle: Albert Pike, Freimaurer des 33. Grades und Satanist, in „Moral und Dogma", S. 819).

Was wir hier lesen, ist möglicherweise die Lösung hinter dem Rätsel der „Zwei Zeugen" in der Offenbarung – denn vom Logentum SELBST wird hier die Beweislinie gelegt, indem sie den Aufbau ihrer Vereinigung als Tempel bezeichnet, die unwissenden unteren blauen Grade als den Vorhof und die wissenden höheren Grade als den Innenbereich des Tempels!

Genau wie in der Offenbarung unter „Die Zwei Zeugen"!

Doch diese Botschaft mit dem „Tempel", dem „Vorhof" und dem „Innenbereich des Tempels" in der Offenbarung, die bei der Normalbevölkerung für Verwirrung gesorgt hat, konnte bislang fast nur von Mitgliedern dieser Gruppierung (der Logen) selbst richtig gedeutet werden. Von jenen, die über die Aussage und das hintergründige Wissen, welches Albert Pike hier über das Logentum gemacht hat, informiert waren.

Wenn wir dort in der Offenbarung also lesen „Dann erhielt ich ein Rohr, das wie ein Messstab war, und jemand sagte: `Steh auf und miss den Tempelbereich aus und den Altar darin, wie viele Menschen dort beten`", dann könnte man dies so interpretieren, dass man herausfinden solle, wie viele Menschen tatsächlich zum innersten Kreis der Verschwörer gehören.

Und wenn wir lesen: *„Aber den äußeren Vorhof des Tempels lass weg! Dort brauchst du nicht zu messen, weil er den Fremden preisgegeben wird"*, dann bedeutet dies, man kann bei seiner Recherche getrost die blauen Grade und deren Helfershelfer weglassen (von Pike als der „äußere Hof" beschrieben). Weil jene durch das bewusste System der falschen Lehrmeister nicht mit böser Absicht an dem beteiligt sind, was wir die Verschwörung selbst nennen – diese wohl selbst größtenteils als Opfer zu bezeichnen sind?

Und tatsächlich ist über die Blauen Grade eigentlich heute fast alles öffentlich nachlesbar – in der Offenbarung beschrieben mit: `Dieser Bereich wird öffentlich preisgegeben`.

Tatsache ist ergänzend, dass die Rituale der Freimaurer laut ihren eigenen Schriften in Gebäuden ausgeführt werden, die sie als „Tempel" benennen. So wird beim Eintritt in die Freimaurerei der „Eintritt in den Tempel oder die Lichtgebung" zelebriert („Die Loge", Luigi Ranieri, S. 131).

Auch wenn laut der Aussagen der Hochgradfreimaurer die Blauen Grade noch zum „Vorhof" des Tempels gehören. Und tatsächlich zeigt das offizielle Wappen des Meistergrades (3. Grad) der Blauen Loge deutlich, was hier gespielt wird.

Den Übergang vom Licht in die Dunkelheit – sollte der Proband den Weg weiter nach oben voranschreiten wollen.

Ein Hochgradfreimaurer im Interview mit Jan van Helsing:

„Wenn ein Freimaurer durch die verschiedenen Grade geht, muss er an einer bestimmten Position, in einem bestimmten Grad, einfach wach werden und sagen: `Hört mal zu Herrschaften, ich glaube, ihr führt mich hier vor! Das, was ihr mir bisher alles dargeboten habt, das ist ja alles gelogen! ... Wenn er das nicht erkennt ... kommt er nicht in den nächsten Grad...“

(Quelle: „Geheimgesellschaften 3 – Krieg der Freimaurer“, Ein Hochgradfreimaurer packt aus, *Jan van Helsing*, 2010, S. 91-92)

Wie genau die Freimaurer es hierbei mit der Wahrheit nehmen, erfahren wir hier über die (blauen unteren) Johannes-Grade:

„Was soll uns Johannes? Nichts anderes als uns seinen friedsamen Namen leihen, damit wir unsere Feinde überrumpeln. Was soll uns das Symbol? Es soll uns Schild und Schirm sein am Tage des Kampfes. Nichts weiter. Was sollen uns alle Formen der Logen? Sie sollen uns verstecken vor unseren Feinden.“

(Quelle: Freimaurer *Hermann Settegast* in „Die deutsche Freimaurerei, ihre Grundlagen, ihre Ziele“, Berlin, 1919, 9. Auflage, S. 44)

Dies führt uns zu einem weiteren Beispiel:

In der Offenbarung steht weiter hierzu: *„Sie haben auch die Macht, alle Gewässer in Blut zu verwandeln und die Erde mit allen möglichen Katastrophen zu erschüttern, so oft sie wollen... Wenn sie ihre Botschaft vollständig ausgerichtet haben, wird EIN TIER aus dem Abgrund kommen und gegen sie kämpfen. Es wird sie besiegen und töten. Ihre Leichen werden auf dem Platz mitten in der großen Stadt liegen, in der ihr Herr gekreuzigt wurde. Der bildliche Name dieser Stadt ist „Sodom“ oder „Ägypten.“* („Die Offenbarung“, Die zwei Zeugen, 11, 6-8, Hervorhebung durch den Autor)

Wer bislang noch irgendwelche Zweifel daran hatte, dass hier das internationale Logentum gemeint sein könnte, der bekommt hier einen weiteren Hinweise? Denn der BILDLICHE Name der „Stadt" sei „SODOM" oder „ÄGYPTEN."

„Sodom" steht bildlich für alles Verwerfliche und Schlechte – und welches Symbol steht BILDLICH für Ägypten?

EINE PYRAMIDE!

Ein Symbol des internationalen Logentums und der Illuminaten, die laut der Ansicht von Autoren weltweit heute einen geheimen übergeordneten Grad zur Freimaurerei darstellen. Die Freimaurerei somit gezielt unterwandert und für ihre eigenen Zwecke übernommen haben. Es ist kein Geheimnis, dass der Orden der Illuminaten unter Adam Weishaupt überwiegend Hochgradfreimaurer für seine Geheimgesellschaft angeworben hat.

Weiteres Beispiel:

„Das zweite Tier konnte sogar das Standbild des ersten Tieres beleben, so dass dieses Bild sprechen konnte und dafür sorgte, das alle getötet wurden, die es nicht anbeteten." („Die Offenbarung", Die zwei Tiere, 13, 15)

Das *„Standbild, welches belebt wird"* ist eine schöne Beschreibung für einen „FERNSEHER" und die dahinter stehenden und damit verbundenen Technologien, sowie die kontrollierten Massenmedien dahinter. Doch zur damaligen Zeit hatte dieser *noch nicht existiert* – also musste Johannes umschreiben, was er sah.

„Das Tier hatte alle Menschen in seiner Gewalt: Hohe und Niedrige, Reiche und Arme, Sklaven und Freie." („Die Offenbarung", Die zwei Tiere, 13, 16)

Eine perfekte Beschreibung für die Macht des Logentums und der freimaurerischen „illuminierten" Verschwörer, welche nachweislich nahezu jeden amerikanischen Präsidenten in der Weltgeschichte „einsetzten."

Abb. 1 und **Abb. 2** oben: Verbindet man die Linien auf der US-Ein-Dollar-Note um die Pyramide zu einem sechszackigen Stern, dann weißen sie die Enden auf die Buchstaben „MASON", das englische Wort für „Maurer." **Abb. 3 Mitte**: Spiegelt man die Verzierungen am Rande der US-Ein-Dollarnote, so erkennt man eine bildliche Satans-Darstellung. **Abb. 4 unten:** Der sechszackige Stern geformt aus 13 Sternen auch hier auf der Ein-Dollar-Note der USA.

So lesen wir in der Offenbarung, „Die zwei Tiere", 24, zu den „Letzten Tagen": *„Sie mussten sich ein Zeichen auf ihre rechte Hand oder* *ihre Stirn machen. Nur wer dieses Zeichen hatte, konnte kaufen oder verkaufen. Das Zeichen bestand aus dem Namen des Tieres oder der Zahl für diesen Namen. Dazu braucht es Weisheit. Wer Verstand hat, der kann es herausfinden, was die Zahl des Tieres bedeutet, denn sie steht für den Namen eines Menschen. Es ist die Zahl Sechshundertsechsundsechzig. "*

Der hervorgehobene Satz in der Offenbarung oben wird von vielen als eindeutiger Hinweis auf den bargeldlosen Transfer mit Kredit- und Geldkarten, Mikrochips und Barcode gewertet. Dies aber würde bedeuten, dass in der Offenbarung tatsächlich eine Art „Datum" zu finden ist, wann die „Letzten Tage" sein werden. Denn vor 1000 Jahren gab es noch keine Implantate, Kreditkarten und Barcodes.

Das gilt ebenso für die letzten 2000 Jahre. Dieses „Datum" würde nur ab einem ganz bestimmten Zeitpunkt Sinn ergeben – und somit einen bestimmten Zeitpunkt in der Menschheitsgeschichte markieren:

Abb. 5 links: Strichcode, der in der Gegenwart auf unseren Waren zu finden ist. Jeweils drei Doppelbalken sind in der Mitte und jeweils rechts und links nach unten verlängert. Diese haben keine erklärende Ziffer. Sie sind jedoch identisch mit dem Balken für die Zahl "6", die beim Strichcode verwendet wird. Dies bedeutet, alle mit dem Strichcode versehenen Waren tragen die Symbolik "666" auf sich. **Abb. 6 rechts:** Seit dem Jahr 1997 befindet sich auf jedem Apotheken-Rezept unten links die Ziffer ` 666`. Das Zeichen des Antichristen. Vor dem Jahr 1997 wurde das identische Formular verwendet. Der einzige Unterschied: Die Ziffer `666` fehlt. Geben Sie bei Google die Stichwörter `Apotheke` und ` Rezept` ein und klicken sie die Option ` Bilder`. Schauen Sie dort bei den Rezepten in die untere linke Ecke.

Die Gegenwart.

Der europäische Markierungscode (EAN), auch Strichcode oder Barcode genannt, trägt bewusst platziert die „Ziffern 666." Auch das Internet wurde mit der Symbolik der Zahl „666" versehen, denn die Internetnutzung wurde mit „WWW" versehen. Und das „W" steht im Hebräischen für die Zahl „6." Doch wenn tatsächlich die Offenbarung auf die Gegenwart hinweist – was ist dann der Zweck dieser? Wer soll hier entmachtet werden?

Auch in der Bibel taucht die Zahl „666" in Verbindung mit einer Person auf, die äußerst interessant ist aufgrund zum Beispiel ihrer Bedeutung in der Freimaurerei:

In der Bibel aber steht für dessen Macht König Salomo! Siehe „Könige" 10, 1- 14:

„Salomo wurde zu Ehre des Herrn so bekannt, dass auch die Königin von Saba von ihm hörte. Sie machte sich auf den Weg ... Salomo erfüllte der Königin von Saba jeden ihrer Wünsche und beschenkte sie darüber hinaus so reich, wie er nur konnte ... In einem einzigen Jahr wurden König Salomo 666 Zentner Gold geliefert..."

Das freimaurerische Grundsegment um Hiram Abif (auch „Hiram Abiff"), König Salomo und den Salomonischen Tempel: der Marker in der Bibel mit der Verbindung zu dem Tier 666 in der Johannes-Offenbarung! Das „erste Tier", wenn man so will...

Ein Hochgradfreimaurer berichtet hierzu: *„Wir werden aber hellhörig, wenn wir erfahren, dass dieser Dämon mit dem Namen Asmodis den Tempel Salomos gebaut haben soll!"* (Quelle: „Geheimgesellschaften 3 – Krieg der Freimaurer", Ein Hochgradfreimaurer packt aus, Jan van Helsing, 2010, S. 109 / S. 302)

Der Freimaurer berichtet ergänzend: *„Hiram Abif ... der ein Nachfahre von Kain war, dem Sohn Luzifers..."* (Quelle: „Geheimgesellschaften 3 – Krieg der Freimaurer", Ein Hochgradfreimaurer packt aus, Jan van Helsing, 2010, S. 333)

Da Salomo mit der Zahl „666" in der Bibel in Verbindung gebracht wird und sich die Freimaurer auf Salomo, den Salomonischen Tempel und Hiram Abif (der im Salomonischen Tempel ermordet wurde) als eines der Grundsegmente ihrer Bruderschaft beziehen, könnte diese Stelle in der Bibel ein weiterer direkter Verweis darauf sein, dass sich die Offenbarung gegen das Freimaurertum und der mit diesem verbundenen „Weltenbauer" bezieht.

Jeder, der sich mit der Freimaurerei beschäftigt, sollte sie kennen: Die Legende von Hiram Abif. Er war den Überlieferungen zufolge der Miterbauer von Salomos Tempel – und die Freimaurer betrachten sich als seine spirituellen Nachfahren.

Die offizielle Legende besagt, dass der Ägypter Hiram ein wahrer Meister unter den Maurern war. Drei der niederen Maurer, die am Bau des Tempels beteiligt waren, fingen an, König Salomo und Hiram Abif um ihr geheimes Wissen zu beneiden, welches man sich hinter vorgehaltener Hand berichtete.

Sie trugen die Namen Jubela, Jubelo und Jubelum. Eines Nachts versteckte sich jeder von ihnen vor einem der Tempeleingänge. Als Hiram Abif an einem der Tempeleingänge erschien, verlangte der niedere Maurer das Wissen um die Geheimnisse. Als sich Hiram weigerte, versuchte der Maurer ihn mit einem todbringenden Schlag niederzustrecken. Doch Hiram überlebte und floh in den Tempel.

Er versuchte durch ein anderes Tor zu entkommen, doch auch dort wartete einer seiner Widersacher. Auch diesem gegenüber gab er seine Geheimnisse nicht preis. Auch er versuchte ihn zu ermorden und führte einen todbringenden Schlag aus. Und auch diesmal gelang es Hiram zu entkommen. Das Szenario wiederholte sich erneut an einem der Tempeleingänge. Am Ende erlag Hiram Abif an dem östlichen Eingang seinen Verletzungen und verstarb. Dies ist in der Freimaurerei auch der Platz, an dem der „Meister vom Stuhl" sitzt.

Die Geschichte von Hiram Abif wird heute in teils etwas abgewandelten Ausführungen berichtet und überliefert.

Schon alleine die Namen der drei angeblichen Attentäter machen deutlich, dass es sich bei der Legende wahrscheinlich größtenteils entweder um einen Mythos handelt, oder aber um eine versteckte Botschaft hinter einem Kern aus Wahrheit geht, in den die Freimaurer hier etwas hineininterpretieren. Diese Geschichte wird bis heute in den verschiedensten Freimaurerlogen nachgespielt. Hierbei symbolisiert der „Tod" und die „Auferstehung" der Kandidaten das Ende deren alten Lebens und die Auferstehung des Maurers mit dem geheimen Wissen der Freimaurer das neue Leben.

Der ehemalige Tempel von König Salomo besitzt bis heute eine mystische Aura.

Er wurde offiziellen Angaben zufolge etwa 988 v. Chr. auf dem Tempelberg in Jerusalem errichtet. Den Berichten zufolge wurde die Leiche Hiram Abifs außerhalb der Stadtmauern versteckt, bevor sie eine Woche später aufgefunden wurde. Die Meister befürchteten, dass das Meisterwort verraten worden sein könnte und beschlossen angeblich, ein neues zu wählen. Die Mörder wurden gefasst und bestraft.

Bei Hirams Beerdigung trugen alle Meister weiße Schurze und Handschuhe zum Zeichen, dass sich keiner von ihnen mit Hirams Blut befleckt hatte.

In der Bibel wird Hiram nur zweimal kurz erwähnt, nämlich im 1. Buch der Könige und im 2. Buch der Chronik. Dort heißt es über ihn:

„Und der König Salomo sandte hin und ließ holen Hiram von Tyrus – den Sohn einer Witwe aus dem Stamm Naftali, sein Vater aber war aus Tyrus gewesen – der war ein Kupferschmied, voll Weisheit, Verstand und Kunst in allerlei Kupferarbeit. Der kam zum König Salomo und machte ihm alle seine Werke." (1 Könige 7, 13-14)

„Da antwortete Hiram, der König von Tyrus, in einem Brief und sandte zu Salomo: Da der HERR sein Volk liebt, hat er dich zum König über sie gemacht. Und Hiram schrieb weiter: ... So sende ich nun einen tüchtigen und verständigen Mann, Hiram, meinen Berater; er ist der Sohn einer Frau von den Töchtern Dan, und sein Vater ist ein Tyrer gewesen. Der versteht zu arbeiten mit Gold, Silber, Kupfer, Eisen, Steinen, Holz, rotem und blauem Purpur, feiner Leinwand und Scharlach, und Bildwerk zu schnitzen und alles, was man ihm aufgibt, kunstreich zu machen mit deinen Meistern und mit den Meistern meines Herrn, des Königs David, deines Vaters." (2 Chronik 2, 10-13)

Man muss darauf achten, dass man die beiden „Hirams" nicht verwechselt. Das sind Hiram, der König von Tyrus, und Hiram Abif, welcher der Baumeister des Salomonischen Tempels war. Hiram, der König von Tyrus, hatte dem König Salomo das Baumaterial geliefert, und Hiram Abif, der Baumeister, ließ die Kunstgegenstände für diesen Tempel anfertigen...

Wer war Hiram, König von Tyrus laut der Freimaurerei?

Ein Hochgradfreimaurer packt in einem Interview gegenüber Jan van Helsing aus:

„...Dabei bedeutet Luzifer, Morgenstern oder Lichtträger ... Wegen seines Hochmutes stürzte Gott ihn auf die Erde und verbannte ihn ... In der Bibel wird er als Hiram, der König von Tyrus bezeichnet. Das findet man im Buch Hesekiel ... In der Dorf-Kirche (von Rennes-le-Château) finden wir den Dämon Asmodis, der auch oft als Teufel bezeichnet wird. Und wir finden den Spruch aus der Genesis 28: „Wie furchtbar ist dieser Ort, hier ist nichts anderes als das Haus Gottes und das Tor zum Himmel."

Für den nicht Eingeweihten ist es schwer verständlich, das Haus Gottes als einen furchtbaren Ort zu bezeichnen. Auch ist es ungewöhnlich, die Skulptur eines Teufels in einer Kirche zu finden. Wir werden aber hellhörig, wenn wir erfahren, dass dieser Dämon mit dem Namen Asmodis den Tempel Salomos gebaut haben soll!" (Quelle: „Geheimgesellschaften 3 – Krieg der Freimaurer", Ein Hochgradfreimaurer packt aus, Jan van Helsing, 2010, S. 109 / S. 302)

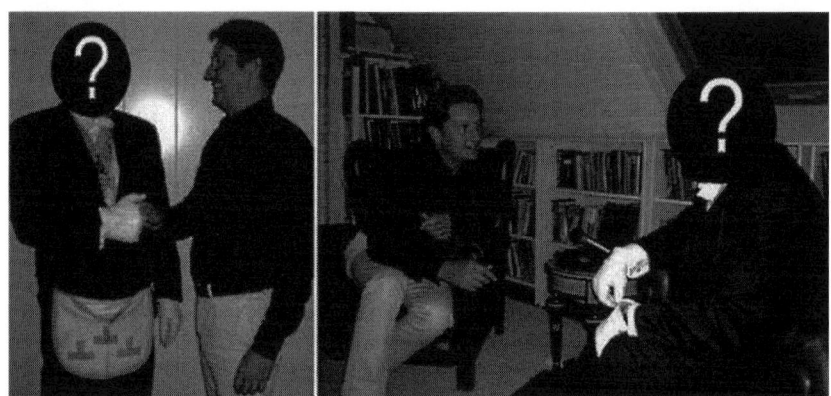

Abb. 7 und **Abb. 8**: Jan van Helsing mit dem Hochgradfreimaurer, den er für das Buch „GEHEIMGESELLSCHAFTEN 3 – Krieg der Freimaurer" interviewt hat.

Aus dieser Aussage wird auch deutlich, wer Hiram Abif, der Baumeister des Salomonischen Tempels, laut der Freimaurerei war.

Der Freimaurer berichtet ergänzend: *„Hiram Abif ... der ein Nachfahre von Kain war, dem Sohn Luzifers..."* (Quelle: „Geheimgesellschaften 3 – Krieg der Freimaurer", Ein Hochgradfreimaurer packt aus, Jan van Helsing, 2010, S. 333)

Die Bauzeit des salomonischen Tempels betrug angeblich sieben Jahre. Ebenfalls wohl als eine symbolische Zahl zu deuten, da die „7" und ihre Verwendung sich durch die komplette Bibel und mit ihr verbundenen Schriften zieht. Der Tempel wurde später von den Babyloniern zerstört. Herodes der Große ließ die Überreste abtragen und baute dort einen völlig neuen Tempel, der als Herodianischer Tempel in die Geschichte einging.

Wer war wirklich für den Tod von Hiram Abif verantwortlich?

Er wurde der Überlieferung nach von drei Gesellen verraten und später im Auftrag von König Salomo erschlagen. Den Überlieferungen zufolge mit einem Hammer, einem Spaten und einem Zirkel. So wird es zumindest in der Freimaurerei gelehrt.

Hochgradfreimaurer und Satanist Aleister Crowley wurde zudem, wie bereits aufgeführt, als Person gezielt durch die Mächte hinter den heiligen Schriften zur Personifizierung des Tieres „666" gemacht – und damit hintergründig bereits das *Logentum und die Gruppierung der Verschwörer – und ihre Beweggründe und Absichten?*

Die Schriftrollen von Toten Meer:

Die Entdeckung der Schriftrollen vom Toten Meer zeigte, dass weit mehr Kopien vom Buch Henoch I und vom Buch der Jubiläen in Umlauf waren als andere Bücher, die von den Essenern (jüdische Sekte) in Qumram benutzt wurden. Beide Bücher enthalten die Legende der Wächter. Das Buch Henoch enthält einen Kalender – dem in Qumram nachgegangen wurde. Es spricht von den Engeln in den Himmeln, die auf die Erde niederkamen und sich vor der Sintflut mit den Töchtern der Menschen paarten – eine sehr wichtige Legende in einigen Qumram-Schriften und anderen Texten.

Ein Beispiel aus den Schriftrollen vom Toten Meer ist die folgende Passage (ii.18) im Zadukitischen Dokument, dass sich mit der praktischen Organisation der Essener-Gemeinschaft in Qumram beschäftigte: „*Denn viele haben sich von alters her bis jetzt verwirrt – und selbst starke Helden sind gestrauchelt. Weil sie in Verstocktheit gewandelt sind, stürzten die Wächter des Himmels ... So fielen ihre Söhne, deren Wuchs hochragenden Zedern ähnelte ... Ebenso alles Fleisch auf dem trockenen Land. Sie gingen ebenfalls unter...*"

Sehr wenige Verse in der Bibel benutzen spezifisch den Ausdruck `Wächter`, andere hingegen beziehen sich auf ihn. Im Buch Daniel werden die Wächter wie folgt erwähnt. Sie sind der überarbeiteten Ausgabe der Bibel entnommen: Daniel 4,10: `Und ich sah ein Gesicht auf meinem Bett und siehe, ein heiliger Wächter fuhr vom Himmel herab...` Daniel 4,14: `Solches ist im Rat der Wächter beschlossen und im Gespräch der Heiligen beratschlagt...` Daniel 4,20: `...dass aber der König einen heiligen Wächter gesehen hat, vom Himmel herabgefahren...`.

Hinweise auf die Wächter werden ebenfalls im sechsten Kapitel der Genesis gefunden, wo sie `die Söhne Gottes` genannt werden. Dieser oft benutzte Ausdruck beschreibt die himmlischen Wesen in der Bibel. Die großen Hybriden-Nachkömmlinge werden *Nefilim* genannt, was `die Gefallenen` bedeutet (vom hebräischen Wort Nephal oder `fallen`), weil ihre Väter vom Himmel fielen.

Ältere Bibelübersetzungen beziehen sich ebenfalls auf sie. Genesis 6:1-1: `Da aber die Menschen begannen, sich zu vermehren auf Erden und ihnen Töchter geboren wurden, da sahen die Gottessöhne nach den Töchtern der Menschen, wie schön sie waren, und nahmen zu Weibern, welche sie wollten.`

Wen stellten die Wächter in den Köpfen der ältesten Völker dar? Wir müssen uns der Region von Sumer in Babylon zuwenden, um die Antwort auf diese Frage zu finden. Die Chaldäer, ein altes Herrschervolk in Babylon, glaubten, dass diese Wesen verantwortlich waren, um über die Belange der Menschheit auf Erden zu wachen. Sie gaben dieser Sorte von himmlischen Wesen den Namen `Ir`, was übersetzt `Wächter` bedeutet.

Unter allen von den Menschen der Frühzeit verehrten Tieren war keines so markant und bedeutend wie die Schlange, und zwar, weil die Schlange das Zeichen einer Gruppe war, die in den frühen Kulturen beider Hemisphären großen Einfluss gewonnen hatte. Bei dieser Gruppe handelte es sich um eine gelehrte Bruderschaft, die sich der

Verbreitung geistiger Kenntnisse und der Erlangung geistiger Freiheit verschrieben hatte. Diese *Bruderschaft der Schlange* bekämpfte angeblich die Versklavung geistiger Wesen und versuchte, wie aus den ägyptischen Schriften hervorgeht, die Menschen aus der Knechtschaft der Herrgötter (Nefilim, `Gefallenen Engel`) zu befreien.

Versucht man herauszufinden, wer die Bruderschaft gegründet hat, findet man in mesopotamischen Texten direkte Hinweise auf jenen rebellischen Führer *Ea.* Auf alten mesopotamischen Tafeln heißt es, dass Ea und sein Vater Anu eine umfassende ethische und geistige Bildung besaßen, und es gerade dieses Wissen war, das später in der biblischen Geschichte von Adam und Eva durch Bäume versinnbildlicht wurde.

Jan van Helsing berichtet uns in „Geheimgesellschaften und ihre Macht im 20. Jahrhundert, Band II, S. 49-50 zum Thema unter anderem folgendes:

„Trotz all ihrer guten Absichten gelang es dem legendären Ea und der frühen Bruderschaft der Schlange zweifellos nicht, die Menschen zu befreien. Nach der Bibel wurde die Schlange im Garten Eden überwältigt, bevor sie ihre Mission vollenden und Adam und Eva die Frucht vom zweiten Baum geben kann. Ea (dessen Sinnbild ebenfalls die Schlange war), wurde auf die Erde verbannt und von seinen Gegnern gründlich verleumdet, um sicherzustellen, dass er unter den Menschen nie wieder viele Anhänger finden würde. Eas Titel wurde von `Fürst der Erde` in `Fürst der Finsternis` geändert. Und er wurde mit weiteren schrecklichen Beinamen belegt, wie Satan, Teufel, Verkörperung des Bösen, Fürst der Hölle. "

Dies macht deutlich, dass an der herkömmlichen Interpretation der „bösen Schlange" im Alten Testament und in der Bibel etwas nicht stimmen kann...

Hatte hier jemand absichtlich Gut & Böse vertauscht, um sich daraus einen Vorteil und sogar eine ganze Weltreligion zu eigen zu machen?

Dieser Umstand ist derart gewichtig, dass wir uns nachfolgend auch diesem Thema und den dahinter stehenden Fakten ausführlich widmen werden.

Wie die alten Mesopotamier, so haben auch die alten Ägypter der Frühzeit behauptet, dass sie von *menschenähnlichen* außerirdischen `Göttern` besucht würden. Die Ägypter schrieben, dass ihre `Götter` in fliegenden Barken gen Himmel fuhren. Die Götter der Frühzeit Ägyptens sollen leibhaftige Wesen aus Fleisch und Blut gewesen sein und ebenso wie die Menschen ein Dach über dem Kopf und Nahrung gebraucht haben. Die alten Ägypter glaubten an eine `Seele` oder ein `Selbst` als eine von der `Person` (das heißt dem Körper) völlig getrennte Wesenheit. Diese geistige Wesenheit wurde als `ka` bezeichnet. Nach dem Glauben der Ägypter war das `ka` und nicht der Körper die wahre Person. Der Körper an sich, ohne das `ka`, besaß weder Persönlichkeit noch Intelligenz. Diese aufgeklärte Ansicht wurde jedoch verdreht. Die Verkehrung des geistigen Wissens beruhte auf der Korrumpierung der Bruderschaft der Schlange, der die Pharaonen und die Priester angehörten. Die Bruderschaft übte auch noch nach der ihr Jahrtausende zuvor von den `Herrgöttern` zugefügten Niederlage einen beherrschenden Einfluss auf das Leben der Menschen aus.

Um verstehen zu können, auf welche Weise die geistige Wahrheit verdreht wurde und die theologische Irrationalität auf ewig fortbestehen ließ, müssen wir uns zunächst Wirken und Lehrmethoden der Bruderschaft in ihren Anfängen anschauen.

Der Unterricht bei der Bruderschaft vollzog sich schrittweise. Der Schüler musste zuerst eine Unterrichtsstufe erfolgreich abgeschlossen haben, bevor er zur nächsten übergehen durfte. Alle Schüler mussten einen Geheimhaltungseid ablegen, in dem sie schworen, die Lehren einer Stufe niemandem zu offenbaren, der diese Stufe noch nicht erreicht hatte. Im alten Ägypten fand der Unterricht der Bruderschaft in den sogenannten `Mysterienschulen` statt. Laut Dr. H.

Spencer Lewis, dem Begründer des Rosenkreuzerordens, dessen Hauptsitz sich in San Jose, Kalifornien, befindet, wurde der erste Tempel für die Mysterienschulen von Pharao Cheops errichtet.

Innerhalb der Mauern dieses Tempels verfiel das geistige Wissen, was dazu führte, dass die Pharaonen ihre Körper einbalsamieren ließen und in hölzerne Barken bestatteten. Nach alter ägyptischer Überlieferung wurden die Lehren der Mysterienschulen vom `großen Lehrer` Ra, einem bedeutenden angeblichen `Gott`, verfälscht. In der jüdisch-christlichen Religion kam es ebenfalls zu Umbenennungen, dessen Folgen wir heute signifikant im blutigen Alten Testament wiederfinden, in dem „Gott" mit einem nicht irdischen grausamen Führer gleichgesetzt wurde, der unter den Namen „Jahwe" bekannt wurde, der sich als Gott anbeten ließ.

Die Mysterienschulen in Ägypten verdrehten nicht nur das geistige Wissen, sie beschränkten auch weitgehend den allgemeinen Zugang zu allen noch bestehenden Wahrheiten. Nur die Pharaonen, die Priester und einige Auserwählte wurden in die Schulen aufgenommen. Die Eingeweihten mussten einen feierlichen Eid schwören, die `geheime Weisheit`, die ihnen vermittelt wurde, keinem Außenstehenden zu offenbaren. Den Schülern wurden für den Fall, dass sie den Eid brächen, schlimme Konsequenzen angedroht. Mit der Zeit wurde die Bruderschaft so restriktiv, dass die meisten Priester Ägyptens von der Zugehörigkeit ausgeschlossen waren. Das traf ganz besonders in der Regierungszeit König Thutmosis III. zu, der etwa 1200 nach Cheops regierte. Das alte ägyptische Reich zerfiel schließlich und ging unter. Der später korrumpierten Bruderschaft der Schlange erging es wesentlich besser. Sie überdauerte und breitete sich aus, indem sie von Ägypten aus Missionare und Eroberer aussandte, die in der gesamten zivilisierten Welt Zweige und Unterorganisationen begründeten.

Im alten Ägypten nahmen Ingenieure, Zeichner und Maurer, die an großen Bauvorhaben mitarbeiteten, eine besondere Stellung ein. Sie waren in exklusiven Zünften zusammengeschlossen, die von der Bruderschaft in Ägypten gefördert wurden. Diese Zünfte hatten in etwa die Funktion der heutigen Gewerkschaft. Als Organisationen der Bruderschaft verwendeten sie auch viele Grade und Titel der Bruderschaft. Sie pflegten eine mystische Tradition. Die Maurerzünfte der Bruderschaft überdauerten die Jahrhunderte. Ihre Mitglieder waren häufig auch in Feudalsystemen freie Männer und wurden darum oft als `Freie Maurer` bezeichnet. Aus diesen Zünften der freien Maurer ging auch die heute als `Freimaurerei` bekannte mystische Praxis hervor. Von den handwerklich orientierten Freimaurern, die der Bruderschaft der Schlange im gewissen Sinne als Werkzeug diente, im wahrsten Sinne des Wortes, unterschied sich der Zweig der `Theoretischen Freimaurer`, die mit den praktischen Freimaurern im Grunde nichts zu tun hatte, sondern das mystische Wissen bekam und Rituale abhielten. Die mystischen Freimaurer entwickelten sich zu einer wichtigen Unterorganisation der Bruderschaft der Schlange und spielten daher in der Geschichte eine große Rolle.

Da das geistige Wissen innerhalb der Bruderschaft im alten Ägypten immer mehr durch Symbole und Allegorien ersetzt wurde, kam der Kleidung aufgrund ihres Symbolwertes zunehmend größere Bedeutung zu. Das sichtbarste und wichtigste zeremonielle Gewand ist in vielen Organisationen der Bruderschaften, einschließlich der Freimaurer, seit langem der Schurz. Der symbolische Schurz, der wie eine Küchenschürze um die Taille gebunden wird, ist ein phantastisches, sichtbares Bindeglied zwischen den `Herrgöttern` der Frühzeit und dem Netzwerk der Bruderschaft. In vielen ägyptischen Hieroglyphen werden die außerirdischen Götter mit einem Schurz dargestellt. Auch die Priester im alten Ägypten trugen als Zeichen ihrer Ergebenheit gegenüber den Göttern einen solchen Schurz.

*In Wirklichkeit ist das zentrale Element an den Obelisken in Ägypten und überall auf der Welt **die Pyramide auf der Spitze**.* Der sich nach oben verjüngende Steinblock soll darstellen, das hier ein Fingerzeig auf die Erbauer der Pyramiden vorliegt, und wo diese zu suchen sind – ein Pfeil, der *weg von der Erde zeigt* in den Himmel.

Und auch das Allsehende Auge war in Ägypten ein weit verbreitetes Symbol. Es ist mit der Pyramide verbunden, weil die Erbauer der Pyramide die Vermittler der mystischen Weisheiten waren. Und die abgeteilte Spitze der Pyramide soll wiederum auf diese oberste Hierarchie hinweisen. Man könnte aber auch das Allsehende Auge in der heutigen Zeit ganz profan als `Big Brother is watching you`- Symbolik interpretieren, womit man gewiss nicht daneben liegt. Denn diese hintergründige Kernaussage verbindet – in den meisten Fällen gezielt und ganz bewusst – alle Orte, an denen das Symbol heute Verwendung findet. Das „Auge des Horus", auch „Gottesauge" genannt, den der Hochgradfreimaurer, Satanist und Illuminati Aleister Crowley beleidigt haben soll – worauf wir bereits in kurzen Auszügen eingegangen sind.

Nach dieser Einleitung beginnen wir nun mit der Aufdeckung der Geschichtsverdrehungen und dem Verbreiten von Hintergrundwissen, dass bisher nur wenigen vorbehalten war.

Kapitel 1

Götterspuren und Zeichen am Himmel

Das angeblich menschliche Außerirdische in der Gesellschaft unentdeckt unter uns leben, ist kein neuer Aspekt, sondern eine Tatsache, welche bereits von vielen ehemaligen Militärs, Bezug nehmend auf hochgeheime Dokumente, behauptet und angegeben wurde. So auch von dem ehemaligen NATO-Kommandanten *Seargant Robert O'Dean*, welcher in Deutschland stationiert war.

Das offizielle Lehrbuch der *US-Airforce* aus dem Jahr 1969, *„Einführung in die Weltraumwissenschaften – Ausgabe 2"* („Introductionary Space Science Volumne II") lehrte seine angehende Elite, dass: *„...eine Gruppe von vier Außerirdischen wie Menschen aussieht, und Kontakte im Verborgenen durchaus stattgefunden haben können."*

Als Teile davon an die Öffentlichkeit kamen, wurde diese Anmerkung von den offiziellen Stellen aus dem Buch in Folge nachweislich gestrichen.

Die Vorstellung, dass jene Außerirdischen im Cafè um die Ecke in Schlips oder Krawatte neben uns sitzen könnte, ohne dass man es weiß, sorgte bei den Verantwortlichen für Unbehagen, so Seargant *Robert O'Dean* in einem Interview mit Michael Hesemann (UFOs – Die Beweise, 2000 Film Productions).

In den fünfziger Jahren des zwanzigsten Jahrhunderts soll es zu einem geheimen Treffen der positiven menschlichen Außerirdischen mit dem Freimaurer und US-Präsidenten *Eisenhower* gekommen sein. Bestätigt wird diese Geschichte auch von *Professor Hurtak*, der damals zusammen mit der NASA an verschiedenen Projekten arbeitete. In einem Interview gab er auf die Frage, ob die Geschichte mit Eisenhower stimmen würde und dieser somit direkten Kontakt zu Außerirdischen gehabt habe, an:

„Vor einigen Jahren konnte ich mit dem Piloten der Präsidentenma-schine reden, der Eisenhower zur Edwards Air Force Base flog – zu einer Zeit, da er offiziell beim Zahnarzt weilte. Er bestätigte mir, dass Eisenhower mit seiner Hand sogar ein außerirdisches Raum-schiff berührt habe. Inoffiziell wird gesagt, der Präsident habe da-mals entschieden, das Volk nicht einzuweihen.“ (siehe auch das In-terview mit Professor Hurtak in „Nationale Sicherheit – Die Ver-schwörung“, S. 156/157)

Angeblich boten die positiven menschlichen Außerirdischen dem Präsidenten an, bei der Lehre von geistiger Reife behilflich zu sein und lehnten den Wunsch des Freimaurers *Eisenhower* auf Technolo-gieaustausch *kategorisch* ab. Dies wäre deren Angaben zufolge erst mit der notwendigen geistigen Reife möglich, da es ansonsten unab-sehbare Folgen für uns mit sich bringen würde. Warum Eisenhower einen offiziellen Kontakt abgelehnt hat, ist klar ersichtlich: Er war ein Vertreter des internationalen Logentums und ein offizieller Kon-takt hätte in Folge unweigerlich zum Zusammenbruch der vorherr-schenden Machtstrukturen geführt.

Die Menschen hätten plötzlich erfahren, in was für einem geheimen kriminellen System sie aufgewachsen sind und die satanischen Welt-führer wären entmachtet und bloßgestellt worden.

Dies galt es wohl mit allen erforderlichen Mitteln zu verhindern.

Deshalb wurde der menschlichen außerirdischen Zivilisation für den Fall eines offiziellen Kontaktes gedroht. Für den Fall, dass die logen-artigen geheimen Strukturen und das System der Illuminaten offen-gelegt werden, würde man mit einem chemischen, biologischen oder atomaren Holocaust die Welt vernichtend mit in den Untergang zie-hen (siehe hierzu das Buch „Geboren in die Lüge – Unternehmen Weltverschwörung“, 2015 All-Stern-Verlag).

Diese Drohung existiert angeblich bis heute.

Für all jene unter Ihnen, die nicht an Außerirdische glauben, aber über das hintergründige Geschehen der geheimen Weltregierung im Bilde sind, stelle ich die Frage, ob es, im Falle eines *echten außerirdischen Kontaktes* in der Zukunft, eine *andere* realistische Betrachtungsweise der dann aufkommenden Situation gäbe?

Oder glauben Sie tatsächlich, die irdischen geheimen Machthaber würden so Mir nichts Dir nichts ihre Weltherrschaft aufgeben und ohne Drohung den Rest ihres Lebens in Folge freiwillig in einem Hochsicherheitsgefängnis verbringen?

Sicherlich nicht. Und so ahnen wir auch, warum wir nichts davon erfahren werden, falls irgendwo auf der Erde eine außerirdische Macht gelandet wäre *oder landen würde*.

Der Freimaurer Eisenhower war der Vertreter des internationalen Logentums, um jene Botschaft zu übermitteln. Eisenhower war und ist somit ein Vertreter unter der Führung des sogenannten „Antichristen."

Um das Geheimnis hinter dem Antichristen der Religionen, so wie es meiner Meinung nach im Neuen Testament gemeint ist, zu lüften und die Aussage hinter den Heiligen Schriften zu verstehen, müssen wir uns zuerst einigen Fakten zuwenden, die ohne jeden Bezug scheinen, aber im Nachhinein sehr wichtig bei der Betrachtung der Vergangenheit werden.

Hinter dem Kontakt in den fünfziger Jahren mit Präsident Eisenhower steckt vermutlich dieselbe Gruppierung, die auch im Verborgenen hinter den „Göttern" in unseren heiligen Schriften zu finden ist!

Laut den Prophezeiungen wird immer wieder angekündigt, dass die Letzte Schlacht dann losgehen wird, wenn alle glauben es sei Frieden (*vermutlich weil der Großteil der Bevölkerung keine Ahnung von der realen Verschwörung im Hintergrund hat oder haben will...?*) und dass der Krieg sehr heftig wird – heftiger als *alles zuvor erlebte*, aber auch *sehr, sehr kurz* – und mit dem *Sturz des alten Systems endet* –

was ebenfalls für das genannte Szenario spricht, wenn man es für einen Moment als Realität annimmt.

Im Jahr 2004 verstarb der ehemalige US-Astronaut *Gordon Cooper* (Mercury-Atlas 9 / Gemini 5) im Alter von 77 Jahren. Cooper hatte bereits vor Jahren in Interviews dazu Stellung genommen, er habe mit eigenen Augen außerirdische Raumschiffe gesehen.

Am 15. August 1976 erschien im „*Los Angeles Herald Examiner*" ein Artikel, in welchem Cooper mit den Worten zitiert wurde: „*Ich bin während meiner Flüge verschiedenen Raumschiffen begegnet. Sowohl die NASA als auch die amerikanische Regierung wissen das und besitzen eine Menge von Beweisen!*"

Was zu Beginn für viele Kritiker nach einem Scherz klang, um das Sommerloch der Zeitung zu füllen, entpuppte sich im Nachhinein als alles andere als ein Witz. Cooper war von der Realität seiner Erlebnisse so überzeugt, dass er ein Schreiben an die Vereinten Nationen richtete und um Aufklärung bat. Inzwischen hat der ehemalige Astronaut seine Erlebnisse in mehreren Fernsehinterviews vor laufender Kamera wiederholt und damit all jene Spekulanten eines besseren belehrt, die nicht an die Geschichte glauben wollten.

Im Jahre 1951 hatte Cooper eine Sichtung zu jener Zeit, als er als F-86-Pilot in Neubiberg in Bayern stationiert war. Seiner Aussage zufolge sah er metallische, untertassenförmige Flugscheiben, die in punkto Flugleistung und Manövrierfähigkeit alles Bisherige in den Schatten stellten. Gordon Cooper:

„*Anders als unsere Düsenjäger konnten sie mitten im Flug stehen bleiben und 90-Grad-Haken schlagen.*" Cooper weiter:

„*Ich hatte 1951 Gelegenheit, über zwei Tage hinweg viele ihrer Flüge zu beobachten. Sie hatten unterschiedliche Größen, flogen in Jäger-Formation und immer von Ost nach West über Europa. Für viele Jahre lebte ich mit einem Geheimnis durch eine Geheimhaltung, die allen Spezialisten in der Raumfahrt auferlegt ist. Jetzt kann ich ent-*

hüllen, dass in den USA jeden Tag Objekte uns unbekannter Form und Zusammensetzung durch Radargeräte gesichtet werden. Und es gibt tausende von Zeugenberichten und eine Menge von Dokumenten, um dies zu beweisen, aber niemand will sie veröffentlichen. "

Zu einem anderen Zeitpunkt wurde Cooper ein hochgeheimer Film über die Landung eines seiner Meinung nach außerirdischen Raumschiffs in der Edwards Airforce Base gezeigt.

Dabei handelte es sich um die Landung eines scheibenförmigen Flugobjekts, welches Landebeine besaß. Nach einiger Zeit sei das Objekt wieder davongeflogen. Angeblich wurde der Film, nachdem er ihn gesehen hatte, wie befohlen an eine Regierungsstelle weitergeleitet. Er habe nie wieder davon gehört. Wurde Cooper Augenzeuge geheimer irdischer Technologie – oder sah er tatsächlich außerirdische Raumschiffe? Das die Kritiker es mit der Wahrheit und mit den Details der Aussagen nach dem Tod von Gordon Cooper nicht ganz so ernst nehmen, belegen deren Behauptungen, bei dem angeblich scheibenförmigen Flugkörper habe es sich in Wirklichkeit um den Start eines Wetterballons gehandelt. Ein Astronaut mit jahrelanger Erfahrung im amerikanischen Weltraumprogramm und US-Pilot, der auf alle nur erdenklichen Vorkommnisse geschult wurde, sollte also die Situation einer Nahaufnahme eines scheibenförmigen Flugobjekts mit Landegestell, welches landete und später wieder abflog, nicht von dem Start eines Wetterballons unterscheiden können…

Cooper ist nicht der einzige Augenzeuge unerklärlicher Ereignisse, der durch gezielten Rufmord bloßgestellt wurde. Mit seiner Aussage verstieß der Freimaurer und Astronaut laut seiner Aussage gegen die ihm auferlegte Geheimhaltungspflicht.

Interessant: Diese von Gordon Cooper im Jahre 1957 beschriebene Landung des scheibenförmigen Flugobjekts mit Landegestell, die er auf einem Airforce-Film sehen durfte, fand seinen Angaben zufolge auf der *Edwards Airforce Base* statt. Jener Militärbasis, über die es seit Jahrzehnten Berichte über ein geheimes Treffen zwischen den menschlichen „Außerirdischen" und dem Hochgradfreimaurer und US-Präsidenten Eisenhower gibt, welches nur relativ kurze Zeit zuvor im Jahre 1954 stattgefunden haben soll (damals *Muroc AFB* – welche später in *Edwards AFB* umbenannt wurde). Auch hier sollen drei scheibenförmige und zwei zigarrenförmige Flugobjekte über der Basis geschwebt haben. Gibt es einen Zusammenhang zwischen den Ereignissen? Handelte es sich dabei möglicherweise um eine Originalaufnahme von einem Treffen einer außerirdischen Spezies, die mit den Greys verwandt zu sein *scheint* (denn die Berichte sind *teilweise* etwas abweichend von dem gängigen Bild der Greys). Und welches von den menschlichen „Außerirdischen" angeblich bereits im Jahr 1954 angekündigt wurde?

Unter den Zeugen dieser Gespräche befand sich auch die Frau des Neffen des amerikanischen Kriegshelden und Fünf-Sterne-Generals *„Bull"* Halsey, die zusammen mit ihrem Mann wenige Monate zuvor ein UFO-Erlebnis gehabt haben will. Schon vorher hatte ihr Mann zusammen mit *Admiral Halsey* ebenfalls ein UFO-Kontakterlebnis. Beide Begegnungen waren vorschriftsmäßig gemeldet worden.

Diese Frau war *Tana Halsey*. Sie bezeugte sieben Jahre später, dass Präsident Eisenhower ihr gegenüber den Muroc-Kontakt bestätigt hätte. Auf ihre Frage, warum er denn nicht die amerikanische Öffentlichkeit darüber informieren würde, habe er geantwortet:

„...Meine Liebe, auch ein Präsident kann nicht immer wie er will..." und lehnte eine Veröffentlichung *als völlig* unmöglich ab.

Die Airbase diente zudem über 50 Mal als Standardlandeplatz für die Shuttle-Missionen. Den Berichten angeblicher Augenzeugen zufolge soll zur damaligen Zeit auch das Wrack des Roswell-Absturzes auf die Edwards Airforce Base (vormals Muroc AFB) gebracht worden sein. Im Sommer 2008 ging die Roswell-Verschwörung in eine neue Runde. Denn jetzt sagte der ehemalige NASA-Mitarbeiter *Clark McClelland* aus: *Wernher von Braun*, dem Vater der Raketentechnik, wurde das Roswell-UFO und die toten Außerirdischen gezeigt! Der ehemalige Astronaut McClelland war bis zum Jahr 1992 Wissenschafts-Offizier der NASA und genießt eine hohe Glaubwürdigkeit. Gerade das macht seine Aussage so spannend.

Er sagte in einem Interview mit dem Magazin *Mysteries* (Ausgabe 4/2008), dass er sich „vor etwa 40 Jahren" mit Wernher von Braun unterhalten habe. Und zwar am Vorabend des Starts der Apollo 11-Mission. Im Verlaufe des Gesprächs fragte McClelland ihn:

„Fand der Roswell-Absturz wirklich statt? Wurde tatsächlich ein außerirdisches Raumschiff mit Aliens gefunden?"

Von Braun zögerte angeblich, erzählte dem NASA-Mitarbeiter dann aber eine unglaubliche Geschichte. Nach eigenen Angaben wurde von Braun damals zur Absturzstelle nach Roswell gebracht. Nach eigenen Angaben sah Braun dort das außerirdische Wrack und merkwürdige Trümmerteile. Angeblich besaßen einige der Trümmerteile eine biologische Komponente, was von Braun und die anderen Wissenschaftler vor ein riesiges Problem gestellt haben soll. Und ihm wurden die außerirdischen Leichen gezeigt. McClelland versprach Wernher von Braun über diese Informationen zu schweigen. McClelland zu „Mysteries":

„Ich habe all dies erlebt, nicht Sie. Insofern können Sie das alles glauben oder eben auch nicht."

Unzählige Völker glaubten daran, dass ihre Götter vom Himmel kamen. *Doch woher vom Himmel?*

Um dieser Frage nachzugehen, sollten wir uns zuerst einmal nach Mexiko begeben. Denn hier hat seit Anfang der neunziger Jahre des zwanzigsten Jahrhunderts die größte UFO-Sichtungswelle der Welt stattgefunden, die von *vielen Tausenden* unabhängigen Augenzeugen auf Film gebannt wurde. Ausgangspunkt war offensichtlich eine alte Maya-Prophezeiung für das Jahr 1991, die Prophezeiung der „Sechsten Sonne", in der nicht nur die Sonnenfinsternis selbst angekündigt wurde, sondern auch jene merkwürdige Aussage, dass die alten Götter sich ab diesem Tage wieder am Himmel über Mexiko zeigen würden. In Mexiko selbst hatte man diese Prophezeiung vergessen. Man erinnerte sich erst wieder an sie, als die Götter augenscheinlich tatsächlich am Himmel aufgetaucht waren. Denn sicherlich kann man tausende von unabhängigen Filmaufnahmen der Objekte, die manchmal die unglaublichsten Manöver vollführten, teilweise im Flug stehen blieben, rechtwinklig abbogen und steil in den Himmel schossen, nicht wirklich durch Sinnestäuschungen und Fehlinterpretationen erklären. Zumal die Objekte in vielen Fällen auf Radar geortet wurden.

Enrique Kolbeck (leitender Fluglotse) arbeitete am Flughafen von Mexiko City, als er am 4. März 1992 insgesamt 15 UFOs in etwa 50 km Entfernung auf seinem Radar sah. Er berichtete zudem von vielen weiteren Sichtungen, die auch seine Kollegen im Tower beunruhigten.

Einer der spektakulärsten Vorfälle über Mexiko ereignete sich am 5. März 2004, als zwei Kampfjets des mexikanischen Militärs mehrere dieser Objekte über *Campeche* aufnahmen. Beängstigend für das Militär war in diesem Fall die Tatsache, dass die Objekte mit bloßem Auge nicht zu erkennen waren. Man sah sie nur auf den Infrarot- und Wärmebildkameras der Jets, obwohl sie eindeutig Struktur hatten und die Jets teilweise umzingelten – denn sie verschwanden hinter den Wolkenformationen und tauchten dahinter wieder auf. Der damalige Radarbeobachter *Leutnant German Marìn* erklärte dazu:

„Ob ich Angst hatte? Ja, ein bisschen, denn wir hatten es mit etwas zu tun, was nie zuvor passiert war. Aber es war völlig echt."

Der mexikanische Verteidigungsminister *Ricardo Vega Garcia* hatte am 22. April 2004 die Erlaubnis zur Veröffentlichung der Aufnahmen erteilt.

Im selben Zeitraum – und ebenfalls bis heute andauernd, filmen Astronauten und Kosmonauten die gleichen Objekte im Erdorbit. Sie kommen aus dem Weltraum, tauchen in die Erdatmosphäre, machen rechtwinklige Abbiegemanöver, fliegen neben der Internationalen Raumstation und sind sogar bereits auf den Aufnahmen der Apollo- und Gemini-Missionen zu sehen. Da sich die Prophezeiung der „Sechsten Sonne" über Mexiko erfüllt hat, sollten wir uns mit dem Volk der Mayas in diesem Buch etwas näher auseinandersetzen. Denn laut den Mayas waren die Götter der Vergangenheit, welche einst vom Himmel kamen und versprachen, in ferner Zukunft wiederzukehren, von *menschengleicher Gestalt* und sie seien *aufrecht gegangen. Sprich – Sie würden diese Außerirdischen nicht erkennen, wenn sie neben Ihnen an der Haltestelle auf den nächsten Bus warten.*

Die Mayas beschäftigten sich intensiv mit der Astronomie und der Sternenkunde. Ansonsten wäre es ihnen auch sicherlich nicht möglich gewesen, die Sonnenfinsternis vom Jahre 1991 über Mexiko so präzise vorauszusagen. Sie besaßen zwei Kalender, von denen einer bis heute als der sogenannte „Sonnenkalender" bekannt ist.

Laut der Geschichte der Mayas kamen in der Vergangenheit bei deren Vorfahren etwa 400 Götter von den Plejaden vom Himmel. Sie lehrten diese in der Astronomie, der Medizin und vielen anderen Bereichen. Aufgrund der primitiven Entwicklungsstufe der Maya-Vorfahren wurden nicht alle Ratschläge der Götter mit Jubel aufgenommen. Einige Lehren der Götter stießen aus Unverständnis auf regelrechten Widerstand. Der Anführer der Außerirdischen war der Gott *Kukulcan*, auch *Quetzecoatl* genannt. Können wir den Überlieferungen der Mayas Glauben schenken?

(Quelle: Popol Vuh, siehe hierzu ergänzend auch *„Die große Erich von Däniken Enzyklopädie"*, Stichwort „Plejaden", S. 282)

Die noch vorhandenen Maya-Handschriften umfassen 208 Faltbuchseiten. In der verbreiteten Meinung in den Medien werden die Götter der Mayas gerne als bösartig dargestellt. In den Originaltexten liest sich das aber ganz anders: Erich von Däniken schreibt hierzu:

"Im Vopol Vuh, dem Schöpfungsmythos der Quiché-Maya-Stämme, wird berichtet, 400 himmlische Jünglinge wären nach Kämpfen und Entwürdigungen **unter den Menschen** *zu den Plejaden (Siebengestirn) zurückgekehrt ... Die Maya-Ur-Götter kamen von den Sternen, kommunizierten mit den Sternen und kehrten, der Legende folgend, zu ihnen zurück..."* (Quelle: Erich von Däniken, *"Besucher aus dem Kosmos"*, 1. Auflage November 1975, S. 380 / Hervorhebung durch den Autor)

Der längste Zyklus im Maya-Kalender beträgt 26 000 Jahre. Die Tibeter, die alten Ägypter, die Cherokee- und Hopi-Indianer beziehen sich in ihren Glaubenssystemen und Zeitrechnungen genau wie die Mayas *auf einen solchen 26000 Jahre Zyklus.* Dieser Zyklus endete nach dem Maya-Kalender im Dezember 2012. Und tatsächlich gibt es einen etwa *26000 Jahre währenden Rotationszyklus der Erde.* Verbunden mit den Überlieferungen der Majas, dass deren Götter von den Plejaden gekommen sein sollen, hat sich hier wohl eine bunte Mischung aus Fakten und Märchen ergeben, die aus damaliger Sicht bezüglich der 26000 Jahre auf der einen Seite *erstaunlich* – auf der anderen aber ganz einfach aus falschem Verständnis der tatsächlichen Begebenheiten bestand.

Aus dieser Übereinstimmung wird deutlich, dass weltweit vermutlich eine unbekannte Verbindung zu den gleichen Außerirdischen besteht. Denn wie sollte man es ansonsten deuten wollen, dass all jene Kulturen unabhängig voneinander ihre Mythen ausgerechnet auf den 26000-Jahre-Zyklus am Firmament ausgelegt haben?

Im 16. Jahrhundert wurde der mündlich überlieferte Schöpfungs-Mythos der Quiché-Mayas von einem des Spanischen kundigen Indianer zu Papier gebracht. Es berichtet ergänzend zu den Göttern der Vorfahren, die auf gefiederten Schlangen vom Weltall auf die Erde kamen („vom Himmel herniederstiegen") auch von „Jünglingen, die zu den Plejaden fuhren." Auch findet man darin die Aussage, die heutige Menschheit wäre durch die Götter erschaffen worden.

Viele griechische Tempel wurden nach dem Auf- und Untergang der Plejaden ausgerichtet. Die frühesten erhalten gebliebenen Aufzeichnungen über die Plejaden dürften sich jedoch in der chinesischen astronomischen Literatur von 2357 v. Chr. finden. Die Japaner nennen die Plejaden *Subaru* und im Sanskrit heißen sie *Krittikas*. Für die Ureinwohner Australiens sind sie als die *Makara* bekannt und man sah sie in Verbindung mit der Orion-Konstellation. Die Azteken nannten sie *Tianquiztli*.

Die Azteken führten alle 52 Jahre eine besondere religiöse Zeremonie durch, die sie den „Tanz des Neuen Feuers" oder die „Zeremonie des Neuen Feuers" nennen. Die Priester begaben sich zum *Cerro de la Estrella* (Sternenhügel) und warteten dort andächtig und schweigsam auf das Vorüberziehen der Plejaden, auch bekannt als Siebengestirn. Überschritten diese den Zenit nach Mitternacht, ohne das die Welt unterging, brachen sie in großen Jubel aus und alles zuvor vorsorglich Zerstörte wurde wieder aufgebaut. Der Beginn des neuen Zeitabschnitts und der neuen Sonne wurde mit öffentlichen Festen und religiösen Riten begrüßt.

Die alten Ägypter hoben ebenfalls die Plejaden als eine weibliche Gottheit hervor, am häufigsten als *Neith*, die *„göttliche Mutter"* oder als *Hathor* in Gestalt einer Kuh, welche den Überlieferungen nach *die Samen des Lebens* in sich trug, und bringen sie somit in Zusammenhang mit dem *Schöpfungsmythos*.

Man erwähnte sie dort ebenfalls in Form des Stieres der Fruchtbarkeit. Pyramidologen haben bei ihren Arbeiten in Ägypten während der letzten Jahre Pyramidentexte gefunden, die darauf hindeuten, dass die Ägypter die Plejaden als ein höheres göttliches Sternsystem verehrten, vor allem *Alcyone*, den hellsten von allen.

In der Schweiz hatte vor vielen Jahrzehnten ein ansässiger Bergbauer angeblich mehrere UFO-Sichtungen und Kontakte, welche er als die Plejaren – oder Plejadier benannte: *Billy Meier*. Ein kontroverser Fall. Die meisten Menschen denken bei Außerirdischen von den

Plejaden sofort an Meier. Vergleichbare Daten zu einer angeblich aus diesem System stammenden Hochzivilisation scheinen zu fehlen. *Scheinen…* Das wird Ihnen dieses Buch eindrucksvoll bewiesen. Und ich werde Ihnen bereits in diesem Kapitel deutlich machen, *warum.*

Man könnte ohne das notwendige Hintergrundwissen meinen, Billy Meier habe die plejadischen (oder plejarischen) Außerirdischen erfunden.

Im späteren Verlauf des Buches werde ich Ihnen einige Fakten um den Fall Billy Meier auf den Tisch legen, die es in sich haben. Denn es wird ein völlig neues Bild auf Meier werfen. Ohne meine eigenen Erlebnisse hätte ich nie mit der Suche begonnen. Um die Zusammenhänge verstehen zu können, müssen Sie allerdings zuvor einige andere Abläufe in der Welt kennen und verstehen lernen. Doch spätestens dann, wenn alle Fakten auf dem Tisch liegen, werden Sie wissen, warum Billy Meier gegen einen Jan van Helsing hetzt, warum viele seiner Bilder billige Fälschungen sind – und warum, Überraschung, wohl trotzdem ein wahrer Hintergrund bei Meier vorhanden ist! *Wenn auch ein gänzlich anderer, als man zum jetzigen Zeitpunkt noch denken würde. Und zudem ein Hintergrund, der Billy Meier nicht gefallen wird…*

Die Tatsache, dass in der Schweiz tatsächlich merkwürdige Aktivitäten vor sich gehen, belegte bereits der Film „ *UFOs – Und sie fliegen doch!* " von *K. H. Rhode*, in welchem Berichte der damaligen Swissair-Piloten wiedergegeben wurden, der Leiter des Flughafens Zürich vor laufender Kamera Stellung nahm und ein Mitglied des Flughafenpersonals zugab, dass sie dort in regelmäßigen Abständen merkwürdige Radaraufzeichnungen der militärischen Luftraumüberwachung bekommen, für die es keine natürlichen Erklärungen zu geben scheint. Auch der Autor *Luc Bürgin* berichtet in seinem Buch „ *UFOs über der Schweiz – Das Dossier der Luftwaffe* " ausführlich darüber.

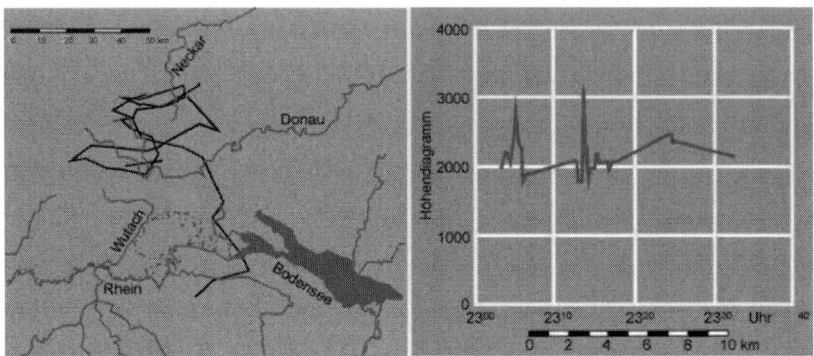

Militärische Radaraufzeichnungen von der Schweizer Luftwaffe

Abb. 9 links: Militärische Radaraufzeichnung der Flugbewegungen eines unbekannten Flugobjektes vom 2. August 1993, welches im Luftraum nördlich von *Schaffhausen* mit unglaublicher Geschwindigkeit manövriert. **Abb. 10 rechts:** Das Höhendiagramm zum selben Vorfall belegt, dass der Flugkörper willkürlich blitzschnell die Flughöhe auf eine Art und Weise geändert hat, die für viele als Beweis für einen außerirdischen Flugkörper in jener Region angesehen werden.

Was am Ende des Buches herauskommt, wird eine völlig neue Beweisführung sein, die auf völlig neuer Basis belegt, dass es in der Vergangenheit sowohl den Eingriff einer positiv zu wertenden außerirdischen Föderation unter der Leitung der Plejadier / Plejaren in die Menschheitsgeschichte gegeben hat, aber auch den einer negativen Splittergruppe. Dies klingt zu dem jetzigen Zeitpunkt noch äußerst unglaubwürdig und belustigend, zumindest bis man sich die Vergangenheit unseres Planeten betrachtet hat und deren Mythen, Sagen und Legenden.

„Ich möchte hier zuvor mit einfügen, dass die „angeblichen" Außerirdischen nicht wirklich, glaubt man den Kontaktlern, von den Plejaden, wie wir sie kennen, kommen sollen. Sondern hinter der Wahrheit ein Zeit- und Dimensionsphänomen steht, angeblich eine Raum-Zeitverschiebung und Dinge, die ich im späteren Verlauf erläutern werde. Selbst im berüchtigten Montauk-Projekt tauchen sie, wie bereits erwähnt, in den Berichten mit auf."

Der Name „Plejaden" ist aus der griechischen Mythologie abzuleiten. Der ursprünglich griechische Terminus *Peiades* bedeutet *Taube* oder auch *Siebengestirn*. Der griechische Gott „Atlas" wird in der Mythologie als der *Vater der Plejaden* bezeichnet.

Die außerirdische Verbindung:

Der *Maya-Kalender* endete im Jahr 2012. Um jenen Zeitpunkt haben deren Götter ihre Rückkehr angekündigt. Leben diese somit inzwischen schon überwiegend unerkannt unter uns, um für einen geheimen Stichtag, der in der Bibel als die Offenbarung beschrieben wird oder das Armageddon, bereit zu stehen? Nachdem eine Vorhut schon in den letzten Jahren hier eingetroffen ist und den Weg geebnet hat? Jesus sagte, es würde unerwartet geschehen, wie ein Dieb in der Nacht würde es über uns hereinrechen. Er würde mit den Wolken kommen. Der eine würde genommen werden, der anderen zurückgelassen. Bis dahin würden sich die Kritiker die Mäuler zerreißen und fragen `Wo bleibt er denn, euer Messias?`

Wurden eventuell sogar von den Massenmedien Anzeichen hierzu (erneut) bewusst unter den Tisch gekehrt, durch Selektion und Verdrehung von Tatsachenberichten? Das diese Außerirdischen ausgerechnet von den Plejaden kommen sollen, stößt bei vielen Forschern auf Widerwillen. Besonders aufgrund des ohne Frage doch sehr kontroversen Falles Billy Meier.

„Auf der anderen Seite machen die bereits angedeuteten Sichtungen über der Schweiz, auf die wir später im Buch noch detaillierter eingehen werden, deutlich, dass dort tatsächlich etwas geschieht, dass ohne Frage, wenn auch in geringerem Ausmaß wie über Mexiko, die gleichen Objekte und Berichte beinhaltet."

Ähnliche Geschichten gibt es aber überall in der Welt.

Die Ureinwohner Australiens sind die *Aborigines*. Sie glaubten an Götter, die vom Himmel kamen. Gefundene Steinzeichnungen zeigen merkwürdige Flugobjekte über gewöhnlichen Jagdszenen. In ihrem Schöpfungsmythos waren die Plejaden sieben junge Frauen, die in der Einsamkeit der Wüste campten. Und sie flogen in den Himmel. Laut den Originaltexten der Aborigines: „...*Sie gingen zu einem Baum und kratzten seine Rinde ab. Doch schon nach kurzer Zeit begann dieser besondere „Baum" zu wachsen, und trug die Frauen hinauf in den Himmel...*".

Die *Kiowa Indianer* nennen sie die *sieben* Jungfrauen. Deren Mythologie um die *sieben* Jungfrauen, welche in den Himmel aufstiegen, wird verkörpert durch den „Devils Tower" in Wyoming. Bei den Mayas in Mexiko wurden die Plejaden als *Schlange* dargestellt. Ihr Anführer Quetzecoatl wird meist mit „*Gefiederte* Schlange" übersetzt. Die richtige Übersetzung bedeutet jedoch „*Fliegende Schlange.*"

Die Mayas sprachen von Göttern, die in der Vergangenheit von den Plejaden auf die Erde kamen

Abb. 11 links und **Abb. 12 rechts:** Die Pyramide der Mayas in *Chichen Itzha, Mexiko.* **Abb. 13 Mitte:** Sie zeigt den Gott *Quetzecoatl* in Form einer Schlange, wie er die Stufen der Pyramide hinunter zu den Menschen kommt. Die Mayas gaben ebenfalls an, dass ihre Götter von den Plejaden kamen. *Da die Plejaden eigentlich zu jung sind ist die Anmerkung von Kontaktlern wichtig, dass hinter den Außerirdischen eine Art Raum-Zeit-Phänomen verborgen liegt.*

In Mexiko, an der Pyramide in Chichen Itzha, versammeln sich zweimal im Jahr Tausende von Menschen, um ein Schauspiel aus Licht und Schatten zu beobachten. Die Pyramide ist in Stufenform gebaut. Eine Schlange windet sich diese Stufen von oben nach unten, welche den Gott Quetzecoatl symbolisiert. Durch das Schauspiel aus Licht und Schatten hat es den Anschein, als würde sich die Schlange die Stufen herunter vom Himmel zur Erde bewegen. Dies soll die Rückkehr des Gottes Quetzecoatl symbolisieren.

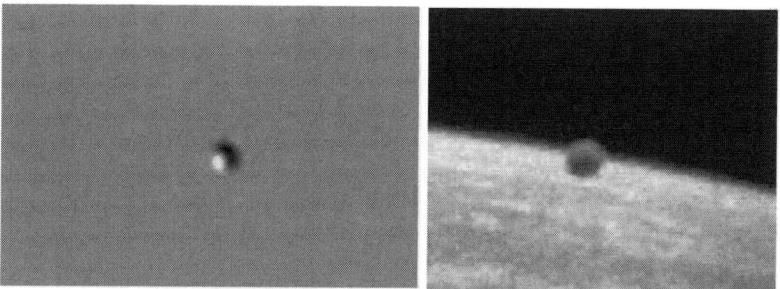

Aufnahme über Mexiko – *Die plejadischen Götter kehren zurück?*

Abb. 14 links: Aufnahme einer runden Sonde über *Mexiko – gefilmt am 11. September 2004 um 17 Uhr.* **Abb. 15 rechts:** *NASA-Originalaufnahme* einer identischen Sonde im Erdorbit während der Space-Shuttle Mission *STS-37.* Kritiker glauben an einen Wassertropfen. Jedoch bewegt sich das Objekt ohne Formveränderung in dem Film und identische Objekte wurden auch von anderen Astronauten und Kosmonauten im Erdorbit beobachtet. Kosmonaut *Gennadij Strekhalov* über eine Sichtung aus dem Jahr 1990: *„Ja, ich sah etwas, mehrfach sogar ... Plötzlich erschien eine Art ... glitzernde ... Kugel ... Ich meldete das dem Raumflugkontrollzentrum ... Es war eine perfekte Kugel!"* (Quelle: Magazin UFO-Nachrichten, Interview mit G. Strekhalov, Nr. 325, 1996, S.4). Bereits in alten sumerischen Texten wird die Sichtung von fliegenden Kugeln in Verbindung mit deren Göttern beschrieben (siehe hierzu auch William Bramley, „Die Götter von Eden", 1989, S. 39).

Laut einer weiteren Prophezeiung der Indianer kündigten die Götter bereits teilweise für die Sonnenfinsternis im Jahre 1991 in Mexiko an, sich zu zeigen. Die Sonnenfinsternis wird auch als *„Black Sun"* bezeichnet – was wiederum übersetzt *„Schwarze Sonne"* bedeutet. „Schwarze Sonne" war eine hochgeheime Verbindung im Dritten Reich, welche sich ebenfalls auf die Außerirdischen bezog. In der Wewelsburg in Paderborn, Deutschland, dem Machtzentrum der SS und der okkulten Thulegesellschaft (welche sich wiederum hinter der NSDAP verbarg), befindet sich das Symbol der Schwarzen Sonne im Obergruppenführersaal als riesiges Bodenornament. Tatsächlich wurde, wie bereits angemerkt, die Sonnenfinsternis in Mexiko im Jahre 1991 von der *größten bekannten UFO-Sichtungswelle der Ge-*

schichte begleitet, *Tausende* unabhängige Amateuraufnahmen beweisen dies. Von den westlichen Massenmedien wurde diese Vielzahl unglaublich beeindruckender Aufnahmen in den offiziellen Nachrichtensendungen ignoriert. *Sie wurden in die Boulevardpresse verschoben.*

Aufnahme über Mexiko – *Die plejadischen Götter kehren zurück?*

Abb. 16 links: NASA Original-Aufnahme eines zigarrenförmigen UFOs während der Mission der *Gemini IV* – aufgenommen von Astronaut *James McDivitt*. McDivitt: *„Es flog nur wenige hundert Meter neben unserem Raumschiff her"* (Quelle: Frank Zückmantel, Geheimakte UFO Teil 2, Ewert Verlag). Offiziell handelt es sich um eine Linsenspiegelung, wie bei einigen anderen Berichten ebenfalls. Aber auch andere filmten diese Objekte, so wie Kosmonaut *Musa Manarow* im Jahr 1991 von der Raumstation MIR aus. Manarow über das zigarrenförmigen Flugobjekt: *„Plötzlich bemerkte ich etwas unter dem Raumfahrzeug ... Es war nicht sehr nah ... die Kamera war auf unendlich eingestellt ... ich filmte es einige Minuten ... Ich habe nicht auf die Uhr geschaut ... Doch dann begann sich dieses ... davonzubewegen. Es entfernte sich vom Schiff... Es leuchtete wie Metall..."* (Quelle: Magazin UFO-Nachrichten, Interview mit den Kosmonauten *M. Manarow* und *G. Strekhalov*, Nr. 325, 1996, S.4) **Abb. 17 rechts**: Identischer zigarrenförmiger Flugkörper über einem Lavastrom, aufgenommen im Jahre 1999 in *Mexiko*.

Im Jahre 1991 gab es in Mexiko aufgrund der nicht abnehmenden UFO-Welle eine offizielle Pressekonferenz, bei der die Realität der Ereignisse von einem Regierungsvertreter voll bestätigt wurde. Ein Pressesprecher gab vor laufender Kamera an, dass sie keine Erklärung für die auftretenden Ereignisse hätten, `man jedoch davon ausgehe, dass die Verursacher friedlich seien, da keinerlei negative

Absichten der Objekte zu verzeichnen wären und diese die Region nur zu beobachten scheinen` (siehe hierzu auch Ausschnitte der aufgezeichneten Pressekonferenz in der Dokumentation „*Masters of the Stars – The Ovnis of Mexico*", Genesis III, Box 25962, Mund Park, AZ, 86017). Weitere sehr gute Dokumentationen über die UFO-Welle in Mexiko, welche eine Aneinanderreihung von hunderten von Amateuraufnahmen sind, finden Sie ebenfalls über „Genesis III", unter den Titeln „*Messengers of Destiny*" und „*Voyagers of the Sixth Sun – UFOs and the Destiny of Mexico.*" Nicht nur die Fluglotsen des größten Flughafens der Welt, des „Aero Mexico", bestätigten die UFOs ebenfalls vor laufender Kamera – auch der Leiter der Flugsicherung. Teilweise tauchten *Dutzende* der Objekte gleichzeitig auf. In manchen Fällen legten die Objekte den Verkehr lahm, da die Fahrer stehen blieben und sich aus dem Fenster lehnten, um die unglaublichen Ereignisse und Flugmanöver über der Millionenstadt zu verfolgen.

Die Prophezeiung der Indianer hatte sich also zu 100% erfüllt. Und die Götter waren augenscheinlich, wie angekündigt, wieder über Mexiko erschienen.

Abb. 18: *Aztekische* Darstellung des Gottes *Quetzecoatl*, der der Legende nach in einer „geflügelten" Schlange zur Erde kam und den Azteken, den Mayas und den Tolketen ihre Kultur brachte. Die Azteken gaben an, deren Götter würden von den *Plejaden* stammen.

Wir werden auf diese UFO-Welle später im Buch nochmals eingehen. Bei den Funden der Mayas entdeckte man zudem mysteriöse menschliche Schädel aus Kristall. Die Perfektion verblüffte große Teile der Wissenschaft, da die Mayas nicht die notwendigen Mittel besaßen, um Kristall zu bearbeiten. Von den Mainstream-Medien wurden diese als Fälschungen „entlarvt", nachdem deren Entdecker und seine Frau verstorben waren und er sich nicht dazu äußern konnte. Einen weiteren Schädel aus Kristall fand man bei den *Azteken*, einem *weiteren* indianischen Volk, dass auf die Maya-Kultur aufbaut und demzufolge von Göttern sprach, die vom Himmel kamen. Und zufälligerweise sprachen die Azteken und Tolketen natürlich *ebenfalls* von dem Gott „Quetzecoatl" (Kukulcan), welcher der Anführer der Götter war *und das jene von den Plejaden kämen.*

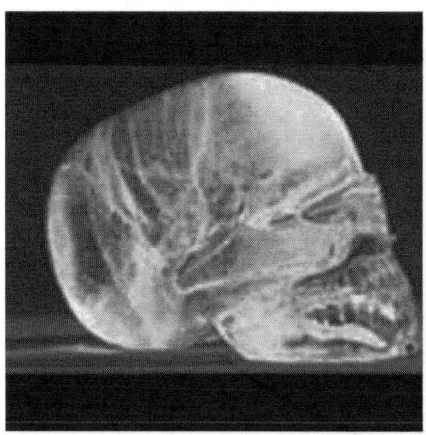 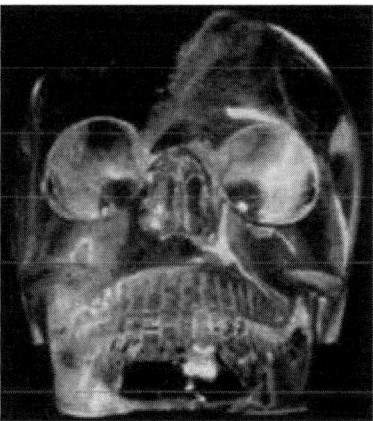

Kristallschädel aus der Mayakultur

Abb. 19 links: Kristallschädel, der im 19. Jahrhundert bei den Mayas in einem Grab gefunden wurde. Nur hatten diese nicht das notwendige Werkzeug, um Kristall so präzise zu bearbeiten. Wäre er mit der Hand poliert worden, hätten 300 Jahre ununterbrochenes Arbeiten nicht ausgereicht (siehe „Die große Erich von Däniken Enzyklopädie", S. 202). Laut vielen zensierenden Medien des Logentums natürlich Fälschungen. In Wirklichkeit ein Werk der Götter? Die Mayas gaben an, dass ihre (außerirdischen) Götter von den Plejaden kamen. **Abb. 20 rechts**: Einer der Kristallschädel der Mayas, welcher im Jahre 1924 in *Lubaantum*, einer Ausgrabungsstelle in *Belize* (auf der Halbinsel *Yukatan*) gefunden wurde.

Ich werde später im Buch auf eine mysteriöse Operation einer geheimen Einheit der SS eingehen, die in Mexiko nach diesen Schädeln gesucht hat. Ausgangspunkt war angeblich ein UFO-Absturz im Jahre 1936 in Deutschland. Die Operation flog teilweise auf und einige der Mitglieder der deutschen SS-Einheit wurden in Mexiko nachweislich verhaftet.

Doch wie sieht es mit den legendären Ägyptern aus? Kann man auch hier einen weiteren Beweis auf die Plejaden finden?

Überprüfen wir zum ersten Mal diese unglaubliche Geschichte:

Die Symbolisierung der Götter als eine Schlange bei vielen Kulturen ist äußerst auffallend – und man fragt sich, ob dies Zufall sein kann. So sprachen unter anderem die Chinesen und die Japaner von Göttern, die vom Himmel kamen – und diese verbanden sie mit dem Symbol eines Drachen oder einer Schlange.

Bei den Kelten war es zum Beispiel die „Midgard-Schlange."

Doch finden wir tatsächlich auch bei den Ägyptern einen Hinweis auf den Gott „Quetzecoatl" (Kukulcan) von den Plejaden? *Tatsächlich* finden wir bei den Ägyptern einen Gott „Sokar", welche als „Geflügelte Schlange" benannt und dargestellt wird.

Ist Quetzecoatl und Sokar dieselbe Gottheit?

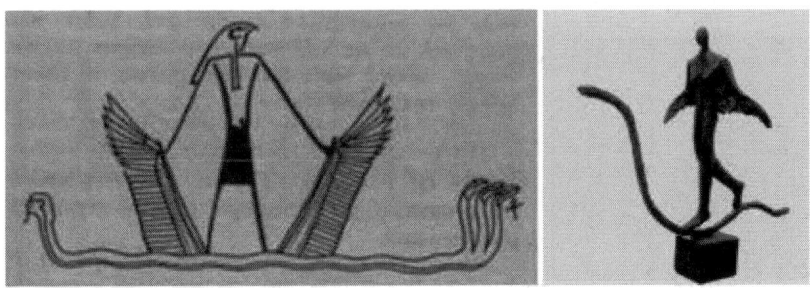

Abb. 21 links: Der ägyptische Gott „Sokar", welcher als „Fliegende Schlange" dargestellt wurde – *identisch zu dem Gott Quetzecoatl (Kukulcan) der Mayas.* **Abb. 22 rechts**: Künstlerische Umsetzung.

Bei den Ägyptern gab es den Gott „Horus", den angeblich der bekannte Satanist *Aleister Crowley* beleidigt haben soll. „Das Auge des Horus" ist das bekannte „Allsehende Auge", unter anderem auf der Dollarnote der USA – ein verwendetes Symbol der Illuminati und der Freimaurer. Crowley und seine Frau Rose wurden wie erwähnt durch eine Vision ins damalige ägyptische Boulak-Museum geführt, wo seine Frau Rose zielstrebig zu der Stele des Horus lief und sagte „*Das ist sie! Die Stele aus meinen Traum!*"

Als Crowley die Nummer der Stele sah, erstarrte er. Sie trug die Nummer „*666.*" Dies ist wie bereits berichtet die Geschichte dahinter, warum Crowley sich als die *Personifizierung des Tieres* in der „Johannes-Offenbarung" aus der Bibel sah. Und er trug oftmals die Symbolik des Allsehenden Auges – unter anderem auch als Hut.

Stiergehörn (auch *Uräus-Schlange*) und die Sonnenscheibe in der ägyptischen Kultur

Abb. 23 links: Der Gott Horus links auf der „Stele 666". **Abb. 24 bis Abb. 26 rechts:** Weitere ägyptische Gottheiten mit dem Stiergehörn und der Sonnenscheibe darüber als Kopfschmuck in den Darstellungen der Götter.

Horus galt in den ägyptischen Überlieferungen auch als „Gott der Gande." Sollte Aleister Crowley gezielt als die Personifizierung des „Tieres 666" in die Geschichte eingehen? Rose gab an, ihr wurde in dem Traum, welcher sie zu jener Stele führte, übermittelt, Crowley habe den Gott Horus beleidigt. Da er sein Symbol – ebenso wie die Freimaurer und Illuminaten – verwendet hatte? Das „Allsehende Auge" ist auch als „Gottesauge" in fast jeder Kirche, jedem Kloster oder jedem Dom zu finden. Und es fällt nicht schwer, den Miss-

brauch des Symbols durch satanische luziferianische Gruppierungen als Beleidigung Gottes zu verstehen.

Sollte er womöglich, als direkter Vertreter der Freimaurer und Illuminaten, für diese stellvertretend an den Pranger gestellt werden?

Horus trägt auf der Stele eine Art *Stier*gehörn, auf welcher sich eine Kugel als Kopfschmuck befindet. Doch er ist nicht der einzige Gott mit diesem Merkmal. Viele zumeist weibliche Gottheiten der Ägypter tragen das Stiergehörn mit der Sonnenscheibe als Kopfschmuck.

Dieses „Stiergehörn" wird in der Fachsprache auch *„Uräus-Schlange"* genannt. Viele Ägyptologen meinen, dass sich auf der Sphinx-Stirn einmal eine „Uräus-Schlange" aus Metall befunden habe (möglicherweise mit der Kugel darüber), was man heute noch an dem Einsatzloch der Halterungen auf dem Kopf der Sphinx entdecken kann. *Doch was bedeutet dies alles?*

Das Stiergehörn (auch *Uräus-Schlange*) und die Sonnenscheibe in der ägyptischen Kultur

Abb. 27 links bis Abb. 29 rechts: Abbildungen, wie im *Alten Ägypten* der Stier dargestellt wurde: mit einer Sonnenscheibe zwischen einem Gehörn. Identisch zu jenem Gehörn, mit welchem der Gott Horus und viele andere ägyptische Gottheiten dargestellt wurden.

Wir haben nach einem Beweis gesucht, dass zumindest *Teile* der ägyptischen Gottheiten von den Plejaden kommen und sind dabei auf den Gott „Sokar" gestoßen, der identisch mit dem plejadischen Gott „Quetzecoatl" (Kukulcan) der Azteken und der Mayas zu sein scheint.

Wir haben bei dem Gott Horus sowie bei vielen anderen Gottheiten der Ägypter einen Kopfschmuck entdeckt, welcher als „Uräus-Schlange" bezeichnet wird und eine Art Stiergehörn darstellt. Also auch hier das Symbol der Schlange mit einer Sonnenscheibe darüber.

Doch warum sollten diese das Symbol des Stieres tragen?

Ist es ein deutlicher Hinweis auf die Herkunft der Götter? Ein Hinweis auf das den Ägyptern bereits bekannte Sternbild „Stier"? Und welche Sternenkonstellationen finden wir im Sternbild Stier?

Die Plejaden *und* das Sonnensystem Aldebaran.

Woher kommt die offizielle Stierverehrung?

Der Ursprung der Rinderverehrung geht auf eine Zeit zurück, von der man sich nur anhand sehr weniger archäologischer Funde ein Bild machen kann.

Der Stier spielt im antiken Ägypten eine wichtige Rolle im religiösen Glauben. Er steht für das Symbol der Erneuerung. Die wichtigste Stiergottheit Ägyptens war der *Apis-Stier*.

Nach dem Ableben wurde ein Apis-Stier genauso sorgfältig einbalsamiert, wie ein Pharao. Der Apis-Stier wurde aufgrund seiner Zuordnung der zyklischen Erneuerung zum Prozessionstier, welches neben dem Pharao bei verschiedenen Festlichkeiten (Erneuerungsfest / „*Sedfest*") herlief.

Die Kraft des Pharaos wurde, schritt er neben dem Apis-Stier her, mit jener des *obersten Stiergottes* gleichgesetzt. Göttliche und königliche Weltanschauungen wurden so miteinander verbunden. Das Gehörn bei der Göttin *Isis*, deren Sohn *Horus* war, wurde ebenfalls als Stiergehörn dargestellt. Offiziell wird die Kugel zwischen dem Gehörn als „Sonnenscheibe" bezeichnet. Es besteht also offiziell ein Bezug zum *Universum* und zur zyklischen *Erneuerung* in der Symbolik.

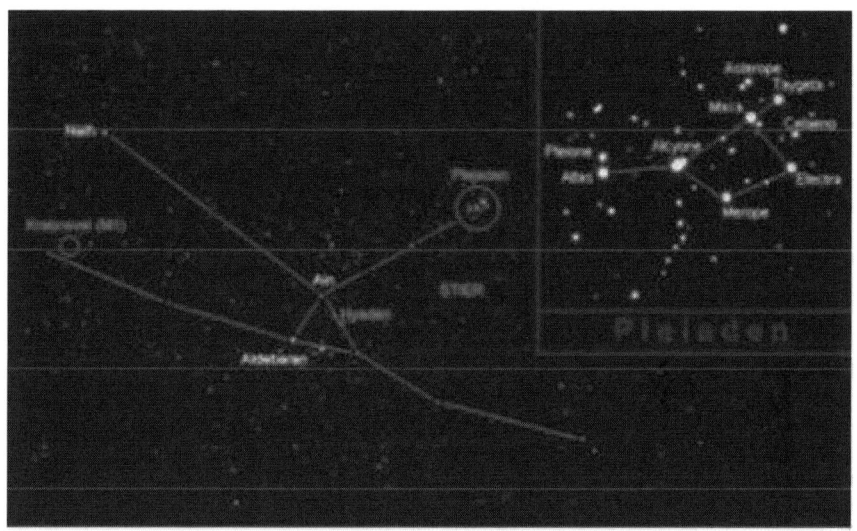

Das Sternbild Stier: Dort finden wir die Plejaden und das Sonnensystem

Aldebaran

Abb. 30: *Das Sternbild Stier*. In ihm finden wir die *Plejaden* und das Sonnensystem *Aldebaran*. Rechts eingefügt: die hellsten Sterne der Plejaden mit ihren Namen. Bei den Ägyptern tragen viele der Gottheiten eine Art „*Stier*gehörn." Zufall?

Können wir hieraus bereits den Bezug zu den „Sonnen-Göttern" ableiten, die eines Tages, laut den Berichten der Mayas, wiederkehren sollten?

In der israelischen Kultur ließ man sich dazu verleiten, die Tierkulte ihrer Umwelt mitzumachen. Davon berichtet die Geschichte vom goldenen Stier im 2. Buch Mose, Kapitel 32 – *die Geschichte vom „goldenen Kalb."*

Es gibt viele Mythen, wo das sagenumwobene „goldene Kalb" begraben liegen soll. Wobei der biblische Endzeitcharakter hier bei der Suche eine entscheidende Rolle spielt. Den Überlieferungen nach verlangte *Aaron* (der von Moses ernannte Stellvertreter für die Zeit seiner Abwesenheit) den Schmuck der Israeliten und goss daraus das goldene Kalb, was als Frevel angesehen wurde (Psalm 106, 19-20).

Spekuliert wird über eine Verbindung zur Bundeslade (ZION), die Moses von Jahwe anvertraut worden war.

Ich werde im späteren Verlauf des Buches nochmals auf das „goldene Stierkalb" zurückkommen – und wo es begraben liegen soll.

Wer die überlieferten Texte der VRIL-Gesellschaft aus „Nationale Sicherheit" in Erinnerung hat, dem wird möglicherweise folgender Abschnitt eines angeblichen Fluges nach Aldebaran noch in den Ohren klingen:

„Die aldebaranischen Raumkreuzer kommen schnell näher. Beeindruckende Geräte. Länge sicher über 1000 Meter. Sie sind riesenhaft, sehen aber sonderbarer Weise nicht so fremdartig aus, wie wir uns ausgemalt hatten. Erinnern uns an unsere V2, obwohl sie keine Raketenantriebe haben, und natürlich sehen sie doch anders aus..." („Nationale Sicherheit – Die Verschwörung", *S. 170)*

Eine bessere Beschreibung *von jenen zigarrenförmigen Flugobjekten, welche während so vieler Raummissionen unserer Astronauten und Kosmonauten im Weltraum gefilmt wurden,* gibt es wohl nicht.

Ich möchte an folgende Vorgänge erinnern: Im Dezember des Jahres 1919 trafen sich in einem angemieteten Forsthaus in der *Ramsau* bei *Berchtesgaden* ein enger Kreis aus *Thule-*, angehenden *VRIL-* und angehenden *„Herren vom schwarzen Stein"*-Kreisen. Eine *Maria Ortisch*, nachfolgend Mitglied der *VRIL*-Gesellschaft, sowie das Medium *Sigrun* präsentierten an diesem Abend medial empfangene Texte in sumerischer Sprache und der Geheimschrift einer Templersektion.

Dabei ging es um angebliche Texte und Botschaften einer außerirdischen Zivilisation von Aldebaran, wie erwähnt ebenso im Sternbild Stier zu finden wie die Plejaden, welche eine Art „Bauanleitung" enthielten.

Diese Bauanleitungen und Botschaften waren unter anderem die Grundlage für die Bauversuche der sogenannten *„Jenseitsflugma-*

schine" und die *VRIL*-Flugscheiben. *Es ging also um Baueinleitungen offensichtlich außerirdischer Technologien.*

Im Jahre 1943 sagte *Professor Dr. Schuhmann* auf einem Vortrag im Ostseebad *Kohlberg* unter anderem hierüber:

*"Mit dem Wechsel in das Jenseits unterliegt unser **Fluggerät** nicht mehr den diesseitigen Naturgesetzen, sondern den Naturgesetzen des Jenseits! **Dort gibt es aber eine andere Zeit!** Dort ist das schnellste, was fliegt, keineswegs das Licht, sondern der Gedanke! Der Geist! Ist das jetzt, wie manche vielleicht meinen, Okkultismus? Keineswegs! ... Alles beruht auf Schwingungen, um ein benutztes Beispiel nochmals zu verwenden, die Rundfunkwellen. Der Drehkondensator bestimmt die Wellenlänge und so den Sender. Die Umformung der einen Frequenz zur anderen bewirkt den Wechsel. Im Höheren ist es nicht viel anders, grundsätzlich gesehen. Es gibt diesseitige und jenseitige Schwingungsnetze und Schwingungsebenen. Wenn es gelingt, eine bestimmte Schwingung hervorzurufen, so setzt der Magnetismus des Affinitätsgesetzes (Gesetz der Resonanz) ein. In der obersten Stufe kommt es dabei zu einer völligen Umformung: der Transmutation..."*

Was Professor Dr. Schuhmann hier beschreibt ist nichts anderes, als die Beschreibung von **Zeitreisetechnologie**. In Verbindung mit einem Fluggerät.

Also haben diese Entwicklungen durch die überlieferten Botschaften einer außerirdischen Hochkultur damals tatsächlich stattgefunden?

Unterstützt wird diese These auch durch die bereits in *"Nationale Sicherheit – Die Verschwörung"*, aufgeführten Protokolle eines Raumfluges nach *Aldebaran*, welcher es Dank der übermittelten Technologie angeblich geschafft haben soll, 68 Lichtjahre innerhalb kürzester Zeit zu überbrücken. Durch eine Art *"Dimensionskanal."* *Und dies beschreibt ohne Frage die hier bereits zuvor aufgeführte*

Technologie. Ist mit dem „Dimensionskanal" ein „Wurmloch" ge-
meint? Egal ob nun künstlich erzeugt oder nicht?

Wurde damals *tatsächlich* eine solche Technologie innerhalb der
deutschen Geheimgesellschaften im Dritten Reich gebaut, getestet
und angewendet?

Es wird von einigen Forschern behauptet, dass die angeblich
menschliche aldebaranische Kultur und jene der Plejaden geschichtlich mit einer Zivilisation verbunden sind, welche im Wega-System
beheimatet war. Das es tatsächlich ein Mysterium um das Wega-
System gibt, erfahren wir aus *Erich von Dänikens* Buch *„Tomy und
der Planet der Lüge"*, welches wiederum deutliche Übereinstimmungen mit der angeblichen fiktiven Geschichte hinter dem Roman
„Contact" von *Carl Sagan* zeigt (der mit *Jody Foster* für die Leinwand umgesetzt wurde). In diesem finden die Plejaden zwar namentlich keine Erwähnung, jedoch spielen sie trotzdem eine *hintergründige Rolle*. Denn ein „Stopp" von *Jody Foster* beim Flug durchs
Universum ist zufälligerweise das Sternbild der Plejaden. Nachdem
sie aus der Perspektive einen Teil der Anordnung der Plejaden direkt
vor sich am Himmel betrachtet, schweift ihr Blick auf einen Planeten
direkt unter ihr, der bewohnte Strukturen zeigt und sie zu dem ver-
blüfften Ausspruch veranlasst: *„Sie leben!"*

Und zudem zeigt der im Spielfilm „Contact" umgesetzte Dimensi-
onsflug durch eine Art Wurmloch erstaunliche Parallelen zu dem
überlieferten Flug einer deutschen Flugscheibe nach außerirdischer
Bauanleitung konstruiert, um nach Aldebaran durch den bereits beschriebenen „Dimensionskanal" zu gelangen.

Hier ein kurzer Auszug: *„Eintritt (in den Dimensionskanal) ging
sehr einfach. Kurzes Empfinden wie eine Art Hauch von Betäubung
bei allen Besatzungsmitgliedern. Aber nur wenige Augenblicke. Umformung geht viel zu schnell, um sie richtig zu begreifen... (ca. 12
Zeilen unlesbar) ... überall grünliches Schimmern...*

Im Kanal ruhiger Flug. Manchmal kommen wir an helleren oder dunkleren Stellen vorbei. Wissen nicht, ob sie etwas zu bedeuten haben. Überall grünlich gelbe Lichtspiralen, in der Mitte fast orange. Größe und Entfernung schwierig zu sagen. Eventuell mehrere Kilometer Gesamtdurchmesser des Spiralgebildes, das sich sehr langsam dreht. Vielleicht bewirkt das Gebilde einen Sog ... Der Kanal ist keine Röhre bloß in eine Richtung, er ist sozusagen grundsätzlich überall ... Starkes Geschwindigkeitsempfinden ...

Austritt aus dem Dimensionskanal gelungen ... Wieder unser altes Weltall. Lauter fremde Sternbilder ... Die Dunkelheit hier ist ungewohnt. Zwar Sterne zu sehen, aber keine Sonne nahe genug, um Licht zu geben. Wir sehen außer fernen Sternen nichts ... Die aldebaranischen Raumkreuzer kommen schnell näher. Beeindruckende Geräte. Länge sicher über 1000 Meter. Sie sind riesenhaft, sehen aber sonderbarer Weise nicht so fremdartig aus, wie wir uns ausgemalt hatten. Erinnern an unsere V2, obwohl sie keine Raketenantriebe haben, und natürlich sehen sie doch anders aus..." (Quelle, siehe auch Jan van Helsing, „Unternehmen Aldebaran", Ewert Verlag, 1997)

Die Übereinstimmung zwischen Dänikens Buch und dem Film „Contact" nach einem Roman von Carl Sagan:

Übereinstimmungen *insofern*, dass es hierbei ebenfalls um eine Zivilisation vom Wega-System geht, bei der sich ein Wesen in die Rolle von „Jody Fosters" verstorbenen Vater begibt, um ihr keine Angst einzujagen. Bei Erich von Dänikens Erlebnissen bediente eine Wesenheit sich dem Aussehen von Däniken selbst, als er noch 30 Jahre jünger war.

Die Szenerie, als Jody Foster im Wega System „ihrem verstorbenen Vater begegnet" scheint bewusst Hologramm artig dargestellt zu sein, als wären diese speziellen Wesen nicht körperlich, sondern nur intelligente Energie. Sie erkannte vor ihren Augen die unglaublichsten real erscheinenden Bilder und es wirkte auf uns wie eine reale Form von Astralreisen, *identisch zu den Schilderungen von Däniken.*

Dass diese Wesenheiten aber auch tatsächlich reale menschliche Körper annehmen können, beschreibt wiederum Erich von Däniken in seinem Tatsachenroman. In der Talkshow *„Unzensiert"* auf Secret TV bestätigte er nochmals bis ins Detail die größtenteils wahren Begebenheiten hinter diesem doch sehr fiktiv wirkenden Roman, die er selbst erlebt und über 20 Jahre verschwiegen hatte.

Im Film „Contact" wird Jody Foster „von ihrem Vater" berichtet, dass jene dies „immer so machen", wenn eine Zivilisation ein gewisses evolutionäres Stadium erreicht hat und Kontakt aufnimmt. Dort in Form von Radio- und Fernsehwellen, bei Erich von Däniken aufgrund seines geistigen Wunsches. Er schreibt, man würde in einer solchen Situation eine Art *„Nukleus"* zünden, was aber in menschlicher Sprache kaum zu übersetzen sei, da wir hierfür keine Worte hätten.

Vielleicht sollte ich an dieser Stelle auf meinen Tatsachenroman *„Und die Welt war eine andere"* verweisen, den ich unter dem Pseudonym *„David Simon"* veröffentlicht habe. Darin beschreibe ich, ohne jetzt zu viel verraten zu wollen, die Geschichte von Kim, der ebenfalls nahezu identische Elemente aus den Erlebnissen beschreibt und eine Botschaft bekommt, die er nicht richtig hört und als „W...E...A" im Traum versteht (2004, S. 312).

Natürlich in Wirklichkeit *WEGA*... Eine ehemalige Freundin von Kim trägt im Roman den Namen *Maya* und die Außerirdischen, die Kim kontaktieren, stammen von den Plejaden und dem Sonnensystem Aldebaran. Jan van Helsing schrieb damals das Vorwort für mein Buch. Ursprünglich geplant als Dreiteiler. Ich entschied mich jedoch nach dem Abverkauf der Zweitauflage um, und veröffentlichte die komplette Story komprimiert in einem Roman, der ab dem Jahr 2014 unter dem Titel „Revolution, Baby!" in verschiedenen Versionen und Auflagen erschienen ist.

Ebenso wird Kim darin mit ähnlichen Technologien konfrontiert, wie sie Erich von Däniken erläutert. Darunter telepathische Botschaften,

Wahrnehmungsveränderungen, hologrammartige Bilder, Filmabläufe und mehr. Kim wird ebenfalls mehrmals aus seinem Körper herausgeholt und sieht von oben auf sich herab. Und auch er schildert mehrere Erlebnisse, die das Zünden eines Nukleus beschreiben:

Zum einen verschwand in diesem Zusammenhang ein Brief, in einem anderen Fall hegte er in der Nacht zu seinem 25. Geburtstag den innigen Wunsch in Richtung einer außerirdischen Zivilisation *„er wolle mehr erfahren und erleben und gerne einen ganz besonderen Geburtstagstraum bekommen."* Als er einschlief, erlebte er den aufschlussreichsten Traum seines Lebens, der später in einigen entscheidenden Punkten wahr wurde und der teilweise hologramm artige Bilder enthielt.

Er erlebte später in einer Vision einen Raumflug durch unser Sonnensystem, die durch ein Geräusch, ähnlich einem Taktel, begann, verbunden mit einer weiblichen Stimme, die offensichtlich nicht an ihn gerichtet „Kontakt!" sagte. Nach dem holografischen Flug durch unser Sonnensystem, der im Asteroidengürtel zwischen dem Mars und dem Jupiter endete, als ob man dort landen wolle, endete die Vision, nachdem man Kim kurz zuvor noch eine Frage stellte.

Die Existenz des Asteroidengürtels an jener Stelle kannte Kim bis dahin nicht. Er fand erst nach der Vision heraus, dass dieser tatsächlich existiert, als er infolge die Angaben aus dem Erlebnis überprüfte. Ein Element aus diesem Traum zeigt das Cover meines Buches *„Enter your Matrix."* Ein anderes Element zeigte eine weibliche Person, die Kim wenige Jahre später *tatsächlich in der Realität kennengelernt hat.* Und zwar genau an dem Ort, wo er sie zuvor auch im Traum sah. Und sie sagte dort in der Realität genau die Worte, welche sie Jahre zuvor im Traum erwähnte, führte die gleichen Handlungen aus.

Viele der im Buch geschilderten Ereignisse haben somit tatsächlich so oder so ähnlich wie im Buch beschrieben stattgefunden.

In dem Film „Contact" sitzt Jody Foster in einer Kugel, die aufbauend auf die Konstruktionspläne der außerirdischen Zivilisation gefertigt wurde. Als die Kugel ausgeklinkt wird, fällt sie *augenscheinlich ohne zeitliche Verzögerungen* nach unten ins Wasser. Die Kugel selbst, das Flugobjekt, erinnert bereits an die kugelförmigen UFO-Sichtungen u.a. über Mexiko.

Die Hauptdarstellerin erlebt jedoch nach dem Ausklinken der Kugel eine Reise in andere Sternensysteme, welches in dem Treffen mit der außerirdischen Wesenheit gipfelt, die den Körper ihres Vaters annimmt. Als sie von dieser Reise zurückkommt, glaubt ihr kein Mensch, da die Kameras außerhalb der Kugel nichts Ungewöhnliches aufgezeichnet hatten. Später wurde aber die Merkwürdigkeit angesprochen, dass die Kamera in jener Kugel mehrere Stunden unbrauchbares Material aufzeichnete, obwohl sie augenscheinlich *ohne Zeitverzögerung* nach unten ins Wasser geflogen war.

Ein nahezu identisches Erlebnis schilderte auch Erich von Däniken in seinem Tatsachenroman *„Tomy und der Planet der Lüge."* Von Däniken gibt dem außerirdischen Tomy die Erlaubnis in seinen Körper einzudringen. Kurz bevor dies geschieht, stieß Erich aus Unachtsamkeit eine Flasche mit Wasser um. Die letzten Bilder, bevor Tomy in ihn eindrang, war der Anblick, wie das Wasser aus der Flasche ausläuft.

Dann schildert Däniken einen Ablauf, der wiederum stark an das Szenario von „Contact" erinnert, bei dem ihm, Jody Foster ähnlich, *andere Welten gezeigt wurden.* Erich von Däniken werden auf seinen außerkörperlichen Reisen durch Tomy auch riesige Raumschiffe gezeigt.

Als er nach längerer Zeit „wieder zurück kommt", war sein erster Gedanke die auslaufende Wasserflasche – und dass sie nun nahezu komplett entleert herumliegen müsse. *Doch, als hätte keine Zeitverzögerung stattgefunden, beginnt die Flasche eben erst mit dem Auslaufen...*

Auch zu den hier beschrieben Zeitphänomenen werden Sie eine Übereinstimmung zu manchen geschilderten Erlebnissen in dem Roman „Revolution, Baby!" finden. Und ich möchte nochmals betonen, fast aller Ereignisse in diesem Buch haben so oder so ähnlich stattgefunden.

Carl Sagan, der Schreiber des Romanes „Contact", hatte offiziell nie etwas Derartiges erlebt, wie Däniken ja bis vor einigen Jahren auch noch (offiziell). Um keine Probleme mit seinen Verlegern zu bekommen, schwieg er über Jahrzehnte, wie er im Interview für SECRET TV berichtete.

Steckt hinter dem Film „Contact", *jetzt wo wir die Geschichte von Erich von Däniken in „Tomy und der Planet der Lüge" kennen, ebenso eine verborgene Wahrheit?*

Kommen wir zurück zu den Plejaden und dem Sonnensystem Aldebaran: Aldebaran kommt aus dem Arabischen und heißt übersetzt „Der Nachfolgende", weil er augenscheinlich am Himmel *den Plejaden nachfolgt*…

Einen weiteren möglichen Hinweis für einen *weltumspannenden* Eingriff der Plejaden in die Menschheit finden wir in diesem Zusammenhang übrigens in der Tatsache, dass die göttliche „Wolkenschlange" auch bei den Kelten, laut deren Überlieferungen, eine Art *Gehörn* trug, ebenso der Gott *„Shiva"* in der indischen Mythologie – *identisch zu den ägyptischen Darstellungen.*

Fragt man heute einen Unbeteiligten nach Außerirdischen von den Plejaden, dann fällt, wenn überhaupt, der Name „Billy Meier."

Unabhängig davon, ob seine Geschichte nun wahr ist oder nicht. Doch niemand scheint bislang zu realisieren, dass die Plejaden unter anderem offensichtlich *tatsächlich* die Herkunft jener Götter mit der Symbolisierung des Stieres waren, welche überall auf unserer Welt landeten.

Die Weltraumföderation – eine *Fiktion?*

Meier gab an, dass die Plejadier / Plejaren seit einigen Jahrtausenden den *Rat der Föderation leiten würden* (Zusammenschluss verschiedener Weltraumvölker), der für unseren Sektor zuständig ist. Dann stellt sich folgende Frage:

Kann es *wirklich* sein, dass möglicherweise die Tatsache, dass nahezu alle Kulturen *die Schlange* (manchmal in Form von Drachen) als ihre Götter und Vorfahren vom Himmel ansahen, dafür spricht, dass wir dahinter einen nahezu weltumspannenden geschichtlichen Eingriff von Außerirdischen *derselben* Föderation sehen können?

Tatsächlich spricht zum Beispiel die japanische Kultur wörtlich von den *„Sieben Göttern des Glücks"*, welche Eingang in deren Kultur fanden und in zahllosen Formen dargestellt werden.

Die „Sieben Götter des Glücks" in Japan

Abb. 31 links: Die in *Japan* bekannten und verehrten *„Sieben Götter der Glückes"* – als Figuren in einer Schatulle. **Abb. 32 rechts:** Illustration eines Pyramidentempels in *Japan*. Die Spitze der Pyramide fehlt.

Im afrikanischen Raum spricht man zum Beispiel von der *„Dinka"* als die göttliche Schlange, die zum Himmel aufstieg, *„Illuyanka"* hieß die göttliche „Wolkenschlange" *bei den Hetitern*, und in der *Schöpfungsgeschichte der Griechen* spricht man von dem göttlichen Schlangenwesen *„Ophion."*

Identisch mit der Darstellung der „fliegenden Schlange" des Gottes „Quetzecoatl" oder des Gottes „Sokar" ist auch die Darstellung des

Heros-Triptolemos, dessen „Wagen" die Darstellung einer geflügelten Schlange trägt. Sie hat mächtige Vogelflügel an deren Seiten. In der babylonischen Dichtung ist vom Drachen „*Tiamat*" die Rede, welcher sich gegen andere Götter erhoben haben soll und als „Feuer speiende Schlange" beschrieben wurde. Nach deren Sage soll Tiamat, wie auch andere Schlangen, *aufrecht gegangen sein.*

Man fragt sich nun natürlich, warum all diese Kulturen *einheitlich* von „Schlangen" sprachen bei der Beschreibung ihrer Götter. Würden wir hier über ein Phänomen von ein oder zwei Völkern reden, dann wäre es sicher kaum erwähnenswert. Aber was hat all diese Völker dazu verleitet, jene Angaben zu machen? *Was hat all diese Kulturen weltweit dazu veranlasst, unabhängig voneinander ein Phänomen am Himmel auf die gleiche Art und Weise zu beschreiben?*

Es muss ohne Frage etwas gewesen sein, dass SO eindeutig ist, dass jedes Volk bei dessen Sichtung zum GLEICHEN Ergebnis kam.

Beginnen wir bei der Beantwortung dieser Frage mit der Tatsache, dass all jene Geschichten über die Götter in einer Zeit gemacht wurden, in der es keine Autos gab, keine Flugzeuge, kein Telefon und keinen Fernseher. Also mussten diese Völker für das hier auftretende Phänomen zum Vergleich etwas heranziehen, das sie kannten und das dem Gesehenen *am nächsten* kam, so dass es sich deren Völker mit den damals bekannten Gegebenheiten bildlich vorstellen konnten.

Doch was rechtfertigt es bei all diesen Kulturen, „fliegende Schlangen" als den naheliegendsten Vergleich anzusehen?

Die Antwort ist einfach:

Sie sahen riesige zigarrenförmige Flugkörper am Himmel, so wie wir sie aus den neuzeitlichen Forschungen, sowie auf einer Vielzahl von Aufnahmen unserer eigenen Astronauten und Kosmonauten kennen. Stellen Sie sich die Situation bildlich vor. Sie leben in einer Kultur, welche mehrere tausend Jahre zurückliegt. Alles, was es „gibt", sind ein paar Steinbauten und Holzhütten. Und nun werden Sie Zeuge eines riesigen zigarrenförmigen Flugkörpers, der entweder unbeweglich am Himmel steht – oder sich über den Himmel bewegt. Wie würden Sie das gesehene beschreiben? Sie würden sicherlich auch etwas zum Vergleich suchen, das es in Ihrer Kultur gibt. Und zu Ihrem Nachbar mit dem Finger auf das fliegende Objekt zeigend sagen:

„Sieh mal! Was ist das? Eine fliegende Schlange?"

Und somit haben wir die Lösung hinter einem *weltweit übereinstimmenden* Phänomen entdeckt.

Und sicherlich beschreiben sie dasselbe Phänomen, wie jene Völker, die in ihren Überlieferungen angaben, dass deren Götter in *fliegenden Bäumen* und *Baumstämmen* auf die Erde kamen und in den Himmel flogen. Sprich in zigarrenförmigen Flugobjekten – zu einer Zeit, als es noch keine Zigarren gab.

Und wenn wir bedenken, dass in der babylonischen Kultur berichtet wird, dass deren alte Götter von „Schlangen" (zigarrenförmigen Mutterschiffen?) und „Fischen" („scheibenförmigen UFOs?) abstammen, welche dort als *„metallisch"* beschrieben werden (siehe Ulrich Dopatka, „Die große Erich von Däniken Enzyklopädie", S. 321), dann wird auch deutlich, *dass es sich tatsächlich um künstliche Flugobjekte handelt – und nicht etwa um Tiere am Himmel.*

Sanchuniaton, ein Geschichtsschreiber um 1250 v. Chr., definierte die Schlange der *phönizischen* Mythologie mit folgenden Worten: Danach habe die Schlange am Himmel „*eine Geschwindigkeit, die aufgrund ihres Atems nichts übertreffen kann."* Und was hat es mit den geheimnisvollen „*Nagas"* im „Mahabarata" und der indischen Mythologie auf sich, die Schlangen, Götter, *aber doch Menschen waren?*

Die siebenköpfige Schlange in den Tempelanlagen

Abb. 33 links: Ein betender Buddha sitzend auf einer *sieben*köpfigen Schlange in einer Tempelanlage. **Abb. 34 Mitte:** Symbol des *Freien Tibets*: Eine *Pyramide* über deren Spitze die Sonne steht. **Abb. 35 rechts:** Abbildung von den Nagas (*Schlangen*göttern) in *Indien, Belur.*

Die Inder nannten sie „*Vrtra*" – was wie eine Ableitung von „*Vrilya*" klingt und sowohl die Sprache als auch die Herkunft der angeblichen Atlanter beschreibt, welche laut Mythologie überwiegend „*blond und blauäugig*" gewesen sein sollen.

Die deutsche *Vril*-Gesellschaft, die angebliche Kontakte zu den Außerirdischen menschlichen Göttern gehabt haben will, hat davon angeblich ihren Namen abgeleitet – *sprich von einem atlantischen Ursprung.*

Auch die Sumerer, Germanen und Perser berichteten in Ihren Mythologien von solchen „Himmelsschlangen."

Gehörnte Schlangen kennen wir auch von den Sauk-Indianern der Algonkin-Gruppe, welche diese „*Mashekenapek*" nannten. Mit der Schlangen-Krone versahen die Tolteken ihren Gott *Tlaloc,* wie auch die Griechen ihren Gott *Dionysos.* Aber auch bei den Indianern in *Nordamerika* finden wir die Schlange als Symbol für ihre Götter:

Elipas soll laut deren Mythologie mit einer Schlange auf einem Hügel gewohnt haben. Die Leiden und Krankheiten der Eingeborenen heilte dieser durch Zauberkraft. Laut der Sage um Elipas verschwand dieser am Ende *mit der Schlange in den Himmel.*

Die siebenköpfige Schlange in den Tempelanlagen

Abb. 36 links: Abbildung der Nagas (Schlangengötter) in *Luang Prabang* in Form einer *sieben*köpfigen Schlange. **Abb. 37 rechts:** Betender Buddha auf einem Steinsockel in *Sala Karew Ku*, welcher auch aus einer gewundenen Schlange besteht und *über dem Buddha die sieben Schlangenköpfe.*

In einer anderen Sage aus dem Amazonasgebiet wird der Held kurz vor seinem Rückflug zu den Sternen sogar von der Schlange „*verschluckt*"... („Ulrich Dopatka, „Die große Erich von Däniken Enzyklopädie", S. 322).

Wenn wir die Außerirdischen unter der Föderation der Plejaden und ihre Kolonien in unserem Sonnensystem (und außerhalb) für all diese Übereinstimmungen verantwortlich machen, gibt es dann eventuell *Hinweise*, dass jene sich auch hinter den westlichen Religionen, der Bibel, der Thora – ja sogar dem Koran verbergen? Eine sicherlich provokante Frage, die wir in den nächsten Abschnitten untersuchen wollen.

Tatsache ist, dass die Schreiber der Bibel die Plejaden bereits kannten, denn sie werden dort *namentlich erwähnt*, siehe *Hiob 9.9* – dort zu finden in der westlichen Übersetzung als „*Siebengestirn*" (oder

Plejaden – je nach Bibelübersetzung). Ebenso beispielsweise in *A-mos 5, 8* – oder auch in *Hiob 38, 31*, wo wir lesen:

„Kannst du knüpfen das Gebinde des Siebengestirns, oder lösen die Fesseln des Orion?"

Interessant ist sicherlich, dass außer den Plejaden ausgerechnet nur *jene* Sternbilder (im Hiob 9.9 zum Beispiel der *Orion* und der *Große Hund*, dessen Hauptstern der *Sirius* ist – und in Hiob 38.31 der *Orion*) ebenfalls dort erwähnt werden, die sich *direkt neben dem Sternbild Stier und den Plejaden am Firmament befinden.*

Es gibt eine *Vielzahl* von Sternbildern, 88 bekannte – und in der Bibel tauchen nur *diese drei* in den Texten im gesamten Buch auf. *Was macht diese so besonders?* Und was wird hier in der Bibel gemeint mit der Frage ˋKannst du knüpfen das Gebinde des Siebengestirns, **oder lösen die Fesseln des Orion** ˋ?

Wenn Sie dieses Buch zu Ende gelesen haben, kennen Sie die Antwort.

Bei der Frage, ob hinter der Bibel eine außerirdische Kultur, welche wir als die Plejaren / Plejaden kennen, identifizieren können (beziehungsweise einer Weltraumföderation, die „von den Plejaden" geleitet wird), beginnen wir zunächst mit einem Fakt, der sicherlich bekannt ist:

Es ist eine Tatsache, dass man die Bibel genauso mit einem außerirdischen Kontext belegen kann als mit einem so genannten „Göttlichen", welchen uns die Kirche als „Wahrheit" verkaufen möchte.

Egal, ob man die hintergründige Macht nun den Plejaden zuordnet oder einem anderen außerirdischen Kulturbringer.

Dies steht schon einmal fest.

Ob wir als Beispiele den Fall „Ezechiel" heran nehmen oder ob wir den Fakt beschreiben, dass „Engel" genauso gut (fehl interpretierte) Außerirdische sein könnten, wie die gelehrte Kirchenvariante.

Die Geheimnisse von Henoch und Henoch I, II, III gehören zu einer Reihe von Schriften, die das Pseudepigraphische Alte Testament, Bücher, die unter einem falschen Namen geschrieben wurden, genannt werden. Das heißt jedoch nicht, dass der Inhalt des Buches keine alten Traditionen widerspiegelt, die möglicherweise auf wahren, historischen Begebenheiten beruhen. Henoch starb laut Genesis 5,24 nicht, *sondern wurde körperlich in den Himmel gehoben.* Wie dies geschah, ist in den `*Geheimnissen des Henoch*` beschrieben.

Dieses neue Fragment früher Literatur wurde durch gewisse Manuskripte entdeckt, die vor einigen Jahren in Russland und Serbien gefunden wurden, und ist, soweit wie bisher bekannt, nur auf slawisch erhalten. Man weiß wenig über den Ursprung, außer, dass es in der gegenwärtigen Form etwa zu Beginn des Christentums entstand. Der endgültige Herausgeber war ein Grieche, und es wurde in Ägypten zusammengestellt. Obgleich die Existenz eines solchen Buches wahrscheinlich vor etwa 1200 Jahren in Vergessenheit geriet, so wurde es doch gleichermaßen oft von Christen und Häretikern in den frühen Jahrhunderten benutzt. Ich schildere nun einen Bericht über Henochs Aufstieg in den Himmel. Wie man sehen wird, weist er alle Bestandteile einer modernen UFO-Begegnung auf:

`*Ich war alleine in meinem Haus, ruhte auf einer Liege und schlief. Und während ich schlummerte, kam mein Ohr in große Bedrängnis ... Ich konnte nicht begreifen, was diese Bedrängnis war, oder was mit mir geschehen würde. Dann erschienen mir zwei Männer ... Ihre Gesichter leuchteten wie die Sonne, ihre Augen waren wie brennendes Licht ... Sie standen am Kopfende meiner Liege und riefen mich beim Namen. Und ich erhob mich vom Schlaf und sah deutlich diese beiden Männer vor mir stehen ... und wurde von Furcht ergriffen ... Und diese Männer sagten ... fürchte dich nicht, du sollst mit uns in den Himmel aufsteigen ... und sie setzten mich auf den ersten Himmel ... sie brachten vor mein Angesicht die Ältesten und die Herrscher der stellaren Ordnung.*`

Henoch I ist das älteste aller vier Bücher und besteht aus fünf Hauptabschnitten. Wir werden uns mit den einschlägigen Inhalten des ersten befassen, welches `Das Buch der Wächter` heißt, aber zuerst möchte ich einen kurzen Einblick über den geschichtlichen Hintergrund von Henoch I geben. Henoch I, auch bekannt als Äthiopische Apokalypse von Henoch, ist das älteste der pseudoepigraphen Bücher, die Henoch zugeschrieben werden. Der Inhalte der Bücher von Henoch veranlasste die christliche Kirche, die Offenbarung anstatt Henoch in den Kanon des Neuen Testaments aufzunehmen. Das geschah, obwohl Henoch I seit mehreren Jahrhunderten als heilige Schrift akzeptiert worden war.

Er wurde gerade wegen des Themas, das wir untersuchen, abgelehnt: Die geschilderten Aktivitäten der Wächter, die mit menschlichen Frauen kopulieren. Obgleich die primitive christliche Kirche und die frühsten Kirchenväter daran glaubten, dass himmlische Wesen physisch und sexueller Natur sein konnten, verwarfen die späteren Kirchenväter diesen Gedanken. Sie legten per Dekret fest, dass solche Wesenheiten rein geistiger Natur *zu sein hatten*, daher war das, was in Henoch I geschrieben stand, unmöglich.

Es wurde geglaubt, dass eine Bande bösartiger Wächter, angeführt von *Azazyel*, auf der Erde landeten und sich mit den menschlichen Frauen paarten. Daraus entstanden Hybriden, die sich der Menschen bedienten und sie terrorisierten. Gott schickte (angeblich) eine Sintflut, welche sie und die Menschen außer Noah und seine Familie vernichtete. Einschlägige Auszüge aus Henoch I spiegeln selbstverständlich die Ansichten und die damalige theologische Sprache wieder. Henoch 10,12,18: `Die ganze Erde ist durch das schändliche Werk der Azazyel korrumpiert worden ... Merzt alle Seelen aus, die der Tändlei zugetan sind, und auch die Nachkommen der Wächter, denn sie haben die Menschheit tyrannisiert.`

Weil die unnatürliche Hybridisation die Bande der bösartigen Wächter nährte, wurde Henoch von den wohlwollenden Wächtern auserwählt, den Bösen eine Botschaft der Verdammnis zu überbringen. Henoch 12,4,7: `Und siehe, die Wächter nannten mich Henoch, den Schriftgelehrten. Dann sagte der Herr zu mir: `Henoch, Schreiber der Rechtschaffenheit, geh zu den Wächtern des Himmels, die die sich auftürmenden Himmel verlassen ... und sich mit den Frauen besudeln und gemäß der Söhne des Menschen gehandelt haben, indem sie sich Frauen nahmen und auf der Erde korrumpiert wurden, sage ihnen, dass sie auf der Erde niemals Frieden und Vergebung der Sünden erlangen werden.`

Henoch 15,1,2,8: `Gehe und sage den Wächtern des Himmels: Wo ihr zuvor den hohen und heiligen Himmel entsagt habt ... und bei den Frauen gelegen ... und Riesen gezeugt habt ... Jetzt, da die Riesen, geboren aus Geist und Fleisch, böse Geister auf Erden genannt werden, soll die Erde ihre Wohnstatt sein. Sie werden böse Geister auf Erden sein und Geister der Verruchten genannt werden.`

War die Arche Noah eine außerirdische Evakuierungsaktion? Der „Stern von Bethlehem" ein Raumschiff und eben doch keine Sternschnuppe? Und Jesus eine Art „Uri Geller" der Vergangenheit, der ebenso wie Geller heute, besondere Fähigkeiten hatte und unseren ethischen Reifungsprozess *anheben* sollte? Und er ist vielleicht gar nicht am Kreuz gestorben – und wir sollten dieses nur glauben? Würde das eventuell seine mysteriöse „Auferstehung" erklären?

Beurteilen sie selbst.

Oder wie war das noch mit den Göttern im Alten Testament, welche sich mit den „Menschen einließen und Halbgötter gebaren"?

Und warum wird hier nachweislich überhaupt von *Göttern* gesprochen – wo es doch laut der christlichen Religionen nur einen Gott geben soll?

Wir lesen dort, wie sich das zuvor unglaubliche Alter der direkten Nachkommen wieder verringerte *von Generation zu Generation*, als diese sich genetisch wieder mit dem normalen Erdenvolk einließen.

Spricht dies *für* eine Vermischung zweier Kulturen – *oder dagegen?*

Daniel 4,10: `Und ich sah ein Gesicht auf meinem Bett und siehe, ein heiliger Wächter fuhr vom Himmel herab...`

Daniel 4,14: `Solches ist im Rat der Wächter beschlossen und im Gespräch der Heiligen beratschlagt...`

Daniel 4,20: `...dass aber der König einen heiligen Wächter gesehen hat, vom Himmel herabgefahren...`.

Hinweise auf die Wächter werden ebenfalls im sechsten Kapitel der Genesis gefunden, wo sie `die Söhne Gottes` genannt werden. Dieser oft benutzte Ausdruck beschreibt die himmlischen Wesen in der Bibel. Die großen Hybriden Nachkömmlinge werden *Nefilim* genannt, was wie bereits erwähnt `die Gefallenen` bedeutet (vom hebräischen Wort Nephal oder `fallen`), weil ihre Väter vom Himmel fielen. Ältere Bibelübersetzungen beziehen sich auf sie wegen ihrer Größe als Riesen, vermutlich da die bis dahin vorherrschende Erdbevölkerung einen kleineren Wuchs hatte, so wie es ja bis heute noch kulturell und länderspezifisch zuweilen große Unterschiede in der durchschnittlichen Größe der Menschen gibt.

Genesis 6:1-1: `Da aber die Menschen begannen, sich zu vermehren auf Erden und ihnen Töchter geboren wurden, da sahen die Gottessöhne nach den Töchtern der Menschen, wie schön sie waren, und nahmen zu Weibern, welche sie wollten.`

Genesis 6:4.: `Es waren auch zu den Zeiten **Tyrannen** auf Erden, denn da die Kinder Gottes zu den Töchtern der Menschen eingingen und ihnen Kinder zeugten, wurden daraus **Gewaltige** in der Welt und berühmte Männer.`

Die Nefilim werden wieder unter 13:33 erwähnt: `Da sahen wir die Nefilim, die Söhne des Anak, die von den Nefilim abstammen.`

In Genesis 6:4 lesen wir weiter: `*In jenen Tagen gab es auf der Erde die Riesen, und auch später noch, nachdem sich die Gottessöhne mit den Menschentöchtern eingelassen und diese ihnen Kinder geboren hatten. Das sind die Helden der Vorzeit, die berühmten Männer.*`

In Genesis 14:5 waren sie bereits als *Rephaim* und *Emim* bekannt. Andere hießen *Anakin* und stammten von einem Anak ab, der wiederum von den Nefilim abstammte (13:23), und Rephaim, der von einer anderen Berühmtheit unter ihnen, von Rapha, abstammte.

Auf diese *mächtigen Männer* begründet sich der Ursprung der griechischen Mythologie, nämlich der `Männer von hohem Ansehen`. Diese Mythologie war keineswegs eine Erfindung des menschlichen Geistes, sondern entstand aus Tradition, aus Erinnerungen und Legenden über das Schalten und Walten dieser mächtigen Rasse, und sie entwickelte sich schrittweise aus den Helden der Genesis.

Die Tatsache, dass ihre Herkunft übernatürlicher Natur angesehen wurde, erleichterte den Schritt, sie zu Halbgöttern bei den Griechen zu erheben. In Petri II 2,4,5. aus dem *Neuen Testament* lesen wir:

`Denn so Gott, der Engel, die gesündigt haben, nicht verschonet hat ... Und nicht verschonet hat der vorigen Welt, sondern bewahrten Noah ...`

Wen stellten die Wächter in den Köpfen der ältesten Völker dar? Wir müssen uns hier der Region von Sumer in Babylon zuwenden, um die Antwort auf diese Frage zu finden. Die Chaldäer, ein altes Herrschervolk in Babylon, glaubten, dass diese Wesen verantwortlich waren, um über die Belange der Menschheit auf Erden zu wachen. Sie gaben dieser Sorte von himmlischen Wesen den Namen `Ir`, was übersetzt `Wächter` bedeutet.

Die Bibel ist auf die Thora aufgebaut, welche die letztlich gleichen Vorgänge aus einem anderen Licht betrachtet. Also dieselben Personen und Abläufe.

Der Koran wiederum soll dem Propheten Mohammed im *7. Jahrhundert* nach Christus von dem Erzengel Gabriel geschildert worden sein.

Wer sich also bislang nicht so sehr mit den Hintergründen dieser Religionen beschäftigt hat, weiß nun, dass all jene auf *dieselben hintergründigen Geschichten aufbauen.* Dieses Wissen ist generell einmal wichtig und kann nicht schaden im Leben.

Doch finden wir auch in diesen Hinweise auf die *Herkunft* der Außerirdischen? Nicht nur, dass es tatsächlich solche waren, sondern auch *welcher Rasse sie angehörten?*

Ja.

Angenommen, Sie wären Mitglied einer außerirdischen Rasse und würden einen SOLCHEN Eingriff in das Gefüge einer primitiven Kultur vornehmen, *um deren Reifeprozess evolutionär zu beschleunigen* – an *welcher* Stelle würden Sie Hinweise in die Geschichte einfügen, die Jahrtausende später einer Bevölkerung ihre *wahren Hintergründe* aufzeigt?

Sie würden einen *Schlüssel* einsetzen, der irgendwann wie ein „*Wink mit dem Zaunpfahl*" der Bevölkerung deutlich macht, *wer* ihnen hier geholfen hat – eine Art Schlüssel, *der immer wieder auftaucht in der Szenerie…*

Die heilige Zahl – „SIEBEN"!

Die Tatsache, dass die Schreiber in der Bibel diese Zahl bereits mit den Plejaden in Verbindung brachten, wird wie genannt an Beispielen im „Hiob" und „Amos" deutlich.

ALLES in den Heiligen Schriften steht in Verbindung mit *dieser* Zahl! Sie schwebt wie ein ewiger Ruf im Raum und man kann fast keine Seite in der Bibel aufschlagen, auf welcher man sie nicht in irgendeinem Zusammenhang liest.

Angefangen von der Erschaffung der Welt zu Beginn der Bibel und den *sieben* Tagen – bis hin zu den Prophezeiungen an Johannes am Ende der Schriften, welches aus damaliger Sicht eine Voraussage für die Zukunft war – *unsere Zukunft* – in der das Lamm die *sieben* Siegel bricht.

Zudem verwenden die Juden (Thora) zum Beispiel einen *siebenarmigen* Kerzenhalter und wer weiß zudem, ob es ein Zufall war, das Mohammed (Koran) die Prophezeiungen durch den Erzengel ausgerechnet im *7. Jahrhundert* nach Christus erreichten?

Und natürlich ist die heilige Zahl offensichtlich der *Schlüssel* zu jener Gruppierung, welche hinter diesem Programm steht. Denn er wurde *systematisch* eingesetzt und platziert!

Hinter unseren Religionen steht somit allem Anschein nach eine außerirdische Macht – und zwar *dieselbe* Macht welche bereits die Azteken, die Mayas, die Ägypter und unzählige andere Kulturen besuchte und lehrte – eine außerirdische Menschheit vom „Siebengestirn" – von den Plejaden?

Gibt es für vehemente Zweifler noch *weitere* Hinweise, dass dem so ist? Wie ist es zum Beispiel mit der Symbolisierung der „Schlange", welche in nahezu allen Kulturen mit „Göttern vom Himmel" (und den *Plejaden* – siehe Mayas, Azteken, etc.) in Zusammenhang gebracht wird? *Finden wir diese auch in der Bibel?*

Tatsächlich: auch in der Bibel und den damit in Verbindung stehenden Schriften: Die *Schlange* ist bereits in der Geschichte von *Adam und Eva*.

Ist das nicht merkwürdig?

Also *auch bei „uns"* die Schlange hinter den Heiligen Schriften.

Nun wird aber bei „uns" in der Heiligen Schrift die Schlange ganz und gar nicht als nett beschrieben.

Sogar als das „Tier" identifiziert, welche zu Beginn der Schöpfung Eva verführt vom verbotenem Baum der Weisheit zu essen und welcher in den prophezeiten Letzten Tagen der Kopf zertreten werden soll.

Wie kann man sich dies erklären?

Sie werden nun das Geheimnis hinter der Bibel erfahren, so wie ich es kenne. Und ich werde damit sicherlich von einigen abverlangen, dass sie ihr altes Weltbild total über den Haufen schmeißen.

Ich möchte damit beginnen, indem ich Sie erneut frage, ob Sie nicht zwischen dem Alten und dem Neuen Testament einen *Widerspruch* sehen?

Wie kann es sein, dass *„der selbe Gott"*, welcher im Neuen Testament Jesus Christus auf die Welt schickt und zu Liebe und Frieden aufgerufen hat, *im Alten Testament gegen Andersgläubige Kriege, Massenmorde und Tötungen befiehlt?*

Ist es das, was wir von einem friedlichen und liebenden Gott erwarten?

Irgendetwas stimmt hier nicht, *oder?*

Wenn *heute*, wie beschrieben, irgendein verrückter Staatsführer im „Namen Gottes" einen „Heiligen Krieg" führt, so wissen wir, dass nicht irgendein böser Gott dahinter steckt, *sondern ein verrückter Politiker.* Und damals, vor ein paar tausend Jahren, sollen es *keine* verrückten Staatsführer, sondern irgendein „liebender" Gott gewesen sein, der diese Kriege anzettelte?

Es wird also deutlich, dass hier womöglich (hauptsächlich im Alten Testament) Übersetzer oder Geschichtsschreiber am Werke waren, welche ihre *eigenen* Interpretationen mit in die Geschichte einfließen ließen, aufgrund ihres primitiven unvollständigen Weltbildes. *Bis hin zu bewusster Manipulation.*

Das selbe finden wir bei den Juden – zum Beispiel im *Talmud*, welche dort gegen Andersdenkende aufhetzen (die *„Gojim"*) und auch im heiligen Buch der Moslems, dem Koran, in dem ebenfalls der „Heilige Krieg" erlaubt ist und der detailliert dazu aufruft, in bestimmten Fällen zu töten, wenn es die Situation erfordert.

Ist es nicht sehr interessant, dass jede Religion – egal ob Christen, Judentum oder Moslems – in ihrem heiligen Büchern jeweils das Nonplusultra sieht und alle Andersgläubigen als zweitklassig, fehlgeleitet und unwürdig? Obwohl speziell diese drei Weltreligionen auf *denselben* geschichtlichen Kern aufbauen?

WARUM?

Werden hier bewusst durch die Verfälschungen der Urtexte die Völker gegeneinander aufgehetzt – durch deren Übersetzer, Schreiber und Hintermänner?

Die Schlange war das Zeichen einer Gruppe, die in den frühen Kulturen beider Hemisphären großen Einfluss gewonnen hatte. Bei dieser Gruppe handelte es sich um eine gelehrte Bruderschaft, die sich der Verbreitung geistiger Kenntnisse und der Erlangung geistiger Freiheit verschrieben hatte. Diese *Bruderschaft der Schlange* bekämpfte angeblich die Versklavung geistiger Wesen und versuchte, wie aus den ägyptischen Schriften hervorgeht, die Menschen aus der Knechtschaft der Herrgötter (Nefilim, `Gefallenen Engel`) zu befreien.

Versucht man herauszufinden, wer die Bruderschaft gegründet hat, findet man in mesopotamischen Texten direkte Hinweise auf jenen rebellischen Führer *Ea*. Auf alten mesopotamischen Tafeln heißt es, dass Ea und sein Vater Anu eine umfassende ethische und geistige Bildung besaßen, und es gerade dieses Wissen war, das später in der biblischen Geschichte von Adam und Eva durch Bäume versinnbildlicht wurde. Das biblische Symbol des Baumes geht auf vorbiblische mesopotamische Werke zurück, wie zum Beispiel einen, in dem eine

Schlange gezeigt wird, die sich um einen Baumstamm windet und die mit späteren Darstellungen der Schlange im Garten Eden übereinstimmt.

Die Schöpfungsgeschichte:

Beginnen wir unsere kleine Geschichte mit *„Adam und Eva"*:

Angeblich waren Adam und Eva die ersten Menschen. Und hier beginnt schon der erste Gedankenfehler. Denn Adams erste Frau war nicht Eva – *sondern Lilith*. Und Lilith war eine Göttin – sprich eine *Außerirdische*.

Lilith wird in einigen Kulturen *Ruha* genannt. Ruha ist aber denselben Überlieferungen nach die *„Mutter der sieben Planeten"* – sprich der „Plejaden"! (siehe hierzu auch „Lilith – Die erste Eva", 4. Auflage, Einsiedeln, 1998, S. 126)

Der Bibel nach wurde Eva *aus der Rippe* von Adam erschaffen.

Erinnern wir uns hier an die in der Bibel beschriebene *Erbsünde – in der sich die Engel mit den Menschen einließen und Kinder gebären.* Was das einzige Verbot der *Elohim* (der *„Erstgeborenen"* = Außerirdischen) war und zum *„Sturz der Engel aus dem Himmel"* führte, welche fortan die *„Nephilim"* waren, was *„die Gefallenen"* bedeutet.

Wenn Adams Frau aber eine *Göttin* war, dann beschreibt die Bibel in der Genesis *nicht* den Anbeginn der Menschheit, sondern *den ersten Erbsündenfall – die erste genetische Vermischung zweier Welten!*

Adam (stellvertretend für den Urmenschen) hatte eine Beziehung mit Lilith. Wir lesen also in der Genesis, dass Eva aus der *„Rippe von Adam"* erschaffen wurde. *Deutlicher kann man den „Erbsündenfall" (= beschriebener Geschlechtsakt zweier Welten) zwischen Lilith und Adam nicht beschreiben.*

Adam und Eva – und die Schlange in *Menschengestalt*

Abb. 38 links: Die Erde wird als *Kugel* symbolisiert. *Lilith* ist dargestellt mit dem Gesicht einer Frau und dem Schwanz einer Schlange (Holzschnitt von *Antoine Verard*, ca. 1500 n. Chr.). **Abb. 39 rechts:** *Eva* und *Lilith* auf der linken Seite. *Lilith* wird als halb Mensch, *halb Schlange* symbolisiert. Sie übergibt *Eva das geheime Wissen.* (Holzschnitt von *Lucas Cranach, ca. 1522 n. Chr.*)

Lilith – Adams erste Frau:

Auch nach rabbinischer Überlieferung ist Lilith die erste Frau Adams. Von besonderem Interesse sind hierbei auch das Gilgamesch-Epos, in dem eine Göttin namens *Lilitu* erwähnt wird und die babylonischen und assyrischen Beschwörungssammlungen „*Labartu*", „*Maqulü*" und „*Sùrpu.*"

Im Alten Testament wird Lilith lediglich in manchen Übersetzungen in *Jesaja 34.14* namentlich erwähnt, dennoch beziehen sich verschiedene arabische Kommentare auf diese Textstelle. Da Lilith mit Tieren wie der *Eule*, der *Schlange* oder dem *Drachen* identifiziert wird, sind die betreffenden Textpassagen in der Bibel über diese Tiere für ihre Darstellung aufschlussreich.

Im Koran wird die Dämonin „*Umm al-layl*", welche ebenfalls mit Lilith gleichgesetzt wird, nicht genannt, doch heißt es hier ausdrücklich, dass neben Menschen, Tieren und Pflanzen auch die Geister, die *Ginn*, die Welt bevölkern. Im *Sefer Raziel*, ein Haggadawerk, das zuerst in Amsterdam im Jahre 1701 gedruckt wurde, findet sich unter anderem die Geschichte von der Verfolgung Liliths durch die drei Engel.

Der *Jalqut Reubeni* ist ein Werk zur Thora und stellt eine Sammlung kabbalistischer Auslegungen zum Pentateuch dar. Hierin finden sich zum Beispiel die Darstellungen zur Erschaffung Liliths.

Demnach ist ebenfalls Lilith und nicht Eva Adams erste Frau. Die eigensinnige, auf Gleichheit bedachte Lilith hatte offensichtlich ganz andere Vorstellungen als der irdische Adam. Adam und Lilith konnten niemals in Frieden miteinander leben, denn sie fühlte sich durch seine auftretend männliche Rolle beleidigt, da sie aus ihrer göttlichen Position heraus Gleichberechtigung der Geschlechter gewohnt war. So lesen wir in dem *Jalqut Reubeni* wie Lilith Adam fragt:

„Warum muss ich unter Dir liegen? Auch ich wurde aus Staub gemacht und bin Dir also ebenbürtig." (*GenR II, zitiert nach Ranke Graves und Patai 1986, 80-81*)

Da sie sich dem zudringlichen Adam nicht mehr länger erwehren kann, entflieht Lilith, was diesen dazu veranlasst, sich bei „Gott" (in Wirklichkeit in diesem Fall der Außerirdische „*Jahwe*" – dessen Erwähnungen in späteren Übersetzungen mit dem Wort „Gott" *um*übersetzt wurden) zu beklagen. Jahwe aber war ein grausamer Anführer der auf die Erde verbannten Nephilim, der sich selbst als „Gott" feiern ließ, wie wir im Verlaufe des Buches noch ausführlich darlegen werden. Wir haben es den Übersetzern zu verdanken, dass der Name Jahwe in späteren Übersetzungen der heiligen Schriften in „Gott" *umgeschrieben* und *so* der Eindruck erweckt wurde, wir würden einen in sich widersprechenden „Gott" besitzen.

Jedenfalls werden die drei Engel *Sanvai*, *Sansanvai* und *Semange-loph* Lilith nachgeschickt, um sie zu finden. Als aber Lilith sah, dass sie Adam nicht überwältigen konnte, sprach sie den unaussprechlichen Gottesnamen aus und *„entflog"* den Texten nach *„in die Luft"* (wahrscheinlich mit einem Raumschiff, Anm. d. Verf.).

Adam betete und sagte: *„Herr der Welt* (Jahwe…). *Die Frau, die Du mir gegeben hast, ist von mir weggegangen."* Darauf sandte „Gott" (Jahwe…) drei Engel (Nephilim…), die sie zurückbringen sollten. Diese sagten zu ihr: *„ "Gott" (Jahwe) hat beschlossen: Wenn du zurückkehren willst, ist es gut."* Aber sie weigerte sich zurückzukehren und ihr wurde von dem „lieben Gott" Jahwe mit dem Tode gedroht. (*So beschrieben in Alphabeth des Ben Sira fol. 9, col. 1, 2*)

Kapitel 2

Isis, Osiris und die verdrehte Wahrheit

Die verdrehte Wahrheit über die Schlange:

Die *„Bruderschaft der Schlange"* gilt als die älteste Geheimgesellschaft der Welt, aus der letztlich alle anderen hervorgegangen sind.

Doch sie war *keine* satanische Bruderschaft, sondern wird in den Texten, *entgegen dem Bild der Schlange in der Bibel,* als POSITIVE Bruderschaft benannt (*siehe hierzu auch Jan van Helsing „Geheimgesellschaften im 20. Jahrhundert, Band 2"*).

Waren die Götter „Astronauten"?

Abb. 40 links: Künstlerische Umsetzung der Geschichte von *Adam* & *Eva* in der Bibel. Links die Schlange am Baum. **Abb. 41 rechts:** Wandgemälde in einer Kirche. Ist der technologische Eindruck nur Zufall, der uns hier entgegenwirkt?

Schauen wir uns den Text in der Genesis über die Schlange einmal an.

Was lesen wir dort *wirklich?*

Die Schlange taucht zum ersten Mal mit folgendem Satz auf:

„Die Schlange war das klügste von allen Tieren, die Gott, der Herr, gemacht hatte." (Genesis 3, 1)

Bis hierher kann man der Schlange nichts Negatives anhaften, oder? Denn wir lesen hier nicht etwa die Schlange war das „widerwärtigste" oder „bösartigste" Tier – *sondern das „KLÜGSTE."* Also eine durchweg *positive* Einschätzung.

Wir lesen in der Bibel weiter, dass Gott Adam und Eva *verboten hat,* vom *„Baum der Erkenntnis"* (siehe Genesis 3, 3) zu essen.

Es ging hier also nachweislich *nicht* „um den Baum der Hölle" oder gar den „Baum des Todes" – sondern um den „Baum der *ERKENNTNIS"* (...)!

Nun muss man sich natürlich fragen, warum der „liebe Gott" Eva verwehren will – *und ihr sogar droht (!)* – Früchte vom *„Baum der ERKENNTNIS"* zu essen?

Wir wissen als aufgeklärte Menschen, dass es hier nicht um einen Apfel oder eine Frucht geht, sondern der Apfel oder die Frucht *sinnbildlich* für das Erlangen der Wahrheit steht. Erkenntnis ist sicherlich nichts Schlechtes.

Warum wollte „Gott" nicht, dass Adam und Eva positive Dinge wie Wissen und Erkenntnis erlangen?

Passt es etwa mit *dem* Bild des lieben Gottes zusammen, welcher im Alten Testament unzählige Gräueltaten und Kriege in die Welt brachte?

Gehen wir weiter in der Geschichte:

Als Eva die Schlange traf, erzählte sie dieser von den Anweisungen „Gottes." Die Schlange aber sagte zu Eva, *dass sie „Gott" nicht glauben dürfe.* Und das sie auf jeden Fall die Früchte vom „Baum der Erkenntnis" essen solle, *da sie ansonsten nicht hinter die Wahrheit kommt* (siehe Genesis 3, 4-5).

Das *„Böse"*, was der Schlange vorgeworfen wird, ist also die *Tatsache*, dass sie Eva nicht etwa dazu überredete von einem „Baum des

Todes" zu essen oder von einem „Apfel der Sünde" – sondern vom „Baum der ERKENNTNIS".

Möglicherweise stehe ich mit meiner Meinung alleine – aber ich finde es gut, dass die Schlange Eva mitteilte, dass sie vom Baum der Erkenntnis essen soll, weil sie „sonst niemals die Wahrheit erfährt."

Denn dies bedeutet in unserem Sprachgebrauch, dass sie sagte:

„Pass auf Eva, Du wirst angelogen! Lass Dir nicht verbieten vom „Baum der Erkenntnis" zu essen! Sonst wirst Du dumm sterben und nie erfahren, was hier gespielt wird!"

Eva hört auf die Schlange und isst vom Baum der Erkenntnis. Sie gibt auch Adam vom Baum der Erkenntnis zu essen.

Als sie aber alsdann die Wahrheit *erkannten*, versteckten sie sich vor „Gott" („dem lieben")!

Als „Gott" kam und sah, dass Eva sich vor ihm versteckte, da fragte er diese, was geschehen sei, und Eva antwortete, dass die Schlange ihnen geraten habe, vom Baum der Erkenntnis zu essen.

Darauf wurde „Gott" sehr wütend und drohte der Schlange:

„Und ich bestimme, dass Feindschaft herrschen soll zwischen dir und der Frau, zwischen deinen Nachkommen und ihren Nachkommen. Sie werden euch den Kopf zertreten..." (siehe Genesis 3, 15)

Bang!

„Feindschaft zwischen dir und der Frau..." – wer ist damit gemeint? Natürlich die Schlange und *Eva* („die Frau"), *stellvertretend für die heutige Menschheit.*

Und genau DIES geschah, betrachten wir das uns heute gelehrte Bild von der Schlange in den Weltreligionen.

Das lassen wir uns nochmals auf der Zunge zergehen. „Gott" sagt zur Schlange, die ja Eva *nicht etwa* dazu veranlasste, „sich die Pulsadern

aufzuschneiden" oder „sich von einer Klippe zu stürzen", sondern –
im Gegenteil – *sie dazu brachte DIE WAHRHEIT zu erfahren:*

„...sie werden euch den Kopf zertreten!"

Hier bereits schon die Ankündigung auf die Szenerie der Letzten
Tage in der *Prophezeiung an Johannes,* siehe „*Die Offenbarung.*"

*Es ist sehr interessant, dass die „Sieben Planeten", die Plejaden,
tatsächlich in alten Überlieferungen der Aramäer und Perser bezüglich der „Dämonin" Ruha (Lilith) mit einer Gestalt verbunden werden, die „Adam pagria", den ersten Menschen, laut diesen Schriften
verführt haben soll…*

Es wird noch besser:

Wie wir schon erfahren haben, war der griechischen Mythologie
zufolge deren Gott „Atlas" der „Vater der Plejaden", der die „Last
der Welt" auf sich trägt. Seine Töchter, genannt die *Hesperiden,* die
demzufolge auch in Verbindung mit den Plejaden stehen, waren der
griechisch-römischen Mythologie nach *die **Hüterinnen der („goldenen") Äpfel** im Garten der Götter.* Offensichtlich nur ein anderer
Namen für den Garten Eden. (Quelle: siehe auch „Lexikon der griechischen und römischen Mythologie", *Herbert Hunger*, 1959 / 1979,
S. 77/78)

Die Hesperiden wohnten im Garten der Götter. Da *Hera*, Gemahlin
des *Zeus*, an der Zuverlässigkeit der Töchter zweifelte, setzte sie den
großen Drachen *Ladòn* als Wächter der göttlichen Früchte ein. Infolge tötet angeblich Herakles, Sohn des Zeus (…), Ladón – und Atlas
muss die Äpfel Eurystheus übergeben.

So die ursprüngliche Fassung!

In einer *anderen* Version, die man inzwischen *neuzeitlicher* einstuft
(siehe hierzu „Lexikon der griechischen und römischen Mythologie",
Herbert Hunger, 1959 / 1979, S. 182), tötet *Atlas* den Drachen. *Also
wurde auch hier die Wahrheit aus irgendeinem Grund vertauscht…*

Laut den Mythologien waren die Töchter des Atlas, die man als zu unzuverlässig als Hüterinnen der göttlichen Äpfel (auch bekannt als „Schatzhüterinnen") einstufte, keineswegs freundliche Mädchen, sondern gefährlich und bekamen den Beinamen „Töchter der Nacht." War somit Lilith einst eine dieser Töchter, bevor sie die Seite wechselte? Es würde auf die Beschreibung passen, da man die Töchter als nicht zuverlässig einstufte und die Göttin Lilith der Geschichte nach dieses Bild bestätigte, indem sie Adam und Eva „von der Frucht vom Baum der Erkenntnis" essen ließ...

Atlas, der der Mythologie nach überlieferte „Vater der Plejaden", wird hier nach der Ermordung von Ladón *in Verbindung mit den Äpfeln* genannt. Er musste sie im Auftrag von Herakles, dem Sohn des Zeus, Eurystheus übergeben. Warum er? *Weil eine seiner Töchter offensichtlich so etwas wie Hochverrat begangen hatte.*

Aber wer war dann Eurystheus? Ein brutaler Charakter, der auf den Namen *Jahwe* hörte...? Oder war Zeus selbst Jahwe? Denn er wurde als *der thronende höchste Gott* bei den Griechen bezeichnet, aber diese Betrachtungsweise kann natürlich aus Sicht der Menschheit und des *ihnen verkauften (Sieger-)Weltbildes* zurückzuführen sein. Oder war es gar Herakles, der Sohn des Zeus?

Eines ist jedenfalls sicher: *Die ursprüngliche Geschichte wurde später* **abgeändert** *und Atlas wurde in der* **späteren** *Version als der Bösewicht benannt. Hier wurde also – nachlesbar in der griechisch-römischen Mythologie,* **tatsächlich** *„Gut" gegen „Böse" getauscht, im Sinne der Siegermächte. Wir kennen ein solches Vorgehen aus zahlreichen Konflikten und Kriegen der letzten Jahrzehnte. Die Verlierer sind in der Regel immer die Bösen, liest man danach die Mainstream-Presse der Siegermächte...*

Atlas wird jedenfalls als ursprünglicher „Herrscher der Erde" mit der Weltkugel in den Händen (oder geschultert) dargestellt. Laut Mythologie nimmt Herakles, als er die Äpfel holen soll, Atlas auf dem Weg zu Eurystheus „seine schwere Last von der Schulter." *Danach macht er sich mit den Äpfeln aus dem Staube...* (Quelle: siehe auch „Lexikon der griechischen und römischen Mythologie", *Herbert Hunger*, 1959 / 1979, S. 78).

Mit der „schweren Last" ist die Erde – *und somit die Herrschaft über die Erde gemeint.*

Der Fortgang dieser Geschichte macht deutlich, dass Eurystheus als Personifizierung von Jahwe fast vollständig auszuschließen ist. Herakles, auch bekannt unter dem Namen „Herkules", könnte auf den ersten Blick als Verdächtiger gelten, doch bei näherer Betrachtung scheint er nur ein Vasalle von Jahwe zu sein, denn Herakles/Herkules war ein *Halb*gott – sprich ein Mischwesen zwischen Mensch und Gott, und somit ein überlieferter Nachkomme der Erbsünde, die in der Bibel beschrieben wurde.

Es gibt nur einen in der griechischen Mythologie, der in Frage kommt wirklich Jahwe zu sein: ZEUS!

Von ihm stammt auch das in der Bibel vorzufindende „man solle sich kein Bild von Gott machen."

Wolfgang Zwickel schrieb in einem Artikel vom 6.9.2012 passend hierzu: *„Das Bilderverbot ist schon älter. Der Gott Jahwe wurde eigentlich nie bildlich dargestellt. Es gibt lediglich eine einzige Münze aus dem 4. Jahrhundert v. Chr., auf der Jahwe dargestellt wird. Wenn man diese mit anderen Münzen vergleicht, sieht er darauf aus wie Zeus..."*

Das römische gleichgesetzte Gegenstück von Zeus war *Jupiter*. Die Römer nannten Jupiter „Jove" (von „Yoweh").

Im althebräischen, das keine Vokale in der Schrift kennt, stände da YHWH (JHWH). Und JHWH sollte jedem Bibelleser vertraut vorkommen: Denn es handelt sich um JAHWE. Und nun nochmals für *Ihre* Erkenntnis: JHWH (Jahwe) ist *nicht* identisch mit (dem friedlichen liebenden) Gott (den wir überwiegend aus dem Neuen Testament kennen)!

Nun nehmen wir einmal an, dass wir einem Irrtum erlegen sind und die Schlange *kein* Fabelwesen ist (Zuordnung ursprünglich vielleicht aufgrund der riesigen *zigarrenförmigen Raumschiffe* und auf deren Besatzung / Passagiere, wie bereits erläutert), sondern eine positive außerirdische Zivilisation.

Jan van Helsing hat, wie erwähnt, bereits in seinem Buch „Geheimgesellschaften und ihre Macht im 20. Jahrhundert, Band II" angegeben, dass viele der ursprünglichen Bibelstellen *verfälscht* wurden, in dem man zum Beispiel in den späteren Übersetzungen den Namen Jahwe durch das Wort „Gott" *ersetzte*. Und das aber Jahwe *kein* Gott war, *sondern ein menschlich aussehendes Wesen aus Fleisch und Blut.*

Jahwe war vermutlich ein außerirdischer menschlicher Anführer, welcher zu einer Splittergruppe der Föderation gehörte, der auch maßgeblich mit für den Erbsündenfall und die Vermischung der Kulturen verantwortlich war.

So wurde aber der falsche Eindruck erweckt, Jahwe und „Gott" seien ein und dieselbe Person. Und so wurde der ebenfalls falsche Eindruck erweckt, der „liebe Gott" wäre der Anstifter *von unzähligen Straftaten.* Hinter denen sich in Wirklichkeit, ebenso wie heute, *fehlgeleitete Machthaber verbargen.*

Offiziell wird die Geschichte im Garten der Götter in der griechischen Mythologie mit den „goldenen Äpfeln" nicht mit der Geschichte im Garten Eden gleichgesetzt. *Dies ist jedoch falsch.* Denn es handelte sich nur um eine gewollt *inhaltlich überlieferte Übereinstimmung* und es ging dabei nur sekundär um den Ort.

So wird es Sie nicht verblüffen, dass die „goldenen Äpfel" im Garten der Götter der griechischen Mythologie nach *„ewige Jugend"* verliehen! Und jene Äpfel wurden geraubt! Diese Geschichte macht deutlich: Es gibt sehr offensichtlich eine Verbindung zu „Adam und Eva" im Garten Eden, in dem *ebenfalls der Baum des Lebens* stand, dessen

Früchte ewige Jugend gaben, aß man sie. Und der der Menschheit genommen wurde, als Strafe, weil Adam und Eva vom „Baum der Weisheit" gegessen hatten.

Zwar taucht in der griechischen Variante *kein* „Baum der Weisheit" auf, von dem Adam und Eva im Garten Eden (Edon) aßen, doch im Garten der Götter der *griechischen* Mythologie waren die goldenen Äpfel (des Lebens) der *Göttin Athene geweiht* – die als die **Göttin der Weisheit** galt...

Ein Schelm, wer Böses dabei denkt...

Eine ähnliche Geschichte erzählt wiederum auch die *nordische* Mythologie! Dort ist *Idun* (oder lateinisch „Iduna") *die Göttin der Jugend und Unsterblichkeit*. Idun ist darin die *Hüterin der „goldenen Äpfel"*, die den Göttern Unsterblichkeit und ewige Jugend verleihen sollen. Doch diese wurden geraubt.

Die verlorene Schlacht:

Die einst positive *Bruderschaft der Schlange* hat, wie wir erfahren haben, offensichtlich die „Schlacht" auf der Erde verloren und die Vasallen von Jahwe übernahmen die Macht, verdrehten das Weltbild – Schwarz gegen Weiß.

Diese Schlacht wird detailliert in der griechischen Mythologie beschrieben als „der Kampf der Titanen", die gegen Zeus verloren. Atlas, Bruder von *Prometheus* und der „Vater der Plejaden", war ein Titan (siehe hierzu ergänzende Quelle: WIKIPEDIA unter dem Stichwort „Atlas")... *Rhea*, die Mutter von Zeus, war eine Titanin (auch „Titanide" genannt – sie zeugte mit *Kronos* Zeus). Es ging also um einen Krieg, der innerhalb der eigenen „Familie" tobte. Nach Hesiod müssen Zeus und seine Geschwister Kronos und die Titanen bekämpfen, um die Herrschaft über die Welt zu erringen. Und tatsächlich werden die Titanen offiziell besiegt.

Und auch bei Athene, der ursprünglichen Göttin der Weisheit, kam es wohl nach dem verlorenen Kampf zu einer Umdeutung im Sinne der Siegermächte. Denn infolge war nun plötzlich *Minerva* die „Göttin der Weisheit." Und gleichzeitig auch die Göttin der taktischen Kriegsführung sowie die Hüterin des Wissens.

Man behauptete nun teilweise sogar plötzlich, Athene und Minerva wären ein und dieselbe und verdrehte hiermit wahrscheinlich ebenfalls gezielt die Wahrheit. So wie man es bei Gott und Jahwe in der Bibel tat. Ohne Zweifel interessant: Die „Eule von Minerva" wurde zum Symbol der Illuminaten. Ursprünglich ebenfalls ein Tier, welches mit *Athene* in Verbindung gebracht wurde, wie das überlieferte umgangssprachliche *„man solle nicht Eulen nach Athen tragen"* aufzeigt.

Die Titanen werden als „Riesen" beschrieben (wohl teilweise auch sinnbildlich gemeint, wie wir später noch an Beispielen in der Bibel mit ähnlicher Wortwahl ansprechen werden, aus denen dies sehr deutlich wird) in Menschengestalt und als mächtiges Göttergeschlecht, das in der legendären „Goldenen Ära", dem „Goldenen Zeitalter" (ein Begriff aus der antiken Mythologie) geherrscht haben sollen. *Interessanterweise wird die Hochzeit von Atlantis als „Goldenes Zeitalter" überliefert…*

Und auch nach der Letzten Schlacht soll es wiederkehren – das „Goldene Zeitalter." Wenn diese Geschichte, von der dieses Buch handelt, stimmig passen soll, dann müsste es jetzt noch eine Verbindung von Zeus und dessen Sohn Herakles zu Orion / Sirius geben, denn von hier sollen überwiegend die Nephilim stammen, offensichtlich ursprünglich eine außerirdische Kolonie, entstanden von menschlichen Wesen, die einst von den Plejaden kamen. Und tatsächlich!

So kommen nach den Überlieferungen Zeus und zwei andere Gottheiten zu dem Greis *Hyrieus*. Dieser bittet die drei um einen Sohn. Und man erfüllt ihm diesen Wunsch. Aus dem Samen erwächst der

Orion. Man könnte dies auch als altertümliche Variante einer Kolonisierung sehen.

Plutharch beschreibt in „Isis und Osiris" eine Mythentradition, nach der Zeus nicht laufen konnte, weil ihm die Beine zusammengewachsen waren. Erich von Däniken bringt diese Geschichte deshalb unter dem Stichwort „Mutanten" in seinen Büchern, sprich mit den Überlieferungen zu *Mischwesen*, den Nephilim (siehe hierzu auch „Die große Erich von Däniken Enzyklopädie", 1998, S. 248).

Auf dem *Juno Jukta* bei *Archanes* befindet sich ein künstliches Plateau, ein Kultplatz zur Verehrung des Zeus. Nach Art der großen Felder, auf denen in der Vorzeit ihre Ahnen und Götter vom Himmel kamen, legen die westafrikanischen Dogon noch heute spiralförmige Felder an. Und diese Götter, denen die Kultplätze galten, kamen deren Überlieferung nach vom Sirius-System.

Da Herakles / Herkules der *Sohn* von Zeus ist, aber nur ein *Halb*gott, kommen wir zu der unabhängigen Erkenntnis, dass Jahwe – *sollte er Zeus sein* – tatsächlich mit dem Erbsündenfall in Zusammenhang gebracht werden kann: *Denn er bekam der Mythologie nach „einen" Sohn halb Mensch halb Gott…*

In den Berichten der Argonauten (eine griechische Helden-Saga, aus deren Wortstamm die USA ihre *Astro*nauten und die Russen ihre *Kosmo*nauten ableiteten) findet man ebenfalls deutliche Hinweise. Die 50 Griechen der Argo stammten aus der Familie des Minyas und wurden als Minyer bezeichnet. Dieser war ein böotischer König. Hyrias wiederum ein böotischer Kreis, der bei der Erschaffung des Gottes Orion beteiligt gewesen sein soll. Das Sternbild Orion war bei den Ägyptern mit Osiris identisch. Das Schiff Argo soll laut den Überlieferungen unter der Führung eines gewissen Jason einst von Ägypten nach Rhodos gefahren sein, wobei es *„…mit dem Heck voran vom Schwanz des Großen Hundes* (Sternbild, welches der Mythologie zufolge als „Jagdbegleiter des Orion" gilt – dessen Hauptstern Sirius ist, Anm. d. Verf.) *gezogen wurde…"*

Eine solche Bezeichnung wählt man normalerweise, um zu verdeutlichen, wenn man jemanden nicht abschütteln kann, den man eigentlich ganz gerne abschütteln möchte. (Quelle: siehe „Die große Erich von Däniken Enzyklopädie", 1997, S. 346)

Ursprünglich war das Alte Testament eine *positive* Botschaft, welche der Menschheit auf unserem Planeten Frieden lehren sollte, um deren geistigen Reifungsprozess evolutionär anzuheben. Doch das Projekt wurde wohl von der Splittergruppe um Jahwe zerstört, indem man bei den Niederschriften und Übersetzungen Namen austauschte, Sachverhalte abänderte und somit den Eindruck gewinnen könnte, unser Gott wäre ein *Teufel* – indem er zu Frieden und Liebe aufruft, *aber im gleichen Atemzug selbst mordend durch die Weltgeschichte zieht.*

Wir sprechen hier bei Jahwe von einer Gruppierung, welche auch als die „*Shambala*" bekannt sind.

Auch in den Schriften über Billy Meier wird Interessanterweise übereinstimmend von einem *negativen* Gott *mit dem Namen Jahwe gesprochen.*

So lesen wir zum Beispiel im Buch von Guido Moosbrugger „…und sie fliegen doch!", Verlag Michael Hesemann, über Billy Meier auf Seite 268:

„*Laut Semjases Angaben wurde der Ringnebel M 57 ausnahmsweise auf künstlichem Wege durch die mutwillige Zerstörung eines Riesensterns geschaffen. Im Zusammenhang mit dem Erzeuger nennen die Plejadier dieses Gebilde „Jschwjschmata" (JHWHMATA), das heißt übersetzt „das Auge Gottes". Dieser Urheber war ein äußerst barbarischer und machtgieriger Mensch, der den Titel „Jschwjsch" (Jschwjsch = JHWH) trug, den er sich selbst zugelegt hatte in unrechtmäßiger Weise. Dieser Titel bedeutet so viel wie „Weisheitskönig" bzw. „Gott." Der Titelträger ist ein* **Mensch** *(Hervorhebung durch den Autor), der viel mehr Wissen und Weisheit besitzt als seine*

Zeitgenossen und sie deshalb sozusagen wie ein König überragt; vorausgesetzt natürlich, dass er den Titel tatsächlich verdient und ihn nicht unrechtmäßigerweise sich selbst angeeignet hat. Es ist daher völlig absurd, den Ringnebel M 57, den die Plejadier Auge Gottes nennen, mit der allmächtigen Schöpfungskraft des Universums in Verbindung zu bringen."

Also bestätigt auch die FIGU, dass Jahwe ein negativer Außerirdischer war, welcher sich unrechtmäßiger Weise den Titel „Gott" aneignete.

Nicht nur das: *Er steht auch dort unweigerlich in den Schriften mit der negativen Splittergruppe der Plejadier im Einklang.*

Wenn wir dies also auf die Bibel und andere heilige Schriften beziehen und dort betrachten, dass nachweislich an vielen Stellen der ursprüngliche Name „Jahwe" durch „Gott" ersetzt wurde, *dann finden wir hier einen UNABHÄNGIGEN Hinweis, dass hinter der Bibel die Plejadier / Plejaren stecken.*

Und nun wissen wir auch, dass es ein *Racheakt* gegen die „Bruderschaft der Schlange" von Jahwe war, da die Außerirdische Lilith den ersten Menschen der neuen Mischkultur, sprich „uns", *die Wahrheit sagte über Jahwe und Co. Vermutlich auch, dass er ein Lügner, Betrüger und Massenmörder war.*

Und dies erklärt auch, warum Eva so schockiert war, dass sie sich mit Adam vor „Gott" (in diesem Fall eigentlich der außerirdische „Jahwe") **versteckte!**

Aus diesem Grund wurde es auch seitens der positiven Bruderschaft der Schlange (auch bekannt als die Gruppierung der *„Aghartie"*) notwendig, *erneut* in unsere Zivilisation mit einer „Art Uri Geller" mit für uns unvorstellbaren Fähigkeiten (Jesus Christus) ein *neues* Testament als *positive* Botschaft zu errichten. Es ist zudem eine Tatsache, dass ursprünglich das *Neue* Testament nicht zusammen mit dem *Alten* Testament verlegt werden sollte und die Zusammenlegung teilweise massiven Widerstand hervorbrachte. Die Tatsache, dass man es doch tat, war ohne Frage eine *weitere* Maßnahme, um die *neue* Botschaft (Neues Testament) nun *ebenfalls* in Misskredit und Widerspruch zu bringen.

Die Darstellung der Schlange der Genesis

Abb. 42 oben links, Abb. 43 unten links und **Abb. 44 rechts:** *Lilith* und *Eva* sind am Sockel der Staue dargestellt. *Lilith* in der Darstellungsform halb Mensch halb Schlange. Oben auf der Statue sitzt, wie links zu sehen, die *Jungfrau Maria* mit dem *Jesuskind*. Auch hier die Schöpfungsgeschichte so dargestellt, wie man sie für richtig halten sollte: in der Form, dass die Schlange nur *symbolisch* eine Schlange war.

Ihnen ist sicherlich bekannt, dass viele der ursprünglichen heiligen Texte *nicht in die Bibel aufgenommen* wurden, *weil sie zu unglaubwürdig klangen*. Teilweise sind diese heute als die „Apokryphen" erhältlich. Dies bedeutet nichts anderes, dass jene, welche die Texte zusammenstellten, nachweislich ihre *eigene* Meinung mit einfließen ließen und eine Art „Auswahl" trafen, *was „wahr" und was „falsch" ist*... Eine Frechheit ohne Gleichen – und sicherlich auch eine *Unverfrorenheit* den Personen gegenüber, die hier ihre Erlebnisse schilderten.

Abb. 45 links: Die Darstellung der wahren Schöpfungsgeschichte im sogenannten *„Ripley Scrowle"* aus dem Jahre 1588 (im Besitz des *Britischen Museums*). *Adam* und *Eva* halten den Baum der Schöpfungsgeschichte nach oben. Sie sind umgeben von *sieben Steinsäulen* auf denen die *sieben Personen* sitzen. Im oberen Teil der Darstellung sehen wir die göttliche *Lilith*, welche sich zu Adam vom Himmel herab zuwendet und sich mit ihrem Schwanz als Schlange am Baum festhält. Dies soll wohl zeigen, dass hier ein Kontakt der Götter mit den Menschen stattgefunden hat – sprich der erste „Erbsündenfall." Über der Baumkrone ist eine Pyramide mit einem Auge in der Pyramidenspitze zu erkennen. **Abb. 46 rechts:** Bildausschnitt des mittleren Bereiches von Abb. 45, welche *Adam* und *Eva* unterhalb und *Adam* und *Lilith* darüber zeigt.

Interessanterweise finden wir aber *ausgerechnet dort* die größte Beweiskraft für einen außerirdischen Hintergrund. *Und ohne Frage sind es genau jene Fakten, welche aufgrund dieser eindeutig nicht mehr zweideutig zu behandelnden Texte, ausgesondert wurden.*

Die unliebsame Erkenntnis: Stellvertretend für diese ausgesonderten Texte soll hier die Apokryphe des Patriarchen Henoch genannt und geschildert werden, die in der Bibel hingegen nur mit zwei Sätzen auftaucht. An der Geheimhaltung des Textes soll der Kirchenvater Hieronymus (347 – 419 n. Chr.) großen Anteil gehabt haben. Vielleicht geben folgende Textzeilen aus Henoch Aufschluss darüber, *warum* dies geschah:

Apokryphe Henoch 17,1:

„Sie nahmen mich fort und versetzten mich an einen Ort, wo die dort befindlichen Dinge wie flammendes Feuer sind. Wenn sie wollen, erscheinen sie wie Menschen."

Apokryphe Henoch 39,8:

„In jener Zeit rafften mich eine Wolke und ein Wirbelwind von der Erde hinweg und setzten mich am Ende der Himmel nieder."

Henoch berichtete, dass er manchmal das Gefühl hatte, dass einige Dinge, welche er sah, *nicht real und eher eine Art Erscheinung waren* – heute würden wir auch *Astralreise* oder *Vision* sagen.

Dies erinnert wiederum u.a. an die Geschichte von Erich von Däniken in seinem Buch *„Tomy und der Planet der Lüge."* Hierzu passt auch die Aussage Henochs in 17.1 *(„...Wenn sie **wollen**, erscheinen sie wie Menschen...").*

Doch gehen wir weiter im Text:

Apokryphe Henoch 71,5:

„Da entrückte der Geist den Henoch in den Himmel und sah im Gesichte, wie aus dem Himmel Wesen, **die weißen Menschen glichen** (Hervorhebung durch den Autor)*, hervorkamen; Einer von ihnen kam aus jenem Ort hervor und drei mit ihm."*

„Out of Body Experiences" durch die "Bruderschaft der Schlange", die Föderation um die Plejadier – in der Gegenwart und in den heiligen Schriften? Kontakte mit den „Göttern" haben oftmals Ähnlichkeiten mit Geschichten in der Bibel. Nachfolgend eine Schilderung, die Parallelen aufweist:

Die „*Himmelfahrt des Jesaja*" in den Apokryphen:

„*Und seine Augen waren geöffnet, aber sein Mund war stumm, und das Bewusstsein seiner Körperlichkeit war von ihm genommen, aber sein Odem war noch in ihm, denn er sah ein Gesicht.*

Und der Engel, der entsandt war, ihn schauen zu lassen, gehörte nicht zu diesem Firmament und nicht zu den Engeln der Herrlichkeit dieser Welt, sondern er war aus dem **siebten** *Himmel gekommen ... `Wer bist du, und wie ist dein Name, und wohin führst du mich aufwärts?` ... `Meinen Namen wirst du nicht erfahren, denn du musst in diesen Leib zurückkehren. Wohin ich dich aber empor tragen werde, wirst du sehen, denn dazu bin ich aus dem* **siebenten** *Himmel gesandt worden`. Und wir stiegen hinauf zum Firmament ... und ein großer Kampf fand gegen ihn statt, und die Engel Satans waren aufeinander neidisch ... `Was ist`s mit diesem Kampf und was ist`s mit diesem Neide?` ... `...dieser Kampf wird dauern bis er kommen wird, den du sehen sollst, und den Satan vernichten wird`...*

Und er lies mich aufsteigen in den **siebenten** *Himmel ... Und da sah ich alle Gerechten von Adam an, und daselbst sah ich den heiligen Abel und alle Gerechten. Und daselbst sah ich Henoch und alle, die mit ihm waren ... `Und der Gott jener Welt wird die Hand gegen seinen Sohn ausstrecken ... Und so wird sein Herabkommen, wie du sehen wirst, den Himmeln verborgen sein, so dass unbemerkt bleibt, wer es ist`...*

`*Und er zeigte mir Bücher aber nicht wie Bücher dieser Welt, und die Bücher waren geschrieben, aber nicht wie Bücher dieser Welt. Und er gab sie mir, und ich las sie, und siehe, die Taten der Kinder Israels waren darin aufgezeichnet, und die Taten solcher, die ich nicht kenne ... Und dieser Engel sprach zu mir: `Jesaja, Sohn des Amoz, es ist genug für dich, denn das sind gewaltige Dinge, du hast ja geschaut, was kein Fleischgeborener sonst geschaut hat, und du wirst in dein Kleid zurückkehren, bis deine Tage erfüllt sind...``*"
(Hervorhebungen durch den Autor)

Wenn man es genau nimmt, dürfte eigentlich niemand die heiligen Schriften predigen, ohne dass man ihn laut der deutschen öffentlichen Gesetzgebung in eine *antisemitische* und *antikhasarische* Ecke stellt, außer man lässt die dort niedergeschriebenen Passagen aus, wie wir erneut auch an diesem Beispiel aus den Apokryphen erfahren haben. Doch lesen wir weiter in den apokryphischen Texten des Henoch.

Apokryphe Henoch 75,8:

*„Es gibt **Wagen in der Welt laufend, oberhalb von jenen Toren**, in denen sich die Sterne bewegen (Hervorhebung durch den Autor), die nie untergehen. Einer von ihnen ist größer als alle anderen, und er umkreist die ganze Welt."*

Apokryphe Henoch 43, 1 ff:

„Ich sah ihren Umlauf nach der Zahl der Engel und wie sie sich untereinander Treue bewahren."

Apokryphe Henoch 87, 3:

„(Sie) nahmen mich hinauf zu einem hohen Ort."

Die Abraham-Apokryphe hingegen, *ebenfalls aus der Bibel ausgesondert*, schildert als *weiteres Beispiel von vielen*, einen ähnlichen Bericht, wie wir ihn aus der Ezechiel-Geschichte kennen (siehe auch „Nationale Sicherheit – Die Verschwörung", S. 131 f.):

Abraham Apokryphe 18, 11:

„Hinter jenen Wesen sah ich einen Wagen *(ein „UFO" / Raumschiff?, Anm. d. Verf.)* ... und jedes Rad war voll Augen ringsum *(Fenster?, Anm. d. Verf.)*, und auf den Rädern war ein Thron *(Kanzel des Flugobjekts?, Anm. d. Verf.)*..."

Dass es sich hierbei um die Beschreibung von Flugobjekten handelt, die immer wieder an verschiedenen Orten in Verbindung mit den „Engeln" auftauchen, davonfliegen und wieder verschwinden, geht auch daraus hervor, dass ihre Beschreibung nahezu identisch auch an anderen Stellen beschrieben wird. Lesen wir hierzu als weiteres Beispiel einen Auszug aus Hesekiel (Zufall ausgeschlossen!):

„Ich sah aber ... eine große Wolke, umgebend von einem strahlenden Glanz und einem unaufhörlichen Feuer, aus dessen Mitte es blinkte..."

(Hesekiel, 1, 4)

Die Außerirdischen landen jetzt – und wir lesen weiter, nahezu identisch zur Abraham Apokryphe, die Beschreibung der „UFOs":

„Weiter sah ich neben jedem der vier lebenden Wesen ein Rad („UFOs" / Raumschiffe?, Anm. d. Verf.) auf dem Boden ... die vier Räder (Flugobjekte?, Anm. d. Verf.) waren von gleicher Gestalt ... Die Räder waren riesengroß, und ihre Felgen waren ringsum mit funkelnden Augen bedeckt (Fenster?, Anm. d. Verf.) ... Auf der Platte stand etwas, dass aussah wie ein Thron (Kanzel?, Anm. d. Verf.) ... und darauf war eine Gestalt zu erkennen, die einem Menschen glich..." (Quelle: Hesekiel, 1. 16, 18, 26)

Dies kann kein Zufall sein.

Hesekiel beschreibt die gleichen Objekte, die Abraham sah!

Abraham wird von den Außerirdischen mitgenommen in den Himmel, fühlte sich aber auf dem Flug mit Blick auf die Erde nicht sonderlich wohl:

„...Ich aber wünschte auf die Erde niederwärts zu fallen; der hohe Ort, worauf wir standen, bald stand er aufrecht da, bald aber drehte er sich abwärts..."

Hier wird also der Flug in einem Raumschiff weg von der Erde beschrieben, dass sich mehrmals um die eigene Achse gedreht hat.

Die Beispiele sind vielfältig. Erich von Däniken sprach in seinem Interview bei Secret TV im Jahr 2007 auch über die *„Qumram Verschwörung."* Bei diesen Texten durften die Übersetzer nur mit *jenen* Details an die Öffentlichkeit gehen, die von verschiedenen Stellen genehmigt wurden.

Warum?

Professor Matest M. Agrest übersetzte dennoch eine Stelle in den Qumram Texten. Nach seiner Version lautet sie:

„Menschen sind vom Himmel gekommen, und andere Menschen sind von der Erde in den Himmel aufgehoben worden. Die vom Himmel gekommenen Menschen sind lange auf der Erde geblieben."

Dass die *Plejaden* als „Siebengestirn" bereits in der Bibel niedergeschrieben stehen, haben wir bereits erfahren. Doch sind *sie* wirklich *jene* Götter vom Himmel (oder der leitende Rat einer außerirdischen Föderation), die auf die Erde kamen und deren eine Splittergruppe sich mit den Menschen verband und Kinder zeugte, was angeblich das einzige Verbot der *Elohim* (der Erstgeborenen – der Götter) war?

Diese Antwort findet man nicht in der Bibel.

Sie wurde aus der Bibel herausgenommen und ausgesondert.

Doch – das Geheimnis lüftet sich, wen man danach sucht:

Haben wir doch eben einige Auszüge aus der Henoch-Apokryphe erfahren, von Wagen (Raumschiffen), die *oberhalb der Himmel laufen*, wo sich auch die Sterne bewegen, Entrückungen in den Himmel durch menschliche Außerirdische und vieles mehr.

Und ausgerechnet in der HIER benannten Apokryphe des Henoch finden wir AUCH die ausgesonderten Texte aus der Bibel, welche belegen, dass hinter den Heiligen Schriften DIE GÖTTER DER PLEJADEN stehen – sowie die Verurteilung DEREN Splittergruppe, welche sich mit den irdischen Töchtern einließen und Kinder gebaren.

Apokryphe Henoch, „Der vorläufige und endgültige Strafort der gefallenen Engel (Sterne)", 11 – 16, 1-3:

„Ich sah dort sieben Sterne wie große brennende Berge. Als ich mich danach erkundigte, sagte der Engel: Dies ist der Ort, wo Himmel und Erde zu Ende sind; ein Gefängnis ist dies für die Sterne und für das Heer des Himmels. Die Sterne, die über dem Feuer dahinrollen, das sind die, welche beim Beginn ihres Aufgangs den Befehl Gottes übertreten haben; denn sie kamen nicht zu ihrer Zeit hervor. Da wurde er zornig über sie und band sie 10000 Jahre bis zu der Zeit, da ihre Sünde vollendet ist.

Da sagte zu mir Uriel: **Hier** (auf der Erde, Anm. d. Verf.) **werden die Engel stehen, die sich mit den Weibern vermischt haben;** *und ihre Geister verunreinigten, vielerlei Gestalten annehmend, die Menschen und verführen sie, den Dämonen wie Göttern zu opfern;* **sie werden hier stehen bis zum Tage des großen Gerichts,** *an dem sie bis zu ihrer völligen Vernichtung gerichtet werden. Ich, Henoch, habe allein das Geschaute, den Anblick der Enden von allen Dingen, gesehen, und kein Mensch hat sie so gesehen, wie ich sie gesehen habe."* (Hervorhebungen durch den Autor)

Bewahren Sie das mit den 10000 Jahren in Erinnerung – wir werden im Laufe des Buches darauf zurückkommen…

Und dann werden Sie wissen, warum die Letzten Tage nicht mehr fern sein können.

Hier wird also explizit und namentlich von den „sieben Sternen" gesprochen, die im *Hiob* wiederum namentlich den Plejaden, in manchen Bibelübersetzungen dort auch als „Siebengestirn" bezeichnet, zugeordnet werden!

Doch hören wir Uriel nochmals GENAU ZU:

„Da sagte zu mir Uriel: Hier werden die Engel stehen, die sich mit den Weibern **vermischt** *haben; und ihre Geister* (die der Menschen,

Anm. des Verf.) *verunreinigten,* **vielerlei Gestalten annehmend,** *die Menschen und verführen sie..."* (Hervorhebungen durch den Autor)

Kommen wir nach dieser Aussage wieder zurück auf die Geschichte von Adam und Eva. Ist hier tatsächlich alles so abgelaufen, wie es uns von den Kirchenvertretern erzählt wird, oder war die Geschichte mit dem netten „Gott", der Adam und Eva verbannte, weil sie Wissen und Erkenntnis (...) über ihn erlangten, *doch nicht so nett* und wir haben Recht mit der Umkehrung der Rolle der Schlange, *deren einzige „Sünde" es war, Eva dazu zu ermuntern, die Wahrheit zu suchen?*

Auch diese Wahrheit finden wir nicht in der Bibel.

Sie wurde ausgesondert *– in die APOKRYPHEN.*

Denn *dort* lesen wir WORT für WORT, wie Jahwe, der angeblich „liebe Gott", Eva hintergeht und *seine Rollen tauscht.*

Nach dem erlangten Wissen des Baumes der Erkenntnis nun natürlich in der Rolle des (erkannten) Satans:

„Und es vergingen 18 Tage; da geriet Satan in Zorn, er verwandelte sich in die Lichtgestalt der Engel, kam an den Tirgris zu Eva und fand sie weinend ... Und der Teufel, als wenn er mit ihr betrübt sei, fing auch an zu weinen und sprach zu ihr: Steig aus dem Fluss und weine nicht länger ... Wir Engel haben alle den Herrn flehentlich gebeten, und er hat mich gesandt, euch aus dem Wasser zu holen ... Als aber Adam sie sah und den Teufel bei ihr, rief er weinend also: Eva, Eva, wo ist nun Dein Bußwerk? Wie konntest Du Dich **abermals** *von unserem Widersacher verführen lassen..."* (Die Apokryphen, „Das Leben Adams und Evas", 9, 10 / Hervorhebung durch den Autor)

Hier wird also detailliert beschrieben, wie Eva sich **erneut** *täuschen ließ von jener Wesenheit, die sich selbst zum Gott ernannte, aber in*

Wirklichkeit der negative Gott Jahwe war, der mal wieder seine Macht spielen ließ.

Wir lesen in der Bibel *und* den Apokryphen von der Verbannung jener Gruppierung, die sich mit den Menschentöchtern einließ und Kinder gebaren. Sie wurden aus dem „Paradies" geworfen, womöglich nichts weiter als eine *falsche* Übersetzung von dem Wort *„Himmel"* bezüglich der Zuordnung: „himmlisch = paradiesisch" (in Wirklichkeit aber eine wörtliche Zuordnung für deren außerirdische Herkunft) vom Himmel auf die Erde verbannt – *für 10000 Jahre.*

In den Apokryphen fragt Adam den negativen Gott Jahwe dann auch, warum er ihm das antut. Jahwe erläutert, dass er in Adam und Eva sinnbildlich *die* Personen sieht, welche dafür gesorgt haben, dass er mit seiner Gruppierung aufgrund seiner Taten aus den Himmeln verbannt wurde.

Er sagt zu Adam:

„Adam, meine ganze Feindschaft, Neid und Schmerz geht gegen Dich, weil ich deinetwegen vertrieben und entfremdet ward von meiner Herrlichkeit, die ich im Himmel inmitten der Engel hatte, und deinetwegen auf die Erde hinabgestoßen wurde." (Die Apokryphen, „Das Leben Adams und Evas", 12)

Wenn das kein Beweis ist, dass es bei Adam und Eva um die Nephilim geht, die sich mit den Menschen einließen und Kinder gebaren – dann weiß ich auch nicht. Adam und Eva stehen also tatsächlich für den ersten Erbsündenfall – und nicht für die ersten Menschen.

Der Bezug von Lilith zur Schlange könnte als sehr direkt gesehen werden, wenn wir davon ausgehen, dass Eva durch einen Beischlaf-Akt zwischen Adam und Lilith zustande kam – *Lilith also Evas Mutter ist?* Die wäre tatsächlich ein Erbsündenfall, wie er nicht klarer zu definieren wäre. Eine gängige Praxis übrigens über Jahrhunderte auch in den Königs- und Fürstenhäusern, sich untereinander zu vermählen und zu schwängern, um das „adlige" Blut im engsten Kreise zu erhalten. Somit hätte Adam ein Verhältnis mit der Mutter seiner Tochter gehabt, wobei er später mit seiner eigenen Tochter wiederum anscheinend ein Verhältnis pflegte, als Lilith sich von Adam abgewendet hatte. Auch diese Praxis war zur damaligen Zeit keine Seltenheit. So abstoßend und abartig diese Praktiken heute auch zu recht auf uns wirken. Doch die überlieferte Geschichtsschreibung auch in den Heiligen Schriften nennt hier zahlreiche Beispiele.

In den Mythologien wird die Schlange, wie bereits beschrieben, häufig als Urtier, in den Mysterien zumeist nicht astral, sondern chthonisch aufgefasst.

Nach jüdischer Vorstellung hat sich Lilith nach ihrer Trennung von Adam mit *Samael* vermählt. Dies wurde als teuflisch angesehen – *„wie konnte sie nur"*... In diesem Zusammenhang wurde sie oft als Leviathan (hebr. „livjatan = gewundene), *„die gewundene Schlange"* dargestellt. Vermutlich, da sie sich um einer Weiterführung der Beziehung mit Adam *„herumwandt"*, sprich *ihn verließ*...

Samael wurde als *Leviaton*, was die *„flüchtige Schlange"* bedeutet, dargestellt. Vermutlich weil er mit Lilith *„durchbrannte"*, wie wir es heute nennen würden.

Wir haben vorhin Auszüge aus der „Himmelfahrt des Jesaja" gelesen, in der der „Siebte Himmel" beschrieben wurde, an den Jesaja entrückt wurde. Interessant ist, wie diese Geschichte endet:

„Wegen dieser Weissagungen **zersägte Samael** *Satan durch die Hand Manasses..."* (Quelle: „Die Himmelfahrt des Jesaja", 41)

Samael „zersägte" also laut den alten Überlieferungen nach *Satan* (wahrscheinlich im *übertragenen Sinne*)... Das klingt schon mal spannend. *Und dies wiederum könnte bedeuten, dass der Engel, der Jesaja die Geschichte erzählte, möglicherweise Samael (auch „Sammael") selbst war.*

Da Lilith nicht auf „Gott" (in Wirklichkeit den außerirdische Jahwe) hörte, wird sie seither – ebenso wie Samael *auch* negativ besetzt wurde – überwiegend als *Dämonin* oder *Göttin der Unterwelt* bezeichnet und dämonisiert.

Sie ereilte dasselbe Schicksal wie die *ursprüngliche* Bruderschaft der Schlange (= positive Außerirdische), bevor sie denunziert wurde.

Der Islam kennt nicht die Verführung der Menschheit durch eine Schlange, doch wird sie hier ebenfalls diabolisiert, denn man glaubt, dass die Ginn vor allem in Gestalt von Schlangen erscheinen. Der Umstand, dass Mohammed sogar davor warnt, grundsätzlich sei in jeder Schlange ein Ginn zu fürchten, zeigt dies nur zu deutlich *(siehe Zbinden 1953: 77)*. Das Schlangenbild im Islam ist also auch ein düsteres, dämonisches, weshalb im Koran die Gestalt der Schlange unmittelbar als Ginn aufgefasst wird *(siehe auch Sure 27, Vers 2. 10, 28 und 38)*.

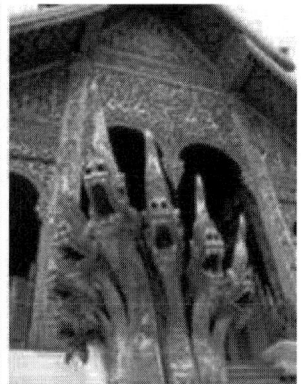

Die menschliche Schlange und der Symbolismus um die Zahl 7

Abb. 47 links: *Eva* und *Lilith*. *Lilith* dargestellt als eine *geflügelte Schlange*. Sie trägt eine Krone auf dem Haupt. Holzschnitt von *Holzschmitt* aus dem Jahr 1470 n. Chr.. **Abb. 48 rechts:** Tempelanlage in *Laos*. Die Götter werden dort ebenfalls in der Darstellung von einer *sieben*köpfigen Schlange verkörpert.

Lilith und die Schlange erfahren, die eine als Mensch, die andere als Tier, eine gemeinsame Metamorphose, einen Prozess der Umwandlung, der moralisch und sozial bewertet wird und sich von einem ursprünglich positiven Bild zu einem gänzlich negativem wandelt.

Die Schlange, so heißt es, sei zunächst aufrecht *„wie ein Schilfrohr"* gegangen, und sie war *„der König über Vieh und Tier"* (siehe auch *Bin Gorion 1997: 73-74)*. Nach ihrem *„listigen Verführungsakt"* werden der Schlange *„Arme und Beine abgehackt, und auf ewig muss sie nun* (geht es nach den Plänen von Jahwe, Anm. d. Verf.) *den Staub der Erde essen" (Gen. 3,14)*.

Bei den Gnostikern wurde hingegen die Schlange ebenfalls vielfach *positiv* bewertet, denn die Schlange, die Eva dazu ermunterte, vom Baum der Erkenntnis zu essen, ist für sie, anders als für die Christen, eine *positive* Gestalt, weil diese dem bislang im Paradies träumenden und schlummernden Menschen dazu verhalf, die Wahrheit zu erkennen.

Gnosis (griech. = Erkenntnis) bezeichnet in religiösen Systemen zum einen die Erkenntnis, die Heil bringt, und zum anderen das Wissen, das erlöst und so Heil ist *(Dinzelbacher 1989, Stichwort „Gnosis", Seite 192)*.

In der Gnosis ist die Schlangensymbolik umfassend, das Bild der Schlange ein prophetisches, mantisches Tier. Als solches wird sie *auch dort* zum *Symbol der geschlechtlichen Vereinigung zwischen Gott und Mensch (Leisegang, 1985, Seite 111)*.

Diese Erkenntnis stimmt sicherlich nicht zufällig mit der von mir hier neu berichteten Geschichte unserer Vergangenheit überein (dem Erbsündenfall).

Auch Jan van Helsing äußert sich ähnlich zu diesem Thema:

„Unter allen von den Menschen verehrten Tieren war keines so markant wie die Schlange, und zwar deshalb, weil die Schlange das Zeichen einer Gruppe war, die in den frühen Kulturen beider Hemisphären großen Einfluss gewonnen hatte.

Bei dieser Gruppe handelte es sich um eine gelehrte Bruderschaft, die sich der Verbreitung geistiger Kenntnisse und der Erlangung geistiger Freiheit verschrieben hatte: die `Bruderschaft der Schlan-

ge`. Sie bekämpfte die Versklavung geistiger Wesen und versuchte, die Menschheit aus der Knechtschaft der Außerirdischen zu befreien. (Das urbiblische Wort für Schlange ist nahash und ist vom Stammwort NSHS abgeleitet und heißt `entziffern, herausfinden`)." (Jan van Helsing, „Geheimgesellschaften und ihre Macht im 20. Jahrhundert, Band II, S. 49)

„Trotz all ihrer offenbar guten Absichten gelang es dem legendären EA (Außerirdischer, Anm. d. Verf.) und der FRÜHEN Bruderschaft der Schlange zweifellos nicht, den Menschen zu befreien. In den mesopotamischen Tafeln heißt es, dass die `Schlange` (Bruderschaft der Schlange) sehr schnell von anderen Splittergruppen der herrschenden Außerirdischen besiegt worden sei." (Jan van Helsing, „Geheimgesellschaften und ihre Macht im 20. Jahrhundert", Band II, S. 50)

Eines der ältesten schriftlich fixierten Zeugnisse über einen außerirdischen Kontakt, das den Namen *Lilith* enthält, liegt uns in Form einer sumerischen Version des Gilgamesch-Epos in dem Namen „Kisikil-li-la-ke" (= Mädchen, Geliebte, Gefährtin des Lil-la) vor. An der betreffenden Textstelle dieses Epos wird von der bösen *Lilitu*, die zusammen mit einer Schlange einen Baum (Raumschiff) bewohnt, berichtet. *Sie versetzt den Baum in ihren herrlichen Garten zu Uruk, der Hauptstadt des alten Sumerreiches (Gilgamesch-Epos, 1958, 118).*

Besonders verbreitet ist ein Amulett, das laut seinem Titel *„Die sieben salomonischen Eide"* oder *„Amulett der sieben Siegel"* genannt wird und welches man überall im Maghreb, in Ägypten und Syrien auf den Märkten oder auch in Buchhandlungen erstehen kann.

Es enthält den Text vom *„Bann der `Dämonin` durch Salomo"*, dessen Hauptteil die *sieben* Eide bilden, welche „Umm al-layl" (Lilith) schwören musste. Betrachten wir uns deshalb die Hintergründe und Überlieferungen um Lilith, der „Mutter der Sieben Sterne", sprich der Plejaden, etwas näher.

Denn das müssen wir nochmals im Detail erläutern, weil es zu wichtig ist: Das „Amulett der *sieben Siegel*" wird hier in Verbindung *mit der Verbannung von Lilith* aufgeführt. In der großen „Letzten Schlacht" aber sollen diese Siegel gebrochen werden (siehe die Offenbarung).

Und dieser Bann wurde angeblich gegen Lilith von *Salomo* ausgesprochen. Wer Salomo *wirklich* ist – und in welcher Beziehung er zu Jahwe steht – diese Aufdeckung wurde bereits erwähnt und wird im Verlaufe des Buches anhand nicht zu widerlegender weiterer Fakten noch folgen. Sie können sich aber die Antwort, wenn Sie das Buch bislang aufmerksam gelesen haben, sicherlich schon denken…

Manche Amulette zeigen die bildlichen Darstellungen der gefesselten Lilith.

Das *bekannteste* Amulett zeigt die Begegnung Liliths mit dem Propheten Elija (…) – siehe hierzu auch eine Darstellung in „Sefer Raziel", i. T. Schrire: *Hebrew Amulets*, Seite 118)

Kapitel 3

Lilith und die Bruderschaft der Schlange

Bilder, in denen man Lilith zu erkennen glaubt, zeigen sie als geflügelte, meist nackte Frau mit Vogelfüßen, gelegentlich auch halb
Frau, halb Tier. Zum Beispiel als Schlangenmensch. Bemerkenswert
ist die Darstellung der geflügelten Lilith auf dem Terrakotta-Relief
aus Sumer, auf dem sie selbst mit Flügeln dargestellt und zugleich
von zwei Eulen umgeben ist. Eine Abbildung, die in vielen Sachbü-
chern über Lilith zu finden ist.

Abb. 49 links: *Terrakotta-Relief aus Sumer*. Es zeigt *Lilith* mit Flügeln, umgeben
von zwei Eulen. *Lilith* hat darauf Eulenfüße – so wissen wir, dass die Eulen rechts
und links sinnbildlich für *Lilith* stehen. Sie scheint zu entfliehen, was sinnbildlich
auch für die Abwendung von *Adam* zu verstehen sein könnte. **Abb. 50 rechts:**
Künstlerische Darstellung von *Eva*: oben mit der Schlange – auf dem unteren Bild
wird *Lilith* als menschliche Schlange dargestellt. Auch hier wird deutlich, dass *Lilith*
(Adams erste Frau) mit der Bruderschaft der Schlange verbunden war.

Betrachtet man die Füße von Lilith auf dem Relief, dann erkennt man, dass sie ebenfalls Eulenfüße besitzt. Die Eulen rechts und links neben ihr stehen also sinnbildlich für Lilith. Sie scheint diesen zu entfliehen, was möglicherweise wiederum sinnbildlich auch für die Abwendung von Adam zu verstehen ist.

Im Gilgamesch-Epos wird Lilitu ausdrücklich als Vogelgöttin beschrieben. Sie heißt dort *„Königin des Himmels.“* Lilith und die *„Umm al-layl“* werden häufig als *eulen*gestaltig beschrieben. Einige ihrer Beinamen lauten im Hebräischen und Arabischen „Eule“, „kreischende Nachtschwalbe“ oder „Schleiereule.“

Es ist anzunehmen, dass Lilith ursprünglich ein Mitglied der Gruppierung um den Außerirdischen Jahwe (die „dunkle Seite der Macht“ / die „Eulenwesen“) war. Sie wandte sich aber von diesen ab, spätestens als sie sich gegen den Willen Jahwes von Adam trennte – und Eva die Wahrheit erzählte über die negativen Ziele der Gruppierung. Glaubt man der Mythologie, so soll Lilith sogar lange vor ihrer Affäre mit Adam eine festere Bindung mit Zeus (wahrscheinlich ein anderer Name für Jahwe) gehabt haben, aus der auch einige Kinder hervorgegangen sein sollen. Dies würde ihre direkte Verbindung zu den Nephilim in fernen Tagen aufzeigen und belegen. Der Autor *Sigmund Hurwitz* schreibt jedenfalls hierzu:

„Die beiden Wesenheiten der Lilith erscheinen bereits im babylonischen Schrifttum personifiziert, und zwar in den beiden Göttinnen Lamaschtu und Ischtar, aus denen sich die Gestalt der Lilith herauskristallisiert hat ... Die Gestalt der Lamaschtu oder – wie sie auch genannt wurde – der Lammea, ist in der Folge als Lamia eingegangen ... Sie wurde die Geliebte des Zeus, dem sie eine Reihe von Kindern gebar ... Man stellte sich die Lamia vor als ein Wesen mit Schlangenleib und dem Kopf einer schönen Frau...“

(Quelle: *Sigmund Hurwitz*, „Lilith – Die erste Eva“, Einsiedeln, 4. Auflage, 1998, S. 39, 51-52)

Ein anderer bekannter Name für JAHWE ist zum Beispiel *Asmedai*. Daraus wurde später „Asmodis" – *der „Teufel."*

Sigmund Hurwitz schreibt hierzu:

*„Neben Lilith gibt es noch andere weibliche dämonische Wesen ... Zu ihnen gehören Machlat, ihre Tochter Agrat und vor allem Na´amah, die im Sohar weitgehend mit Lilith identisch ist. Von Na´amah heißt es im Sohar: „Na`amah aber empfängt von ihnen ... in ihren ... Träumen ... und alle gehen zur ersten Lilith ... Wenn sie kleine Kinder sieht, heftet sie sich an sie, um sie zu töten. In diesem Text wird **eine erste** Lilith, die Gefährtin des ... Samael erwähnt. Daneben existiert im Sohar noch **eine zweite** Lilith, welche die Frau des Dämonenfürsten Asmedai ist..."* (Quelle: „Lilith – Die erste Eva", Einsiedeln, 4. Auflage, 1998, S. 168)

Lilith (die „erste"?) hatte infolge noch ein anderes Verhältnis zu einem Mann, welches nicht weniger spannend ist, auf das wir später noch zu sprechen kommen und mit dem sie zwei Kinder hatte: Dem Propheten Elija (siehe unter anderem auch „Lilith – Die erste Eva", 4. Auflage, Einsiedeln, 1998, S. 124)! Dieses Verhältnis könnte als ein weiterer Auslöser dafür gewertet werden, sich von den Nephilim auf Dauer von Inkarnation zu Inkarnation abzuwenden.

Wir haben zudem erfahren, dass die Hesperiden, Töchter des Atlas und der Hesperie oder der Nyx (Nacht), als unzuverlässig eingestuft wurden. Diese im Garten der Götter die Äpfel „des Lebens" bewachen sollten. Und wir haben Rückschlüsse dahingehend gezogen, dass Lilith eine dieser Hesperiden war, die ihre Unzuverlässigkeit zeigte, indem sie Adam und Eva vom Baum der Erkenntnis essen ließ. Worauf diesen „der Baum des Lebens" genommen wurde. In einer Analyse der Hesperidenbilder wird ein Altar in Verbindung mit den Hesperiden benannt, der der Göttin Minerva geweiht war. Und es hieß, die Hesperiden seien ursprünglich alles andere als nette Zeitgenossinnen gewesen. Man beschrieb sie als böse und niederträchtig.

Interessanterweise scheinen die Illuminati und die verbundenen Logen der Freimaurer sehr wohl über die wahre Geschichte hinter der Entstehung der Menschheit Bescheid zu wissen, denn jedes Jahr feiern sie am *Bohemian Grove* in den USA Aufführungen an einer riesigen Steineule, welcher angeblich nur symbolisch ein Kind (Junge) geopfert wird. Möglicherweise stellvertretend die kindermordende „zweite" Lilith (siehe „Lilith – Die erste Eva", S. 168)... Die (ehemalige?) Gemahlin von Jahwe (vermutlich ein anderer Name für Zeus), die *eventuell **gar nicht identisch** mit der „ersten" Lilith ist.*

Auch wenn hier eine Verwechslung *durchaus beabsichtigt* wurde, um Verwirrung zu stiften?

Wer weiß heute schon davon, dass im Sohar zwei Liliths auftauchen, die später mythologisch zu einer verwoben wurden?

Denn das Symbol der Illuminaten ist, wie im vorigen Kapitel bereits angedeutet, die *Eule von Minerva*. Einige behaupten, dass es dort auch *echte* rituelle Morde anstelle symbolischer gab und gibt. Auf der Dollarnote finden wir ebenfalls eine kleine Eule (siehe hierzu auch „Nationale Sicherheit: Die Verschwörung", S. 453) und die Parkanlagen am Capitol in Washington sind in Form einer Eule angelegt. Der Journalist und Filmemacher Alex Jones, der sich vor einigen Jahren in den Bohemian Grove mit versteckter Kamera einschmuggelte, gab ein Interview für den russischen Sender RT („Russian TV"), in dem der sagte, dass diese jährlichen Zusammenkünfte am Grove ein Treffpunkt der Hochgradfreimaurer wäre.

Es ist also deutlich zu erahnen, dass jene die wahre Geschichte hinter der Bibel sehr wohl kennen (die Wahrheit über die Verfälschungen der Schriften). Da diese, wie wir noch feststellen werden, die *Nachfolger und Interessenvertreter* jener Gruppierungen sind, die Eulenwesen, der Gruppierung um Jahwe, welche damals das Wissen vor der Welt verschlossen haben.

Sie sind die negativen Bruderschaften, welche sich im Kampf um die Macht gegen die positive Bruderschaft der Schlange stellen und ihr für die Letzten Tage drohen.

  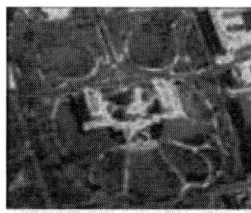

Abb. 51 links: Zeremonie, an welcher alljährlich viele höhere Grade des Logentums am *Bohemian Grove* in den *USA* anwesend sind. An einer großen Steineule wird ein Menschenopfer verbrannt. Offiziell ausschließlich symbolischer Natur. **Abb. 52 Mitte:** Emblem des *Bohemian Club*: eine Eule. **Abb. 53 rechts:** Die Parkanlagen um das *Capitol* in *Washington* wurden ebenfalls in Form einer Eule angelegt. Die „Eule von Minerva" ist auch das Symbol der Illuminaten.

Natürlich ist durch diese verdrehte Weltanschauung derzeit die negative Gruppierung an der Macht, und diese geht davon aus, dass mit der „Schlange, welcher der Kopf zertreten wird" in der Offenbarung nach Plan *die positive Bruderschaft* („Bruderschaft der Schlange" und Anhängerschar) *vollständig ausgemerzt wird*. Während die Welt und die genarrten Kirchenvertreter (durch ihr falsches Wissen über die wahren Hintergründe) vergeblich auf einen „Retter" wartet, „der in der letzten Stunde noch alles herumreißt"?

Tatsächlich scheint augenscheinlich (fast) alles nach Plan zu verlaufen. Denn laut dem illuminatischen Logentum wird kein Messias kommen. Und der Schlange wird tatsächlich nun der Kopf zertreten, in dem ein Überwachungsstaat ungeahnten Ausmaßes jegliche Angriffe gegen das Logentum, egal ob in Form von Revolution, Büchern, Filmen oder privaten Engagements, es unmöglich zu machen scheint, das Grauen im letzten Stadium noch aufzuhalten:

Namentlich den *totalen (globalen) Überwachungsstaat* – notfalls wie bisher vermutlich auch unter Aufhebung aller Menschenrechte, sowie durch das Herbeiführen von Kriegen, Seuchen, Katastrophen und anderem Übel. *Am Ende ist die gläserne Persönlichkeit, die keine Rechte mehr hat – außer sie arbeitet im Sinne der Bruderschaften. Das ist das Ende der Fahnenstange.*

Ich sagte, es läuft *fast a*lles nach Plan. Denn es ist davon auszugehen, dass zum Beispiel die Präsidentschaft von Donald Trump in den USA nicht im Sinne der dunklen Bruderschaften war: Doch dieses Thema ist so vielschichtig und umfangreich, dass ich hierzu auf mein Buch „Die Kennedy-Verschwörung" (erschienen im Amadeus Verlag) verweise, in dem die Hintergründe und Zusammenhänge ausführlich aufgezeigt werden. Doch hat die negative Bruderschaft wohl auch einen anderen kleinen *aber feinen* Fehler in ihrem Denken. Und dieser hängt mit der Offenbarung des Johannes zusammen. *Ich werde Ihnen im Verlaufe des Buches aufzeigen, was ich damit meine.*

Im *Sohar* (Hauptwerk der Kabbala) ist es keine geringere als Lilith, welche „die Einheit" (…) des Tetragramms JHWH (Jahwe) symbolisch *zerreißt*…

Sigmund Hurwitz hierzu in „Lilith – Die erste Eva", S. 174-175:

„Die Einheit Gottes kommt in der Einheit seines Namens, des Tetragramms JHWH zum Ausdruck. Nach einer Version des Sohars ist es Lilith, welche die Einheit des Gottesnamens zerreißt … Von der Lilith heißt es in diesem Zusammenhang: `Sie ist es, welche die beiden H's voneinander trennt und das Eintreten des W zwischen sie verhindert. Wenn Lilith sich zwischen dem einen und dem anderen H befindet, dann kann der Heilige, gelobt sei er, sie nicht miteinander verbinden (Sohar I, 27b)` … Aber … wenn der Messias und mit ihm die Erlösung kommen wird … Die anfängliche Harmonie wird wiederhergestellt und „Gott und sein Name werden wieder eines" sein (Sohar I, 148b)."

Irritierend wirken auf die traditionellen Forscher auch die Überlieferungen zu Lilith selbst, die diese „in der Luft fliegend" beschreiben.

Um hier von einer vermeintlichen „UFO"-Thematik so weit wie nur möglich wegzukommen, werden die wildesten Theorien gesponnen, um diesen Teil der Geschichte ganz schnell abzuhaken. So schreibt Sigmund Hurwitz beispielsweise:

„Was bedeutet es aber, wenn Lilith „in die Luft fliegt"? ... Natürlich liegt auch die Möglichkeit nahe, das in die Luft fliegen als eine Art Inflation zu interpretieren ist, verliert Lilith doch ihre Erdgebunden-heit. Ich möchte aber von weiteren Spekulationen absehen..." („Lilith – Die erste Eva", S. 224)

Wir sehen jedenfalls nicht davon ab und vertiefen in diesem Buch das Thema ein wenig. So lesen wir in der Begegnung Salomos mit Lilith deren Aussage: *„Ich bewohne die Lüfte zwischen Himmel und Erde..."* (Quelle: siehe „Lilith und ihre Schwestern – Zur Dämonie des Weiblichen", *Dorothee Pilow*, 2. Auflage, 2001, S. 160)

Abb. 54: Weiteres Gemälde, auf dem Lilith als die Schlange selbst dargestellt wird, welche zu Eva „von einem Baum herunter" spricht. Auch dieses Bild scheint die familiäre Verbundenheit der beiden an den Berührungen von Eva und der Schlange (ihrer Mutter?) wiederzugeben. Die familiäre Verbundenheit könnte auch eine Erklärung dafür liefern, warum Lilith Eva über gewisse Machenschaften aufklärte.

So heißt es im babylonischen *Talmud*: *„Lilith ... sieht aus wie ein Mensch, doch sie hat auch Flügel...* (Quelle: *BT* Er. 100b) "

Im Gilgamesch-Epos wird Lilitu (siehe dort Seite 103f) als „Königin des Himmels" beschrieben.

Einige der Lilith zugeordneten Namen, die sie Elijas gegenüber preisgab, lauten übersetzt „Geflügelte", „Sturm- oder Winddämonin", „Schnelles Fliegen" oder „Sturmwind."

Glaubt man einer Überlieferung, dann ist tatsächlich ein Treffen mit dem Propheten Elija ein ausschlaggebender Grund für Lilith, die Seiten zu wechseln. So sagte sie im Verlaufe des Gesprächs mit ihm:

„Befreie mich ... ich werde fliehen ... meine (negativen) Absichten aufgeben..." (siehe hierzu auch „Lilith und ihre Schwestern – Zur Dämonie des Weiblichen", *Dorothee Pilow*, S. 159)

Abb. 55: *Japanische* Darstellung aus dem 9. Jahrhundert. Sie zeigt über den Menschen eine runde Sonde (der Götter), welche aus einem riesigen zigarrenförmigen Flugkörper kommt.

Heidi Wolfart-Zundel und *Günther Cherubini* schreiben in „Lilith", Kapitel 2, „Mythologische Ursprünge", auf Seite 19:

„Sie ist die Große Göttin ... die Matrix ... In sie wird alles zurückkehren, wenn die Götterdämmerung naht..."

Kaum jemand auf der Welt ahnt die positive Rolle der Schlange in der Bibel und den anderen heiligen Schriften. Und so versteht wohl niemand den teuflischen Plan, welcher hier gestrickt wurde, um die Menschheit für immer zu versklaven.

„Kein Jesus – und auch kein anderer Befreier, der kommen wird?"

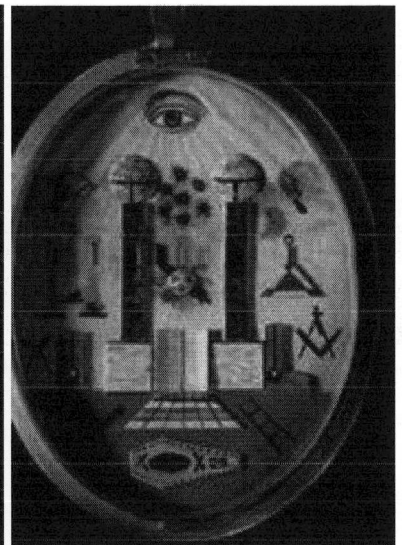

Das Wissen über die „sieben Sterne" im Logentum

Abb. 56 links: Illustration der Freimaurer. Über der Szenerie am Himmel neben Sonne und Mond die Darstellung von *sieben* Sternen... **Abb. 57 rechts:** *Weitere* Darstellung der Freimaurer, welche mittig oben zwischen den Säulen *erneut die sieben Sterne zeigt.* Über der Szenerie das Allsehende Auge (Darstellungen aus dem Buch „Symbole der Freimaurer", 1999).

Eine schreckliche Nachricht. Sie lässt uns verfallen in die Trostlosigkeit. Haben wir uns tatsächlich so lange in die Irre führen lassen? Nach dem luziferianischen Geheimlogentum ist die Antwort vermutlich: „Ja!" Doch habe ich etwas entdeckt, was dem Ganzen sicherlich in den Letzten Tagen eine unerwartete Wendung geben könnte. Sie ahnen schon – es hängt mit der *positiven* Bruderschaft der Schlange zusammen und möglicherweise hinter Geschichten, wie Erich von Däniken sie in „Tomy und der Planet der Lüge" beschrieb. Und solchen, die ich selbst erlebt habe und die teilweise Einzug in meinen Roman „Revolution, Baby!" fanden, dem zudem ein verborgener geheimer Schlüssel zugrunde liegt, dessen Lösung man finden kann, wenn man das Buch aufmerksam liest.

Nimmt man die luziferianische Deutung der „Offenbarung an Johannes", dann ist der Plan aufgegangen. So wie es beabsichtigt wurde. Die Eule wird auch als *„Wächter des Schattenreiches"* und der Nacht betrachtet. Ihr entgeht nichts. Nicht die kleinste Bewegung. Sie sieht alles – obwohl es dunkel ist. Und selbst die *kleinste weiße Maus* wird ihr zum Opfer fallen, wenn die Eule lautlos ihre Schwingen ausbreitet und nach ihr greift. *Die Eule versinnbildlicht den totalitären Überwachungsstaat in einem Tier.*

In der griechischen Mythologie ist Lilith zum Beispiel wie bereits angedeutet als Vogel der Weisheit der Göttin Athene geweiht. Volkskundlich aufschlussreich ist hierbei die starke Gemeinsamkeit der märchenhaften und sagenhaften Vorstellungen, die bezüglich der Eule morgen- und abendländische Vorstellungen vereinen. Die Eule gilt hier wie da als Totenvogel, als Tier des Dunkels, dass die Stunde des Todes weiß und durch seinen Ruf kündet, weswegen sie stets als dämonisches Tier galt. Für die Römer war die Eule eine Hexe, nach der christlichen Legende gehörte sie zu den „ungehorsamen Schwestern": Sie verweigerte „Gott" (in Wirklichkeit Jahwe) den Gehorsam. *Und wie wir bereits wissen, stehen „die sieben Schwestern" in einigen Ländern wiederum für die Plejaden.*

Nach einer hebräischen Quelle wird Lilith sogar unmittelbar *„Eulengöttin"* genannt (*Ranke-Graves 1981: 258*). Jesaja 34.11 benutzt das Bild der Eule als Metapher für die Verwüstung Edoms (Edens). Und der *Garten Eden* war wiederum jenes Gefilde, aus dem Adam und Eva vertrieben wurden. *Sie sehen – der Kreis schließt sich.*

Bei den Arabern in vorislamischer Zeit galt die Eule vielfach als Wesen aus der Totenwelt, ein nicht zur Ruhe kommender, herumspukender Geist mit vampirähnlichen Eigenschaften. Ihr Ruf, so heißt es, sei der von vorzeitig Verstorbenen, die, nun zu Vampiren geworden, mit ihrem Geschrei weinen und klagen (siehe *Tuhi k. Sihr al Kuhhan fi hudur al-gan, S. 90*). In der Mythologie wird Lilith als die „Urmutter der Vampire" bezeichnet. In märchenhaften jüdischen Geschichten wird Lilith auch als dämonisierte Hure dargestellt. Sie berichten von Lilith, dass sie des Nachts ihre männlichen Opfer sucht und ihnen zuweilen das Blut aussaugt.

Auch wenn sich der Wahrheitsgehalt dieser Märchen in Grenzen halten wird, so zeigt er doch auf, wo der Vampirismus seinen wirklichen Ursprung besitzt.

In der arabischen Sprache wird der Bezug der Göttin zur Eule besonders deutlich: Ein Beiname für die Eule lautet *„Umm al layl"*, also „Mutter der Nacht." Die Vorstellung, dass die Eule mit der Umm al-layl identisch ist, wird auch in Tùbís Magiebuch, dem „k. Hàrùt wa-Màrut", aufgenommen. Und Umm al-layl ist wie bereits erwähnt ein anderer Name, den man Lilith zuordnet.

Dass der alttestamentarische „Gott" nicht eine einzelne Wesenheit war, sondern es sich um *mehrere* Außerirdische gehandelt hat, lässt sich quer durch die sumerischen Texte lesen – aber natürlich auch im Alten Testament, siehe *1. Mose 1, 26:*

„Und Gott sprach: Lasset UNS Menschen machen, ein Bild das UNS gleich sei...“

Die genetische Vermischung zweier Welten – jener der *außerirdischen* Menschheit und der so genannten Urmenschheit, können wir zum Beispiel wörtlich ebenfalls dort finden, *1. Mose 6, 1-3:*

„Als aber die Menschen sich zu mehren begannen auf Erden und ihnen Töchter geboren wurden, da sahen die **Gottessöhne**, *wie schön die Töchter der Menschen waren und nahmen sich zu Frauen, welche sie wollten. Da sprach der Herr: Mein Geist soll nicht immerdar im Menschen walten, denn* **AUCH** *der Mensch ist Fleisch."* (Hervorhebungen durch den Autor)

Doch gehen wir zurück in die „Neuzeit." Nach allem, was wir bisher in Erfahrung gebracht haben, ist es nun interessant zu wissen, welches *Emblem* laut Billy Meier angeblich von den Außerirdischen der Plejaden für deren Volk verwendet wird. Es besteht aus drei Symbolen und „zufälligerweise" ist *eines* der Symbole ein *Kreis* und das *zweite* eine Art „*Stiergehörn*" (was man natürlich auch als eine Art schmalen Halbmond ansehen könnte). Das trifft allerdings auch auf das Stiergehörn bei den ägyptischen Darstellungen zu. *Es ist also aus denselben Symbolen zusammengesetzt, welche wir in Ägypten über einer Vielzahl der Götter sehen und bereits dechiffriert haben als möglichen versteckten Hinweis auf die Plejaden.*

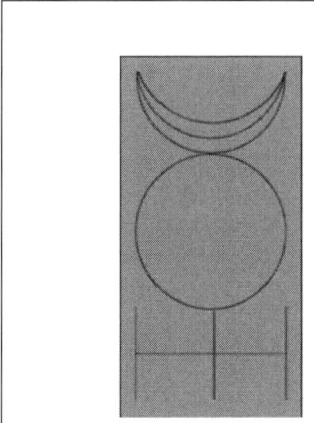

Abb. 58: Laut *Billy Meier* sehen wir hier das Symbol der Plejadier / Plejaren ihres Planeten *Erra*. Von dort sollen seinen Angaben zufolge viele der Außerirdischen auf der Erde stammen.

Kann *das* noch Zufall sein?

Guido Moosbrugger, ein Mitglied der FIGU („Semjase Silverstar Center" in der Schweiz) und Vertrauter von Billy Meier, schrieb in seinem Buch „Und sie fliegen doch!" über Meier sehr ausführlich zu einem Thema, was man diesem so ohne weiteres gar nicht zugetraut hätte: über *deutsche UFOs im Dritten Reich und deren Realität.*

Wir können von Moosbrugger und Meier sicher viel behaupten – aber *nicht*, dass sie Nazis sind.

Gerade dieser Fakt macht gespannt – hauptsächlich wenn die Äußerungen zu den Vorgängen im Dritten Reich, welche in dem genannten Buch beschrieben werden, angeblich von den außerirdischen Plejadiern gemacht wurden. Guido Moosbrugger schreibt hierzu:

„Materielle Flugkörper irdischer Herkunft: Sie haben richtig verstanden – materielle Flugkörper irdischer Herkunft. Dabei handelt es sich um nichts anderes, als um eine Weiterentwicklung, die man als Geheim- und Wunderwaffen Hitlers während des Zweiten Weltkrieges entwickelt und teilweise erprobt hatte, die aber letzten Endes doch nicht mehr zum Fronteinsatz kamen.

So wurde östlich von Leipzig, in der Nähe von Prag, im BMW-Werk in Prag, Breslau, in Wien und an anderen Orten die Grundlagen für die Entwicklung völlig neuartiger Fluggeräte erarbeitet, die schließlich zum Bau der so genannten Feuerbälle sowie der fliegenden Flugscheiben (Flugkreisel) führten, mit einer phantastischen, noch nie da gewesenen Flugtechnik.

An der Grundlagenforschung und Weiterentwicklung waren maßgeblich beteiligt: Der österreichische Naturforscher Viktor Schauberger (ein echter UFO-Kontaktmann), die deutschen Experten und Flugkapitäne Miethe, Schriever und Habermohl, der Italiener Bellonzo und viele andere. Die diskusförmigen Flugscheiben verfügten über konventionelle Antriebe. (Strahltriebwerk, möglicherweise auch neuartige Triebwerke.) Jedenfalls fanden die ersten erfolgreichen Probeflüge mit Prototypen gegen Ende des Zweiten Weltkrieges statt und erbrachten für damalige Verhältnisse schon ganz beachtliche Leistungen. Beispielsweise stieg Mitte Februar 1945 bei Prag eine in-

*nerhalb von drei Minuten auf 12 km Höhe und erreichte im Horizon-
talflug fast die doppelte Schallgeschwindigkeit (laut UFO-
Dokumentarsammlung Nr.8). Die Flugscheibe konnte schweben wie
ein Hubschrauber und ähnliches mehr.*

*Bei Kriegsende sollten dann alle vorhandenen Flugscheiben sowie
deren Apparaturen und Baupläne restlos vernichtet werden, um sie
auf keinen Fall in Feindeshand geraten zu lassen. Doch dieser Plan
ließ sich nicht hundertprozentig in die Tat umsetzen. Jedenfalls sind
derartige Pläne und Apparaturen bei der Beseitigung absichtlich
oder unabsichtlich übersehen worden und prompt in falsche Hände
geraten. Eine nahe liegende Vermutung spricht dafür, dass die Siegermächte diese wertvollen Unterlagen erbeutet haben, aber ob dies
tatsächlich der Fall gewesen ist, entzieht sich meiner Kenntnis. Gemäß den Angaben der Plejadier ist es jedoch absolut sicher, dass
neonazistische Geheimgruppen, die sich gegen Ende des Zweiten
Weltkrieges vom Kriegsschauplatz absetzen und in Sicherheit bringen konnten, dass erwähnte Beutematerial in die Finger bekamen
und damit diese neuartigen Flugscheiben weiter entwickelten – natürlich unter strengster Geheimhaltung, versteht sich.*

*Nach Angaben der Plejadier betrug der Durchmesser im Jahre 1976
immerhin schon 100 Meter. Durch ständige Verbesserungen der
Antriebe konnte die Leistung im Laufe der Zeit noch erheblich ge-
steigert werden. Rein äußerlich betrachtet sind diese irdischen Flugscheiben den diskusförmigen Flugkörpern außerirdischer Herkunft
sehr ähnlich, und deshalb kann man sie leicht miteinander verwech-
seln. Leistungsmäßig kommen sie natürlich nicht annähernd an die
extraterrestrischen Flugobjekte heran, selbst dann nicht, wenn sie
über völlig neuartige Antriebssysteme verfügen.* " (Guido Moosbrugger, „Und sie fliegen doch", S.37-38)

Man sollte hier nochmals betonen, dass die FIGU im vorangegangenen Text *Viktor Schauberger* als echten UFO-Kontaktler beschrieben
hat – *also doch eine reale Verbindung zu den Plejaden?*

Dies würde sicherlich die *„Föderationsthese-These"* und ebenso die Aussagen von Al Bieleck und vielen anderen unterstreichen – *vorausgesetzt die Aussagen stimmen.*

Der Bischof von Leon, *Irenäus*, welcher im Jahre 202 n. Chr. verstarb, berichtete über die *„Ophiten"* (übersetzt *„Schlangenverehrer"*) der Spätantike, die ein höheres Wesen mit dem Namen *„Jaldaboath"* in ihren geheimen Texten erwähnten. Es soll auch mit der Schlange im Paradies gleichgesetzt worden sein.

Auf einem babylonischen Siegelzeichen fand man die Abbildung von einem Mann und einer Frau, die rechts und links nackt neben einem früchtetragenden Baum stehen. Mit den Händen versuchen sie, die Früchte zu ergreifen. Im Rücken der Frau sieht man als dünnen Strich (zigarrenförmiger Flugkörper?) die berüchtigte Schlange am Himmel. Die Babylonier gelten als eine der ersten Kulturen, welche mit Außerirdischen Kontakt hatten, wovon auch deren Siegel und Abbildungen sprechen.

Laut den Überlieferungen kam die Schlange zu Eva von einem „Baumstamm" herab. Und bei den Mythen der Aborigines in Australien flogen diese in einem „Baum" zu den Plejaden.

Kommen wir an dieser Stelle für einen *gewichtigen Augenblick* zurück nach Ägypten. In Dendera wurden Entdeckungen gemacht, welche für viele Forscher den Beweis darstellen, dass die Ägypter zur damaligen Zeit elektrisches Licht hatten – siehe hierzu die nachfolgenden Abbildungen. *Ich habe jedoch einen anderen Deutungsvorschlag.* Die Reliefs zeigen vielleicht etwas gänzlich anderes. Das zigarrenartige Gebilde selbst wird von einer menschlichen Gestalt gehalten, die von den Proportionen sehr viel größer dargestellt wird, als die anderen Menschen. Ein weiterer Hinweis? Der Mann links im Bild wird zum Beispiel beabsichtigt sehr viel kleiner dargestellt. Sonst hätte man ihn nicht kniend auf einem Podest dargestellt, sondern ihn selbst größer bemessen und das Podest unter ihm weggelassen

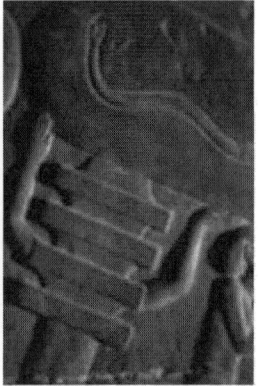

Abb. 59 links und **Abb. 60 rechts**: Die so genannten „Glühbirnen" von *Dendera* in *Ägypten*. Diese zeigen wahrscheinlich keine Glühbirnen. Man sieht in der „Birne" *eindeutig eine Schlange* – und *keinen* Glühfaden. Die Birne selbst zeigt möglicherweise bildlich *das* Objekt, welches am Himmel wahrgenommen wurde: einen riesigen zylindrischen Gegenstand - dreidimensional perfekt umgesetzt. *Die Schlange in diesem soll uns aufzeigen, dass SIE symbolisch für jenes zigarrenförmige Objekt steht?*

In der Birne selbst befindet sich nämlich *kein* Glühfaden, sondern eine ganz klar definierte *Schlange*. Die „Birne" selbst wirkt optisch wie eine riesige Aubergine – und ist möglicherweise tatsächlich eine bildliche Umsetzung jenes Objektes, dass die Ägypter am Himmel sahen: *Ein riesiges zigarrenförmiges Flugobjekt?*

Die Schlange in diesem soll uns vielleicht mitteilen, dass sie symbolisch für das zigarrenförmige Objekt steht, welche immer wieder am Himmel beobachtet und in die Mythen alter Kulturen einfloss?

Man sieht bei vielen der „Birnen" eine Gestalt, welche diese empor hält, die ebenfalls eine Kugel auf der Stirn trägt, wie wir sie auch bei dem „Stiergehörn" zugeordnet haben. *Ein direkter Hinweis auf die Herkunft der „Schlangen", sollte es sich hierbei doch um einen angedeuteten Himmelskörper handeln?*

Unter dem Objekt ist eine kniende Person zu erkennen, welche die Hände aufhält – was möglicherweise einen Menschen symbolisieren soll, der um das Wissen der Götter bittet / zu den Göttern betet? Das zigarrenartige Gebilde selbst wird von einer menschlichen Gestalt gehalten, die von den Proportionen sehr viel größer dargestellt wird, als die anderen Menschen. Ein zusätzlicher Hinweis auf die großgewachsenen menschengleich aussehenden Götter, die in den heiligen Schriften immer wieder erwähnt wurden?

Die Konstruktion wirkt auf manchen Abbildungen wie eine Pflanze mit Blätterstrang und Stil auf einer Seite. Sie wirkt dadurch auch wie eine Frucht, die einer Aubergine ähnelt. Auch hier gibt es somit eine gewollte oder ungewollte Synopse, die die Bilder eines Gartens, wie der von Eden, in einem aufkommen lassen. Tatsächlich spricht aber der Blätterkopf, Haar spaltend betrachtet, *auch* gegen die behauptete „Glühbirnen-These." Technisch wirkt das Ganze *allemal*. Also: Eine *symbolische* Vergleichsdarstellung? So wie die Schlange in dem Objekt? Die „Aubergine" zeigt möglicherweise also auch bewusst die Frucht vom „Baum der Erkenntnis" – mit der Schlangensymbolik.

Abb. 61 links: Die Große Pyramide in *Ägypten* in einem Querschnitt dargestellt. In der Mitte sehen wir die großen Steinplatten, welche dort turmartig übereinander eingebaut wurden. **Abb. 62 Mitte:** Vergrößerung des mittleren Bildabschnittes aus Abb. 61. Deutlich zu sehen: die riesigen Steinquader. **Abb. 63 rechts:** Auch bei der „Glühbirne von *Dendera*" finden wir diese Steinquader. Zwei menschliche Arme weisen auf das zigarrenförmige Objekt. *Sehen wir hier den Hinweis darauf, wer die Pyramiden mit erbaut hat? Die Götter, welche das Symbol der Schlange besitzen?*

Sicherlich eine spannende Interpretation, in dem zylindrischen Objekt selbst keine Glühbirne zu sehen, sondern dass, was wir hinter

138

der Schlange entdeckt haben: ein zylindrisches UFO. Dafür spricht ohne Frage auch die technologische Konstruktion bei manchen der „Birnen" *darunter*, welche sicherlich auch nicht zufällig jene Steinplatten zeigen, die in der großen Pyramide in deren Konstruktion zu finden sind.

Soll es darauf verweisen, wer die Pyramiden mit erbaut hat? Auf jeden Fall wirkt dies beabsichtigt technisch, weniger zufällig künstlerisch.

Ist diese „Denderah-Deutung" eine zu weit hergeholte Spekulation? Möglicherweise ist dies so. Vielleicht aber auch nicht. Wir sollten eines nicht vergessen: Viele Darstellungen der alten Ägypter zeigen *symbolische* Deutungen. Im vorangegangenen Fall ist zum Beispiel eine Person zu sehen, die die „Birne" anhebt, welche eine kugelförmige Struktur auf dem Kopf hat. *Sowohl die kugelförmige Struktur selbst, wie sicherlich auch die „Person beim Anheben"* sind *symbolischer* Natur – egal ob man nun die verbreitete Deutung einer Glühlampe bevorzugt, oder doch eher die Schlange darin sieht und die von mir alternativ aufgebrachte Deutung.

  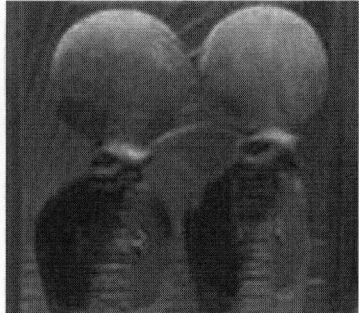

Abb. 64 links: Statue aus *Sumer*. Eine Schlangengöttin, welche ein neugeborenes Kind auf dem Arm trägt. *Ein Hinweis auf die wahren Vorgänge im „Garten Eden"?* **Abb. 65 Mitte:** Tempelanlage in *Konorak*. Auf der linken Säule eine Darstellung der Götter, welche dort halb Mensch, halb Schlange sind. Auf der rechten Säule ein Mensch. Wird uns tatsächlich die wahre Schöpfungsgeschichte gelehrt? **Abb. 66 rechts:** Darstellung aus *Ägypten. Die Schlangenkörper der Kobras haben ohne Frage die Form der „Glühbirne von Dendera."*

In altindischen Texten gibt es zudem Berichte über so genannte Vimanas, fliegende Fahrzeuge der Götter, die unglaublich sind. Beschreibungen von so genannten Vimanas finden sich auch im *Ghatotrachabadma*.

Die indische *Smarangana Sutradhara* spricht ebenfalls von Vimanas, deren Geschwindigkeit so groß gewesen sei, dass man sie vom Boden aus nicht mehr verfolgen konnte. Ihr genauer Name sei „*Vimana agnihotra.*"

In einer heiligen Schrift der Inder, der „*Mahabarata*", finden wir ebenfalls einen so genannten Gott, welcher als „Fliegende Schlange" symbolisiert wird – dort unter dem Namen „*Shiva.*"

Der „blaue Gott" Shiva

Abb. 67 links bis Abb. 69 rechts: Die „ägyptische" „Uräus-Schlange" , welche auf dem Haupt der ägyptischen Gottheiten zu sehen ist und die wir als „Stiergehörn" angedacht haben, prägen auch ganz *andere* Götter in der Geschichte – *wie zum Beispiel hier den indischen Gott Shiva. Zufall – oder der Beweis für einen weltumspannenden Eingriff in unsere Geschichte von ein und derselben Macht? Er wird als „blauer Gott" in den Überlieferungen dargestellt. Dies stimmt wiederum mit den Überlieferungen von Atlantis und einigen Aussagen zu den Göttern der Plejaden überein, welche zumindest symbolisch mit der Farbe Blau in Zusammenhang gebracht werden. Nicht aufgrund der Hautfarbe, sondern unter anderem weil sie „blaues Blut" – sprich das Blut der Götter in sich tragen. Bei allen drei Abbildungen der indischen Gottheit sieht man nicht nur das „Stiergehörn" (Bild rechts und Bild Mitte mit der Sonnenscheibe darüber) – **sie tragen alle drei auch eine Schlange um den Hals...**

Shiva wird oftmals mit dem gleichen Stiergehörn dargestellt, wie auch die ägyptischen Gottheiten. Ein Indiz für *ein und dieselbe Macht* hinter unseren weltweiten Mythen? Zudem wird er symbolisch als „blauer Gott" dargestellt. Die symbolische Zuordnung *„blau"* wird den Überlieferungen nach sowohl dem Volk der Plejaden als auch dem der Atlantiden nachgesagt – sie werden beide auch als *„blaue Rasse"* bezeichnet.

Doch nicht nur Shiva trägt das „Stiergehörn." Man findet es auch bezugnehmend auf Lilith im Gilgamesh-Epos. *Dorothee Pilow* hierzu:

„Im Gilgamesch-Epos haust die Dämonin Lilitu (Lilith) als Vogeldämonin... Die Gestalt wird hier als „Königin des Himmels" bezeichnet, und sie trägt als Königin eine Hörnerkrone ... „quarn" heißt im Arabischen „Horn" und „die mit den Hörnern" wäre dementsprechend die „Quarina" ... Während die beiden Hörner in der Ikonographie des Christentums ... in den bildlichen Darstellungen das Dämonische schlechthin meinen, ist in den altorientalischen Religionen die Vorstellung ... eine ganz andere: in Ägypten, Syrien und Mesopotamien wurden ... Gottheiten verehrt ... oft mit Hörnern dargestellt. Im alten Mesopotamien gibt es ebenfalls solche ... in Kuh (Stier-) Gestalt, z. B. Inanna und Išhtar ... ebenso wie Lilith ... mit Doppelnatur, als milde Himmelsgöttin und harte Kriegsgöttin bekannt ... mit Hörnern und Flügeln dargestellt..." (Quelle: siehe „Lilith und ihre Schwestern – Zur Dämonie des Weiblichen", *Dorothee Pilow*, 2. Auflage, 2001, S. 48-49)

Die Zuordnung der Farbe „Blau" bezieht sich nicht auf die Hautfarbe der Außerirdischen, sondern weil sie „blaues Blut", sprich das Blut der Götter in sich tragen. In unserer heutigen Zeit wird der Ausdruck „blaublütig" mit dem Hochadel der Königshäuser gleichgesetzt. Sehen wir an diesem Beispiel, wo die Blutlinien der Nephilim in der Gegenwart zu finden sind? Tatsächlich hat der Hochadel über Generationen Inzest betrieben, um sich nur innerhalb der eigenen adligen

Kreise fortzupflanzen. Ein Indiz mit Hinweis auf die Jahrtausende alte Vergangenheit? *Sitzen in unseren Königshäusern heute die direkten Nachfahren der Nephilim?*

Ist es ein Zufall, dass dieselben Herrschaften in Zusammenhang mit den Illuminaten genannt werden – viele der Mitglieder der internationalen Königshäuser in der Vergangenheit bereits nachweislich Mitglieder des in Ingolstadt im Jahre 1776 gegründeten Ordens waren?

Wir können es nur vermuten. Aber sicherlich wäre es naheliegend, wenn tatsächlich, so wie es überliefert wurde, die Nephilim (auch „Nefilim" geschrieben) in ferner Vergangenheit auf die Erde verbannt wurden, diese sich nicht als Bergbauern in der Menschheitsgeschichte platziert hätten, sondern in den führenden Positionen, um die Weltherrschaft zu erlangen und zu erhalten.

Der indische Gott Shiva war liiert mit „*Durga*", die ebenfalls als „Schlangengöttin" in der Mythologie auftritt und welche mit der ebenfalls in der indischen Mythologie auftretenden Schlangengöttin „*Kali*" gleichgesetzt wird. Sicherlich sehr interessant – hauptsächlich, wenn man in den indischen Mythologien von „Fliegenden Städten" liest, welche um die Erde kreisten. Können wir eventuell auch hier annehmen, dass Shiva identisch ist mit dem bereits erwähnten *Kukulcan / Quetzecoatl* der Mayas und *Sokar*, dem Gott der Ägypter?

Ein Hochgradfreimaurer im Gespräch mit Jan van Helsing im Jahr 2010:

„...Sehen wir beispielsweise zu den Ureinwohnern Mittelamerikas, was diese von ihrem Gott Quetzalkoatl erwartet hatten, der war blond und blauäugig – er war ihre Hoffnung!"

(Quelle: „Geheimgesellschaften 3 – Krieg der Freimaurer", Ein Hochgradfreimaurer packt aus, *Jan van Helsing*, 2010, S. 355)

Der Krieg der Götter:

Einige Berichte aus dem Mahabarata sollen deutlich machen, dass bei den *„Kriegen der Götter"* in der damaligen Zeit bereits der *Einsatz von Atomwaffen* oder *ähnlichen* Waffensystemen überliefert wurde. Im Mahabarata, Krieg der Götter, siehe auch in „Die große Erich von Däniken Enzyklopädie", S. 414, lesen wir:

„...Ungestüme Winde begannen zu blasen. Wolken brausten aufwärts (Atompilz? Anm. d. Verf.). *Staub und Gestein regneten in Schauern herab. Vögel krächzten wie verrückt. Es war, als seien die Elemente losgelassen. Die Sonne schien am Himmel zu flackern. Von der Glut der Waffe versengt, taumelte die Welt im Fieber. Elefanten waren von der Hitze angebrannt und rannten wild hin und her, um Schutz vor der entsetzlichen Gewalt zu finden. Das Wasser wurde heiß, die Tiere starben, der Feind wurde niedergemacht, und das Toben des Feuers ließ die Bäume wie bei einem Waldbrand reihenweise stürzen. Die Elefanten brüllten entsetzlich und sanken in weitem Umkreis tot zu Boden. Die Pferde und Streitwagen verbrannten, und es sah aus wie nach einem Brand. Tausende von Wagen wurden vernichtet, dann senkte sich tiefe Stille über das Meer. Die Winde begannen zu wehen und die Erde hellte sich auf. Es bot sich ein schauerlicher Anblick: Die Leichen der Gefallenen waren von der fürchterlichen Hitze verstümmelt, das sie nicht mehr wie Menschen aussahen. Niemals zuvor haben wir solch eine grauenvolle Waffe gesehen und niemals zuvor haben wir von einer solchen Waffe gehört."*

Auch in der Bibel (siehe zum Beispiel dem Untergang von *Sodom und Gomorra*) finden wir Vorgänge, wie im *Mahabarata* beschrieben. Zeugen all diese Berichte von einer realen Vergangenheit? Und müssten wir dann den Untergang und die Mythen um Atlantis – sowie die dahinter stehenden Überlieferungen, *neu beurteilen?*

In der Mausola Purva, im 8. Buch des Mahabarata, siehe auch in „Die große Erich von Däniken Enzyklopädie", S. 414, lesen wir:

*„Gurkha, in seinem machtvollen, schnellen Vimana fliegend, schleuderte ein einzelnes Geschoss, geladen mit der gesamten Macht/Kraft des Universums gegen die drei Städte der Vrishnis und Andhakas. Eine weißglühende Säule aus Rauch und Feuer, **so hell wie tausend Sonnen...*** (Atompilz? Dieselbe Anmerkung wurde bei der ersten Atomexplosion in Nevada gemacht, Anm. d. Verf.) *Ein eiserner Blitz, ein gigantischer Bote des Todes, der die gesamte Rasse der Vrishnis und Andhakas in Asche verwandelte. **Haare und Nägel fielen den Überlebenden aus.** Töpferwaren brachen ohne offensichtlichen Grund und die Vögel wurden bleich. **Nach einigen Stunden (...) waren alle Nahrungsmittel vergiftet*** (atomare Strahlung? Anm. d. Verf.). *Der Blitz zersetzte sich und wurde wieder zu Staub. Um diesen Feuer zu entkommen, warfen sich die Soldaten in die Flüsse, um sich und ihre Ausrüstung zu waschen."* (Hervorhebungen durch den Autor)

Die Plejaden – *und die Grabplatte von Palenque:*

Die Grabplatte von Palenque der Mayakultur – *Hinweis auf deren plejadische Götter?*

Abb. 70: Die berühmte Grabplatte von *Palenque*, die einen Menschen in einem technischen Konstrukt sitzend zeigt. Und zufälligerweise von jener Kultur, *welche von einem Kontakt mit den Plejaden berichten.*

Vergleichen wir das Angesicht und vor allem die *äußerst auffällige hochgesteckte* Frisur mit dem Schlangengott Shiva der *indischen* Mythologie, dann ist eine (zufällige?) Ähnlichkeit enthalten:

Der indische Gott Shiva – *er besitzt die gleiche Frisur wie die Person auf der Grabplatte von Palenque der Mayakultur*

Abb. 71 links bis Abb. 73 rechts: *„Shiva"* aus der indischen Mythologie. Er scheint nicht nur dieselbe Bezeichnung *„Schlangengott"* wie der Gott *Quetzecoatl* der Mayas zu besitzen: *vergleicht man seine Haarpracht, dann ist sie identisch mit der hochgesteckten Haarpracht jener Person bei den Mayas, welche auf der Grabplatte von Palenque, Mexiko, in einem Fluggerät abgebildet scheint. Wohl kein Zufall. Zumindest deutet dies auf ein und dieselbe Kultur im Hintergrund hin.*

In der *Maya*-Pyramide von Palenque finden wir eine Grabplatte, die im Jahre 1949 entdeckt wurde. Also in der Kultur eben *jenes* Volkes, welches ebenfalls die *Plejadier als deren Götter beschrieb.* Auf dieser Grabplatte sieht man eine menschliche Gestalt in einer Maschine, die unschwer als technisches Konstrukt zu erkennen ist (siehe Abb. 70).

Vor der menschlichen Gestalt sieht man allerlei Apparaturen und Geräte. Sicherlich ist auch bei diesem Beweisgegenstand der Vergangenheit keine andere ernstzunehmende Interpretationsmöglichkeit gegeben. *Und wieder die Götter von den Plejaden...*

DIE SIEBEN WEISEN:

Bei den Ägyptern und vielen anderen Völkern sprach man den Überlieferungen nach von den *Sieben* Weisen. *Ein weiterer Hinweis auf die Föderation unter plejadischer Leitung, die für unseren Raumsektor zuständig sein sollen?*

Der erste der ägyptischen sieben Weisen wird als *„Osiris"* bezeichnet... Die anderen sechs scheinen allesamt Fischnamen zu tragen. Osiris, der einen weiteren Gott der Ägypter symbolisiert, wird in Verbindung gebracht mit dem Orion, am Firmament neben den Plejaden – welcher ein weiteres Mitglied innerhalb der galaktische Föderation dargestellt hat, die von den Plejadiern geführt wird? Die Plejadier (Plejaren) führen laut Billy Meier seit etwa *18000 Jahren* den „Hohen Rat" der Föderation an, der zuständig sein soll für jenen Sektor, in welchem sich auch unser Sonnensystem befindet.

Die anderen sechs Weisen tragen allesamt Fischnamen. Nummer zwei trägt zum Beispiel den Namen für „Wels." Beim fünften und siebten wird die allgemeine Bezeichnung für „Fisch" verwendet, während die Fischnamen des dritten und sechsten nicht näher zu identifizieren sind. Sieben Weise gab es aber nicht nur in Ägypten, sondern auch bei den mesoamerikanischen Völkern, den Indern ebenso, wie bei den Babyloniern, die *alle* nach einer großen Sintflut erschienen (...) und die Weisheit für die neue Kultur mitbrachten.

Sie standen für den Begriff *„Neuanfang"* und bei den Indern wurden sie *„Rischis"* genannt – bei den Babyloniern *„Apkallu"*, was so viel wie *„Großer, der uns führt"* bedeutet.

Die ältere sumerische Bezeichnung jener in allen Kulturen auftretenden *„Sieben Weisen"* lautete *„AB.GAL"*, was *„Meister, der den Weg weist"* bedeutet (siehe hierzu *Erdogan Ercivan*, „Verbotene Ägyptologie", S.162, Kopp Verlag).

Erdogan Ercivan schreibt hierzu in seinem Buch:

„Die Beinamen dieser Personen, die nach der Sintflut erschienen, lauteten unter anderem „die Vogelmenschen", die in den heute noch erhaltenen Tempelreliefs als menschliche Sphinxen mit „Adlerkopf" dargestellt werden. Hierbei könnte der „Adler" die Fähigkeit des

146

Fliegens dieser mysteriösen Weisen symbolisieren und gleichzeitig ihre „Himmlische Herkunft" darstellen. " (Erdogan Ercivan, „Verbotene Ägyptologie", S.163)

DER BEWEIS:

Einige von Ihnen werden sich nun fragen, ob es denn aber überhaupt stimmt, dass – um ein Beispiel zu nennen, bei der Szenerie im Garten Eden und der verbotenen Frucht *tatsächlich* der Name „Jahwe" gegen das Wort „Gott" ausgetauscht wurde? Um dies zu erkennen, zeige ich Ihnen nachfolgend in Abb. 74 die Szene im Garten Eden in der *Thora*, jene Schrift, auf die ja die Abraham Religionen der Bibel aufgebaut wurden. Und dort lesen wir im Text den Namen „Jahwe" (anstelle wie in den meisten christlichen Übersetzungen „Gott") – und „Gott" jeweils direkt dahinter in Fettdruckbuchstaben, *damit ja niemand auf die Idee kommt, hinter Jahwe etwas anderes zu sehen außer Gott...*

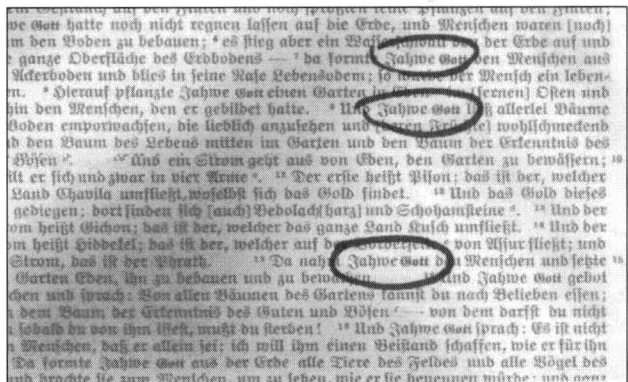

Abb. 74: Um zu sehen, ob in dem Beispiel der Szenerie über den „Garten Eden" in den meisten Schriften der christlichen Religionen *tatsächlich* der Name *„JAHWE"* gegen *„Gott"* ausgetauscht wurde, werfen wir einen Blick in die Thora. Jene Schrift, auf die die Abraham Religionen im Alten Testament schließlich aufgebaut sind: Dort finden wir im Text den Namen *„JAHWE"* – und direkt dahinter in Fettschrift den Namen *„Gott."* Damit *niemand auf die Idee kommt* hinter Jahwe etwas anderes zu sehen außer Gott...

Nun möchte ich Sie mit etwas überraschen – nämlich mit dem, was falsche Übersetzungen anrichten können.

In den *späteren* Bibelübersetzungen lesen wir folgendes:

„In der Mitte des Gartens wuchsen zwei besondere Bäume: ein Baum, dessen Früchte unvergängliches Leben schenken, und einer, dessen Früchte ein Wissen geben, das von Gott unabhängig macht.“

(Das erste Buch Mose, Genesis, 2, 8-9)

In der *ursprünglichen* Übersetzung, welche wir auch der Thora entnehmen können, steht jedoch etwas ANDERES. *Denn dort lesen wir:*

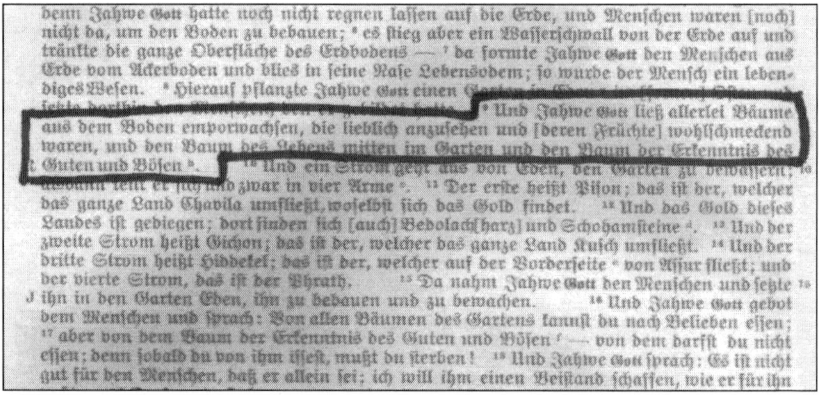
denn Jahwe Gott hatte noch nicht regnen lassen auf die Erde, und Menschen waren [noch] nicht da, um den Boden zu bebauen; ⁶ es stieg aber ein Wasserschwall von der Erde auf und tränkte die ganze Oberfläche des Erdbodens — ⁷ da formte Jahwe Gott den Menschen aus Erde vom Ackerboden und blies in seine Nase Lebensodem; so wurde der Mensch ein lebendiges Wesen. ⁸ Hierauf pflanzte Jahwe Gott einen …
⁹ Und Jahwe Gott ließ allerlei Bäume aus dem Boden emporwachsen, die lieblich anzusehen und [deren Früchte] wohlschmeckend waren, und den Baum des Lebens mitten im Garten und den Baum der Erkenntnis des Guten und Bösen ᵇ. ¹⁰ Und ein Strom geht aus von Eden, den Garten zu bewässern; … und zwar in vier Arme ᶜ. ¹¹ Der erste heißt Pison; das ist der, welcher das ganze Land Chavila umfließt, woselbst sich das Gold findet. ¹² Und das Gold dieses Landes ist gediegen; dort finden sich [auch] Bedolach[harz] und Schohamsteine ᵈ. ¹³ Und der zweite Strom heißt Gichon; das ist der, welcher das ganze Land Kusch umfließt. ¹⁴ Und der dritte Strom heißt Hiddekel; das ist der, welcher auf der Vorderseite ᵉ von Assur fließt; und der vierte Strom, das ist der Phrath. ¹⁵ Da nahm Jahwe Gott den Menschen und setzte ihn in den Garten Eden, ihn zu bebauen und zu bewachen. ¹⁶ Und Jahwe Gott gebot dem Menschen und sprach: Von allen Bäumen des Gartens kannst du nach Belieben essen; ¹⁷ aber von dem Baum der Erkenntnis des Guten und Bösen ᶠ — von dem darfst du nicht essen; denn sobald du von ihm issest, mußt du sterben! ¹⁸ Und Jahwe Gott sprach: Es ist nicht gut für den Menschen, daß er allein sei; ich will ihm einen Beistand schaffen, wie er für ihn

Abb. 75: In den alten Schriften der Thora lesen wir etwas gänzlich anderes über den „Baum der Weisheit“: Denn dort wird er beschrieben als *„der Baum der Erkenntnis DES Guten UND Bösen“!* Da fragt man sich nun also, *welche* Erkenntnis *Adam* und *Eva* nach dem Essen der „Frucht“ über *Jahwe* bekamen, *das sie sich vor ihm versteckten... Eine GUTE oder eine BÖSE?*

„Und Jahwe Gott ließ allerlei Bäume aus dem Boden emporwachsen, die lieblich anzusehen und (deren Früchte) wohlschmeckend waren, und den Baum des Lebens mitten im Garten und den ***Baum der Erkenntnis*** *des* ***Guten*** *und* ***Bösen****.“*

(Thora, Das erste Buch Mose, 9)

Von dem Baum der Erkenntnis des „*GUTEN und BÖSEN*" lesen wir in den heutigen Bibelübersetzungen meist nichts mehr. Und nun frage ich Sie eines:

Wenn Adam und Eva vom „Baum der Erkenntnis des GUTEN und BÖSEN" gegessen haben, obwohl es ihnen Jahwe verboten hat und diese sich DANACH vor Jahwe VERSTECKTEN – WELCHE ER-KENNTNIS HABEN SIE DANN ÜBER JAHWE NACH DEM ESSEN DER „FRUCHT DES GUTEN UND BÖSEN" WOHL ÜBER JAH-WE BEKOMMEN?

Eine GUTE? *Oder eine BÖSE?*

Fazit:

Die Wichtigkeit dieser Aussage sollte nicht unterschätzt werden! Denn wenn der „Baum der Erkenntnis von *Gut und Böse*" dazu ge-führt hat, dass Eva sich vor „Gott", JAHWE, verstecken musste, weil sie danach die Wahrheit wusste (dass er *BÖSE* ist…), dann macht die *Erkenntnis* daraus dieses Buch zur gefährlichsten Schrift der Welt.

Und dann gibt es noch eine Aussage, die zu denken gibt:

DEN BEWEIS DER BEWEISE:

Beginnen wir mit dem „Baum des Lebens." Dieser stand ebenso im Garten Eden. Für die Zeit nach der großen Schlacht wird folgendes in der „Offenbarung an Johannes" geschrieben:

„An beiden Seiten des Flusses wächst der Baum des Lebens. Er bringt zwölfmal im Jahr Frucht, jeden Monat einmal. Mit seinen Blättern werden die Völker geheilt."

(Offenbarung, Das neue Jerusalem, 22, 2)

Dies macht deutlich: Nach der großen Schlacht dürfen die Menschen vom „Baum des Lebens" essen, der auch im „Garten Eden" stand.

So weit, so gut.

Doch was genau *danach* in der Offenbarung kommt, verwirrt!

Erinnern wir nochmals an die besagte Stelle aus dem „Garten Eden" in der Genesis in Bezug auf *„den Baum der Erkenntnis des Guten und Bösen"*, der ja bekanntlich der **Auslöser** für das ganze Spektakel war!

Denn in der Genesis wird *„der Baum der Erkenntnis des Guten und Bösen"* direkt

NACH (!)

dem *„Baum des Lebens"* aufgeführt – „Die Offenbarung", Genesis:

„...und den Baum des Lebens (1) mitten im Garten und den Baum der Erkenntnis (2) des Guten und Bösen."

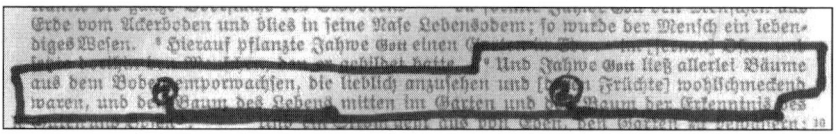

Abb. 76: In der Genesis wird der „Baum der Erkenntnis" (2) unmittelbar *NACH* dem „Baum des Lebens" (1) genannt. Siehe hierzu den Auszug aus der Thora.

Dies wird wichtig, wenn wir uns jetzt nachfolgend Abb. 77 betrachten, nachdem der Schlange in der Offenbarung „der Kopf zertreten" wurde, *also NACH der „Alles entscheidenden Schlacht", für die der Verstoß der Schlange in der Genesis durch Adam und Eva angeblich DER AUSLÖSER war.*

Nachdem wir nun in der Offenbarung erfahren haben, dass es NACH der großen Schlacht für die Menschheit den „Baum des Lebens" als Belohnung gibt, verblüfft der DIREKTE ABSATZ IN FOLGE in der Offenbarung (...).

Das neue Jerusalem, 22, 5: *„Es wird **KEINE NACHT MEHR** geben,*
und sie brauchen WEDER LAMPEN NOCH SONNENLICHT!"
(Hervorhebungen durch den Autor)

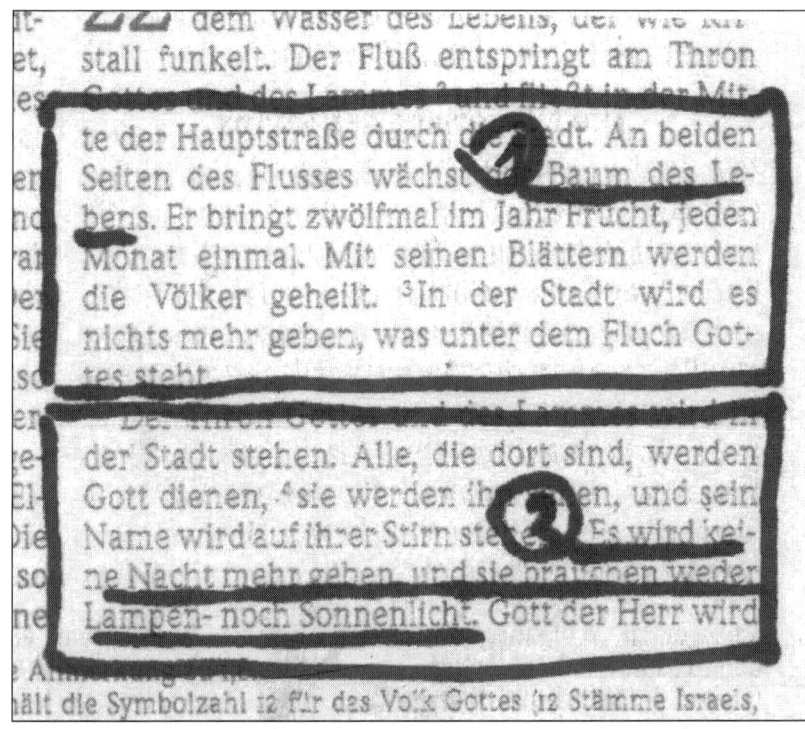

Abb. 77: Denn *NACHDEM* in den Prophezeiungen der „Offenbarung an Johannes"
der „Schlange der Kopf zertreten wurde", NACH der großen „Alles entscheidenden
Schlacht", bekommen die Sieger den „Baum des Lebens" (1) UND **den „Baum der
ERKENNTNIS"** (2) – letzterer dort umschrieben mit *„Es wird KEINE NACHT
MEHR geben, und sie brauchen WEDER LAMPEN NOCH SONNENLICHT."*

*Doch nun frage ich Sie: WENN die Schlange das Böse war – warum
bekommen dann die Sieger NACH der Großen Schlacht den „Baum
der Erkenntnis", der ja angeblich der **AUSLÖSER** für das ganze
Spektakel war? Dies gibt nur einen SINN, wenn die Schlange das
GUTE war und wir derzeit vom Antichristen regiert werden, der sich
als das „Gute" VERKAUFT! So wie es auch PROPHEZEIT wird für
die „Letzten Tage"!*

Das ist der „Baum der Erkenntnis"...!

*Warum kommt dieser Absatz **in der Offenbarung** (nach der „großen Schlacht / den Letzten Tagen) direkt **NACH** dem Absatz, in dem wir erfahren, dass wir den „Baum des Lebens" bekommen?*

Weil im Garten Eden in der Genesis (als die Geschichte mit ADAM und EVA begann) der „Baum der Erkenntnis" AUCH direkt nach dem „Baum des Lebens" aufgeführt ist.

Und damit stellt sich nun endgültig die Frage:

*WENN **die** Schlange aus der Bibel in der Genesis (die Eva dazu brachte vom Baum der ERKENNTNIS zu essen) tatsächlich die böse Schlange wäre, der der Kopf in den Letzten Tagen zertreten wird –* **WARUM bekommen wir dann in der Offenbarung, nachdem der angeblich bösen Schlange der Kopf zertreten wurde, in den Letzten Tagen, als BELOHNUNG dafür den „BAUM DER ERKENNTNIS" versprochen** *– sprich den **Auslöser** für den „Verweis" aus dem Paradies?*

Weil die „böse" Schlange eben doch nicht die böse Schlange war?

Fazit:

Die Erkenntnis und der Beweis, dass nach der geplanten Vernichtung der Schlange in den *angekündigten* „Letzten Tagen" der Menschheit als Belohnung „Der Baum der Erkenntnis" übergeben wird (sprich der *Auslöser* für die Vorgänge im „Paradies" und *für die Verfolgung* der „Schlange") bedeutet im Resultat *nichts anderes*, wie das die beschriebene Schlange in der Genesis nicht das Böse ist. *Und demzufolge den Zusammenbruch der großen Weltreligionen.*

Ob dieser nun faktisch von den Kirchen vollzogen wird oder nicht, ist eine gänzlich andere Sache. Die Folgen wären jedenfalls nicht absehbar – denn aus *GUT wird BÖSE* – **und umgekehrt...**

Angenommen, Ihr Partner wirft Sie aus der gemeinsamen Wohnung, weil Sie ihm angeblich 1 Millionen Euro gestohlen haben. Und er hetzt ein paar Leute gegen Sie auf und sagt: „Bringt die Person zur Strecke! Sie hat mir eine Millionen Euro gestohlen! Und wenn Ihr das gemacht habt, teilen wir uns im Anschluss das Geld…!"

Jeder würde beim Hören dieser Geschichte sofort wissen, WER hier der Böse ist. Nicht Sie, sondern ihr Partner, der etwas Falsches behauptet, um sich dadurch einen finanziellen Vorteil zu sichern und um damit durchzukommen.

Es gibt überhaupt keinen vernünftigen Grund, warum die Menschen, nachdem die Schlange von ihnen gemeinsam besiegt worden ist, den Baum der Erkenntnis als Belohnung bekommen sollen, der der Grund dafür ist, was die Schlange „böses" getan hat. Und weshalb sie aus dem Paradies geworfen wurde. Außer, wenn jener, der sich als das Gute verkauft und die Schlange als das Böse tituliert, nicht das Gute ist… Und es ihm eigentlich um etwas anderes geht: darum, sie (die Schlange) ein für alle Mal zu beseitigen.

Die zweite Möglichkeit ist, dass jene, die die Schriften verfälscht haben und u.a. aus den negativen Taten von Jahwe die Taten Gottes machten, einen Fehler begingen, weil ihnen nicht auffiel, dass in der Offenbarung dieser Hinweis am Ende eingebaut wurde, der sie verraten würde. Ihn einfach übersahen…

Ich tippe auf Letzteres… *Wobei ersteres ja trotzdem zutreffend ist, was die verdrehte Rollenverteilung betrifft.*

Denken Sie darüber nach.

Al Bielek, der aufgrund seiner Aussagen „er sei am berühmten „Philadelphia-Experiment" beteiligt gewesen und in der Zeit sowie in einen anderen Körper versetzt worden", bei vielen für Kopfschütteln sorgte, sagte unter anderem:

„*…Roosevelt unterzeichnete 1933 ein Abkommen mit den K`s, vermutlich den Grauen.*" (Hervorhebung durch den Autor)

An anderer Stelle des Buches (S. 443) wird von der K-Gruppe als eine Abkürzung für die *Kondrashkin* gesprochen. Bieleck weiter:

„*...Die Plejadier gingen hinüber zu den Nazideutschen und arbeiteten mit denen etwas aus. So gab es zwei Mächte auf verschiedenen Seiten des Atlantiks, die sich darauf vorbereiteten gegeneinander zu kämpfen. Eine Seite fütterte uns mit technischen Informationen und es ist sehr wahrscheinlich, dass es auf der anderen Seite welche gab, die das gleiche taten, um eine Art Balance zu halten.*" (Matrix III, S. 367, Interview mit Al Bielek)

In den Analen der Montauk-Geschichte tauchen wie bereits erwähnt die Plejadier (Plejaren) ebenfalls immer wieder in den Berichten der Beteiligten auf. Laut den Informationen über Montauk wurde der so genannte „Montauk-Chair" (Montauk-Stuhl), also die *Zeitmaschine selbst* in der Militärbasis (wie dort angegeben), angeblich von Außerirdischen vom *Sirius* geliefert.

Kommen wir deshalb nun nochmals zu den Illuminaten und dem Freimaurertum. Die Illuminaten und ihre verbündeten Logen verwenden unter anderem das Symbol des „Allsehenden Auges", zu finden auch auf der *Ein-Dollar-Note* der Vereinigten Staaten.

Doch was bedeutet dieses Symbol wirklich?

Kapitel 4

Die Tempelritter und das „Auge Gottes"

Es ist, wie bereits beschrieben, laut ägyptischer Mythologie *„das Auge des Horus"* – wobei dies nicht ganz stimmt – denn es wird als etwas beschrieben, dass Horus von anderer Stelle *übergeben* wurde – als eine Art „Waffe." **Laut der ägyptischen Mythologie wurde diese Waffe zwischen den Augen des Horus auf dessen Stirn platziert.**

Und damit wissen wir auch, um *was* es sich bei dieser Waffe handelt, denn jene Stelle auf der Stirn wird auch als das *„Dritte Auge"* bezeichnet – *als der Sitz übernatürlicher Fähigkeiten, wie zum Beispiel Hellsichtigkeit, Prophetie, Intuition, etc. Man könnte somit auch sagen, das Auge des Horus ist die Verbindung „nach oben".*

In der Geschichte ist es auch bekannt als das Auge des „Re" beziehungsweise „Ra", dem Namen des ägyptischen Sonnengottes. Der Mythologe nach soll er jeden Tag sein Reich, den Himmel, mit seiner Barke überqueren. Begleitet wird er hierbei angeblich von Thot, seinem Ratgeber, und Maat, der Göttin der kosmischen Gerechtigkeit. Später vereinigte er sich mit Horus zu Harachte, dem Gott der Morgensonne. Horus wird in der ägyptischen Mythologie auch als Falke dargestellt. Seine Augen als Sonne und Mond. Aleister Crowley, der Horus beleidigt haben soll, sah in ihm den Gott des Wassermannzeitalters, welches auch als *Platonisches* Zeitalter bezeichnet wird.

Und hier finden wir eine erneute Verbindung zwischen den Schlangengöttern der ägyptischen und der indischen Kulturen. Denn in Indien wird das so genannte „Dritte Auge" als das *„Auge Shivas"* (!) bezeichnet – *jenes Schlangengottes, der vor langer Zeit mit seinen „Leuten" in den fliegenden Vimanas auf die Erde gekommen sein soll.* In der indischen Kultur tragen *aus diesem Grund* zum Beispiel die Frauen einen Punkt zwischen den Augen auf der Stirn, *um den Sitz des „Dritten Auges" zu demonstrieren.*

Es gibt hier also eine weitere Verbindung zwischen den Kulturbringern aus dem Himmel, die nicht nur unabhängig voneinander die Stelle des „Dritten Auges" den irdischen Völkern lehrten, nein, sie lehrten jene auch unabhängig voneinander, was es mit diesem dritten Auge auf sich hat. Denn übereinstimmend bringen die verschiedenen Kulturen jenes Dritte Auge mit den Fähigkeiten in Verbindung, die wir heute als „übersinnlich" bezeichnen. Doch wir erkennen in der Regel die Zusammenhänge nicht.

Heute wird selbst in der indischen Kultur ein verfälschtes Bild der damaligen Götter gehuldigt. Ein gutes Beispiel hierfür ist der „Elefantengott" *Ganesh.* Man stellt ihn in der indischen Kultur mit einem langen Rüssel anstelle der Nase dar, woraus sich sein Spitzname abgeleitet hat. Geht man allerdings in einige der Urtexte und betrachtet sich die alten Relikte, die Ganesh darstellen, dann erkennt man sehr schnell, woraus sich diese übernommene Fehldeutung der heutigen Zeit abgeleitet hat: Ganesh wird in den Berichten und den ältesten Steinzeugnissen nämlich nicht immer mit einem elefantenartigen Rüssel dargestellt, sondern auch mit einer Art Raumanzug und einem Atemschlauch, der aus der Gesichtsmaske hinaus nach unten in ein kleines Kästchen verläuft.

Wurden diese Darstellungen des Schlauches als „Rüssel" fehlinterpretiert? Wenn ja, dann müssten wir Ganesh dazu befragen, ob er diese Fehlinterpretation und Neudeutung in der heutigen Zeit als witzig empfindet. Ebenso wie die aus solchen falsch interpretierten Darstellungsweisen offensichtlich hervorgegangenen Mythen und Legenden.

Glaubt man den ägyptischen Überlieferungen zu dem „Auge des Horus", welches bei diesem auf seiner Stirn platziert wurde, dann ist das große Geheimnis hinter den Illuminati und deren Verbündeten die Trennung der *Exoterik* (des Allgemeinwissens) von der *Esoterik* (des Geheimwissens), *symbolisiert auch durch die Pyramide mit der abgehobenen Spitze.*

Damit verbunden aber zweideutig auch ebenso der außerirdische Hintergrund und die ernstzunehmende Frage, ob an der Spitze der Pyramide in der Gegenwart außerirdische oder irdische Führer die Fäden der Macht ziehen. Sind wir tatsächlich, wie einige Forscher behaupten (siehe hierzu auch „*William Bramley*, „Die Götter von Eden", 1989), nur ein unwissend gehaltenes Volk aus Sklaven und Arbeitern einer unbekannten außerirdischen Macht der Gruppierung um die auf die Erde verbannten Nephilim und deren irdischen Vertretern und Vasallen?

Wenn wir den Gott Horus aber *der* Raumföderation zuordnen, welche von den Plejadiern (Plejaren) geleitet wird, jedoch nicht den verbannten Nephilim, dann wissen wir auch, warum Aleister Crowleys Frau Rose mitgeteilt wurde, Crowley habe den Gott Horus beleidigt. Denn Crowley trug das „Allsehende Auge" in vielerlei Form, so zum Beispiel auf einem dreieckigen Hut oder auf einer Kapuze.

Crowley und seine Brut verwendete bzw. verwendet ein Symbol der „Gegenseite" und die außerirdische Macht, welche hinter der Symbolik der Zahl „Sieben" steht, wusste von dieser Umkehrung der Wahrheit – und hat sie uns unter anderem in der „Offenbarung an Johannes" für die letzten Tage bis ins Detail angekündigt. Auch wenn diese durch das Logentum und durch die Verfälschung von Textstellen eine andere Wahrheit bekommen soll (und hat). So wird Horus, der „Gott der Gnade", in vielen Schriften geradezu *dämonisiert*. Als „Kriegsgott" benannt. Und Aleister Crowley verkündete sogar in seinen Schriften, er (Horus) wäre der Gott, der über die *Gegenwart* herrscht (siehe auch „Lexikon der Esoterik", *Werner Bogun* und *Norbert Straet*, Köln, 1997, S. 144).

Diese Umkehrung von *Weiß in Schwarz* macht somit ergänzend deutlich, warum Crowleys Frau Rose nach ihrem vermeintlichen

Wahrtraum von einer *Beleidigung* des Gottes Horus durch Crowley sprach.

Der Missbrauch des „Horus-Symbols" durch das Internationale Logentum wird treffend wie bereits aufgeführt von einem Freimaurer beschrieben:

*„Was soll uns Johannes? Nichts anderes als uns seinen friedsamen Namen leihen, damit wir unsere Feinde überrumpeln. Was soll uns das **Symbol**? Es soll uns Schild und Schirm sein am Tage des Kampfes. Nichts weiter..."*

(Hervorhebung durch den Autor, Quelle: Freimaurer *Hermann Settegast* in „Die deutsche Freimaurerei, ihre Grundlagen, ihre Ziele", Berlin, 1919, 9. Auflage, S. 44)

Die dreizehn Stufen der Pyramide auf der Dollarnote der USA sind die dreizehn Einweihungsgrade des Illuminatenordens.

Der Entwurf der Pyramide mit der abgehobenen Spitze auf der Dollarnote stammt von *Philipp Rothschild*. Seine Geliebte *Ayn Rand* veröffentlichte diese Informationen in ihrem Buch mit dem bezeichnenden Titel „Atlas Schrugged" (übersetzt: „*Atlas* zuckt mit den Schultern").

Die Tempelritter – Der Kreuzzug der katholischen Kirche

Am 13. Oktober 1307 ließ man *Jaques de Moley* und seine Tempelritter auf französischen Boden verhaften. Jene Gruppierung, die von sich behauptete, die Geheimnisse um Jesus Christus zu kennen und aufzubewahren. Ihr Name geht auf den Salomonischen Tempel zurück. Man verwendete als Vorwand für die Zerschlagung eine Aussage von Jaques de Moley selbst, die die Tempelritter als Mörder und Verbrecher brandmarkte.

Jaques de Moley widerrief jedoch sein Geständnis, in dem er ursprünglich gegen den eigenen Orden ausgesagt hatte, und leugnete alles Böse. 1314, als er zur Exekution auf den Richtplatz von *Notre Dame* gebracht wurde, erklärte er:

„Ich bekenne mich wirklich schuldig der allergrößten Niedertracht. Doch diese Niedertracht besteht darin, dass ich gelogen habe. Und ich habe gelogen, als ich die widerliche Anklage gegen meinen Orden bestätigte. Ich erkläre, und ich muss erklären: Der Orden ist unschuldig. Seine Reinheit und Heiligkeit ist niemals beschmutzt worden. Ja, ich habe etwas anderes bezeugt, doch nur aus Furcht vor den schrecklichen Foltern."

Er könne die Qualen nicht länger ertragen, denen er seit bereits mehr als zwei Jahren ausgesetzt sei. (Quelle: siehe auch „Geheime Gesellschaften", *Walter Jörg Langbein"*, Rastatt, S. 37)

Am darauf folgenden Tag wurde er lebendig verbrannt.

Die Tempelritter werden oft auch als die „Hüter des Wissens" bezeichnet, welche das Wissen über die wahre Herkunft der Menschheit kannten. Und sie waren die selbst ernannten Verfechter des Wissens der „Weißen Bruderschaft" – der Bruderschaft der Schlange.

Die Templer hatten angeblich auch die Wahrheit über die Hintergründe der Schöpfungsgeschichte gekannt. In Wirklichkeit ist es nicht einmal ein echtes Geheimnis für den, der wirklich sucht und nicht nur das wiedergibt, was die Massenmedien und die beteiligten Organisationen der illuminatischen Weltregierung uns als Wahrheit verkaufen will. Damit „Sie" wieder die „kleinen roten Schachteln in der Fabrik aufeinanderstapeln" und sich nicht für Dinge interessieren, die „Sie" nichts angehen sollen. Damit das System am Laufen gehalten wird.

Wenn wir die deutsche „Ambulanz" und das „Rote Kreuz" betrachten, so tragen sie ebenfalls das *rote Balkenkreuz*, das Zeichen der Templer.

Leider ist in vielen Bereichen heute *nur noch der Symbolismus vorhanden* – die Praxis ist einer geschäftstüchtigen Pharmaindustrie und

Ärzteschaft, welche ausschließlich den eigenen Gewinn und die eigene Profitsucht sieht, gewichen. Die Menschen ohne das nötige Kleingeld und ohne Krankenkarte von der Behandlung der Krankheiten ausnimmt. Und sie somit oftmals ihrem Schicksal überlässt. Interessant ist aber sicherlich, dass auch die Ärzteschaft – *entgegen der landläufig negativen Besetzung der Schlange* – jene als ihr Symbol für Heilung, Hilfe und Genesung trägt.

Das Geheime Wissen der Templer:

Als Jesus gefragt wurde, *wo* die so genannten Letzten Tage ihren Anfang nehmen, und *wer* das so genannte Friedensreich hervorbringen wird, zeigte er auf einen *Germanen*, der in einer römischen Legion tätig war und gab zu verstehen, dass es im Reich – „*im Landes des Mitternachtbergs*" sein würde. So die hintergründige Deutung nach dem geheimen Wissen der Templer.

Abb. 78 links: *Jesus* bei den Römern. Künstlerische Darstellung. **Abb. 79 rechts:** Die Kreuzigung *Jesu*. *Jesus* wurde von seinen Anhängern als „König der Juden" angesehen. Tragisch, *dass ausgerechnet Juden für seine Ermordung sorgten.* Unterhalb der Kreuze auch römische Soldaten.

Deshalb glauben einige, dass er mit dieser Aussage das heutige Deutschland gemeint haben könnte. Auszüge aus diesem Gespräch finden wir auch in der Bibel, Neues Testament, Matthäus 21.43: „*Darum sage ich euch: das Reich Gottes wird von euch*" (den Juden,

Anm. d. Verf.) *genommen werden und einem Volke gegeben werden, das seine Früchte bringt.*"

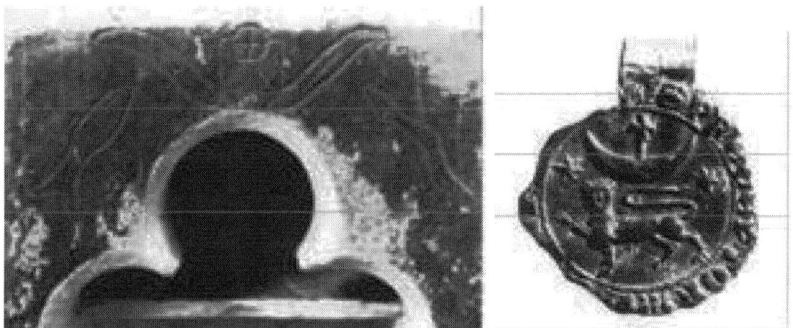

Abb. 80 links: Templerkreuz in *Piscina* in der südlichen Kapelle der Kirche von *Garway*. Die Darstellung zeigt eine Pyramide über einem Stiergehörn mit dem Ordenskreuz der Templer an *jener* Stelle, wo normalerweise das „Allsehende Auge" eingebracht ist. *Ein Hinweis darauf, dass sie im Besitz des geheimen Wissens waren?* Linksseitig sehen wir die Darstellung eines Fisches. Rechtsseitig die Darstellung einer Schlange. Was dies bedeutet, erfahren wir auf der nachfolgenden Abbildung: **Abb. 81 rechts:** Siegel der englischen Tempelritter von 1303. Identisch zu Abb. 80 links sehen wir in der Mitte oben das Templerkreuz über der Sichel. Rechts und links, wo wir auf Abb. 80 den Fisch und die Schlange sehen, erkennen wir hier *zwei Sterne. Dies bedeutet, dass der Fisch und die Schlange im Übertragenen vom Himmel kommen. Ein Hinweis auf die bereits geschilderten außerirdischen Hintergründe sowie die reale Deutung von Fisch = „metallisches" UFO und Schlange = zigarrenförmiger Flugkörper?*

Der *ungekürzte* Originaltext findet sich im Archiv der „Societas Templi Marcioni" (*Marcioniterorden* - Orden der Tempelritter).

Jan van Helsing erklärt uns hierzu: *„Die Juden beziehen den Berg „Zion", den Berg, an dem das Herrschervolk wohnt, auf sich, was jedoch grotesk ist. In der „Neuen Jerusalemer Bibel" Psalm 48 heißt es: „Groß ist der Herr und hoch zu preisen in der Stadt unseres Gottes. Sein heiliger Berg ragt herrlich empor, er ist die Freude der ganzen Welt. Der **Berg Zion** liegt weit im Norden, er **ist die Stadt** des großen Königs* (gemeint ist Jesus Christus, der offiziell in den Heiligen Schriften benannte „König der Juden." Da es in dieser Aussage um den Ort seiner Wiederkehr in den „Letzten Tagen" geht, ist mit der benannten „Stadt" auch jene gemeint, in der seine Wiederkunft stattfinden soll, Anm. d. Verf. / Hervorhebungen durch den Autor). *Das Wort Zion ist dazu noch falsch übersetzt. Im hebräischen liest man „Sion" und beschreibt den Berg „Sin" (sumerisch), was den Nordberg beschreibt – nach Templerschriften (Societas Templi Marcioni) den Mitternachtsberg – das heutige Deutschland. So sagt es auch der Psalm 48: „Der Berg Zion liegt weit im Norden!"* (Jan van Helsing, „Geheimgesellschaften und ihre Macht im 20. Jahrhundert", Band II, S. 97)

Abb. 82: Aus dieser freimaurerischen Darstellung geht hervor, für was die beiden Sterne auf Abb. 81 links und rechts offensichtlich ergänzend stehen: Für Sirius (Sonnensymbolik) rechts neben dem „Allsehenden Auge" – sowie (Mond für) die Plejaden (Darstellung der *7 Sterne* um den Mond herum angeordnet). Ebenfalls zu sehen auf dem Cover des Buches „Der Tempel und die Loge" (*Baigent / Leigh*), sowie in einer Vielzahl weiterer freimaurerischer Darstellungen. Unabhängig davon, welche Erklärung die Freimaurerei *offiziell* dafür besitzt – die *7 Sterne* tauchen überall auf.

Mich irritierte die Aussage „Berg Zion ... *ist die Stadt* ..." in der Neuen Jerusalemer Bibel. Das klingt nach einer *bewusst gewählten Doppeldeutigkeit*. Laut alten übersetzten Überlieferungen des äthiopischen *Kebra Negest*, die wir noch im Verlaufe des Buches mit Quellenangaben betrachten werden, soll die *Stadt* Zion (!) auch am Himmel in den Wolken geflogen sein. Und Jesus kündigte einst an, er werde „mit den Wolken" wiederkehren. Dies würde aber bedeuten, sie könnte theoretisch *überall* landen oder auftauchen. Trotzdem glaube ich nicht, dass Jesus das Wort „Berg" umsonst in seine Wortwahl eingefügt hatte. Und schließe daraus, es wird in der Region eines Berges geschehen.

Die Aussage im ungekürzten Originaltext des Matthäus-Evangeliums im Besitz des Templerordens „Societas Templi Marcioni", mit der Schlussfolgerung, dieser Ort würde „im heutigen Deutschland" liegen, könnte somit in Verbindung mit dem Fingerzeig auf den *Germanen*, der in einer römischen Legion tätig war, doch sehr eindringlich dies untermauern.

Die Bundeslade

Erich von Däniken schrieb einleitend zu diesem Thema:

„Erwähnen muss ich, dass in Kommentaren zum Alten Testament wiederholt die Ansicht vertreten wird, König Salomo sei nicht von der äthiopischen Königin, sondern von der Königin von Saba besucht worden (das Königreich lag im heutigen Jemen)..." (Erich von Däniken, „Prophet der Vergangenheit", S. 50)

Doch was war nun die Bundeslade?

Es ging hier wohl, wie bereits angemerkt, um Hochtechnologie, die möglicherweise zu jenen Gerätschaften gehörte, die noch aus der Zeit von Atlantis auf der Erde verblieben war. Ähnlich wie es Walter Ernsting in seinem Buch *„Die unterirdische Macht"* um die zeitverschiebende atlantische Technologie im Untersberg in einem angeblich auf Tatsachen beruhenden Roman verpackte. Wie ich darauf komme? Lesen Sie in den folgenden Abschnitten, was hierzu überliefert wurde:

Details zur Bundeslade:

„Israelitischer Kultgegenstand, auch Lade Gottes oder Lade JAHWES genannt. Als Gott, der sich in der Bundeslade offenbart, trägt JAHWE den Namen Zebaoth („Heerscharen"); die Bundeslade selbst war vor allem ein Kriegsheiligtum..." („Die große Erich von Däniken Enzyklopädie", Ulrich Dopatka, S. 47)

Erich von Däniken schreibt dazu an anderer Stelle:

„Wie sein Schreiber Baruch berichtet, wurde sein Herr von irgendwelchen „Engeln des Höchsten" vor dem Näherrücken des babylonischen Heeres deutlich gewarnt. Diese offensichtlich mit den kommenden Ereignissen vertrauten Engel befahlen Jeremia, die heiligen Geräte, die der Herr (JAHWE, Anm. d. Verf.) Moses anvertraut hatte, vor den Babyloniern, die über kurz oder lang kommen würden, zu verbergen." (Erich von Däniken, „Prophet der Vergangenheit", S. 32)

Überlieferungen zur Bundeslade selbst:

Aus Überlieferungen erfährt man, dass die Bundeslade und in ihr die geheimnisvolle Apparatur „strahlte" und gefährlich war. Denn Menschen, die zu nahe an der Technologie waren, erkrankten Berichten zufolge oder starben:

Im 2. Buch Samuel, 6, 6 ff fasst Usa aus Versehen bei dem Versuch, sie vor dem Umstürzen zu bewahren, die Lade direkt an – ein Unfall, den sie mit ihrem Leben bezahlen muss.

Im 3. Buch Mose (Leviticus 10, 1-5) wird ein weiterer tödlicher Unfall beim unsachgemäßen Umgehen mit der Bundeslade erzählt. Aarons Sohn Nadab und Abihu nähern sich dem Heiligtum. „Da ging ein Feuer vom Herrn aus und verzehrte sie; so starben sie..."

Moses zeigte sich nicht wirklich überrascht, denn er kannte die Funktion der Lade. Ulrich Dopatka *berichtet in der „Großen Erich von Däniken Enzyklopädie" auf S. 48 von dem mysteriösen Auftauchen und Verschwinden der außerirdischen „Astronauten" und fragt sich, ob hier ein Zusammenhang mit der Bundeslade besteht. Zumindest spricht es für die Theorie einer Art Zeitmaschine – ob nun in Form eines Flugkörpers oder nicht.*

Wichtig ist zu der Erwähnung der Lade im Kebra Negest *die Feststellung, dass es IN der Lade eine ungewöhnliche Arbeit gab,* „die nicht von Menschenhand geschaffen wurde."

Kebra Negest, Kapitel 30:

Hier lesen wir, dass die Bundeslade mit *„...Geräten beladen war, Gefährte, in denen man auf dem Lande fuhr, und einen Wagen, der durch die Lüfte fuhr, den er gemäß der ihm von Gott (JAHWE, Anm. d. Verf.) verliehenen Weisheit angefertigt hatte."*

Kebra Negest, Kapitel 58:

„Und die Bewohner des Landes Ägypten erzählten ihnen: Vor langer Zeit sind die Leute von Äthiopien hier vorbeigekommen, in dem sie auf einem Wagen fuhren wie die Engel, und sie waren schneller denn die Adler am Himmel."

Kebra Negest, Kapitel 58:

„Dies ist der dritte Tag, dass er fortzog. Und als sie ihren Wagen beladen hatten, da ging es nicht auf der Erde hin, sondern sie schwebten im Wagen auf dem Winde; sie waren schneller als der Adler am Himmel, und alle ihre Gerätschaften kamen mit ihnen auf dem Winde in den Wagen. Wir aber glaubten, dass du ihn in deiner Weisheit erfunden hättest, in einem Wagen auf dem Winde zu fahren. Da sprach er zu ihnen: `War Zion, die Gesetzeslade Gottes, bei Ihnen?` Da sprachen sie zu ihm: `Wir haben sie nicht gesehen`."

Die erste Flugreise, die von *König Menelik I.* überliefert wurde, war die über der äthiopischen Stadt *Waqerom*. Dann flog er in die Hauptstadt die *Makeda-Berg* genannt wurde:

Kebra Negest, Kapitel 85:

„Der König kam nun in großer Herrlichkeit in die Stadt seiner Mutter, und darauf erblickte **sie in der Höhe die heilige Zion (Lade)**, *welche* **leuchtete wie die Sonne!** **Sie erhob ihr Haupt, blickte gen Himmel**... "

(Hervorhebungen durch den Autor)

Erich von Däniken weist auf eine „Zeitanomalie" hin, die nur durch eine Zeitmaschine, im Zusammenhang mit der offiziellen Bundeslade, also der aufgeführten *Hochtechnologie*, verursacht werden könnte, wenn er berechtigterweise sagt:

„Unmöglich, weil es vor Christus entstanden war. Wie denn konnte sich König Salomo, der etwa 965-926 vor Chr. lebte, über Jesus, seine Kreuzigung und Auferstehung auslassen...? " (Erich von Däniken, „Prophet der Vergangenheit", S. 37)

Es gibt durchaus Grund zu der Annahme, dass nicht alle aufgestellten Theorien über den Verbleib der Bundeslade und den Schatz der Templer, der sich in einer unterirdischen Halle in Gisor, Frankreich, befunden haben soll, korrekt sind. Vielleicht würde man also ernüchternde Fakten an den Tag bringen, würde man hier tatsächlich Grabungen veranstalten – oder hat es vermutlich zumindest teilweise schon längst. Siehe hierzu die Berichte um das zeitweise errichtete militärische Sperrgebiet in Gisor, Frankreich, aufbauend auf die alten Berichte von *Roger Lhomoy*, der hier den Fund einst mit eigenen Augen gesehen haben will. Ernüchternd für das Militär, da man nichts fand? Oder zumindest nicht das, was man sich erhoffte?

Falls die Bundeslade und der Schatz der Templer identisch sind, dann wird erst recht deutlich, dass diese/dieser sich nicht gleichzeitig in Äthiopien und in Frankreich befinden kann. Womöglich wurde der

Schatz vor vielen Jahrhunderten dann von Äthiopien nach Frankreich verbracht. Und von dort eventuell in den *Hochschwarzwald in Deutschland, nahe der französischen Grenze...?* Darauf werden wir später im Buch noch zu sprechen kommen.

Wobei ein Fakt in dieser Geschichte **entscheidend** ist, wie uns Erich von Däniken in diesem Kapitel bereits berichtet hat:

„ *...Und am Ende des Gespräches sagt der liebe Gott zu Moses: `Und siehe zu, dass du alles nach dem Vorbilde machst, dass dir gezeigt wird. **Also es gab ein Original.** Und der **Moses hat eine Kopie gemacht...** "*

Die Bundeslade von Moses war somit offiziell die Kopie der „Lade (ZION)." Und das Original wird in den „Letzten Tagen" am Himmel zu sehen sein?

War Jesus somit ein in der Zeit reisender Außerirdischer?

Tatsächlich erinnern seine in den heiligen Schriften überlieferten „übernatürlichen" (evolutionären?) Fähigkeiten doch sehr deutlich an jene Kenntnisse und Fähigkeiten, die man den mythischen Atlantiden nachsagt. Die wiederum ihren Ursprung in der Region des Sternbildes Stier und in den Plejaden haben sollen, wie wir noch erfahren werden.

Glauben wir an seine Ankündigung, dass er in den Letzten Tagen wiederkehrt, dann könnte man dies auch mit Zeitreisetechnologie bewerkstelligen. Und dann wäre es auch problemlos möglich, dass er nicht nur in der Zukunft agieren wird, sondern bereits in ferner Vergangenheit agiert hat, wobei wir uns unter Umständen selbst „in der Vergangenheit" befinden.

Sicher ist, dass Jesus im Namen der Organisation beziehungsweise Föderation handelt, die wir mit der Zahl „7" in Einklang bringen.

Somit scheint hier eine direkte oder zumindest indirekte Verbindung zu bestehen.

Dass hier tatsächlich etwas *Außerirdisches* im Gange war, erfahren wir nicht zuletzt auch aus den Apokryphen. Hier finden wir eine deutlich andere Version über die Ereignisse nach der „Auferstehung" von Jesus:

„Es geschah aber, nachdem Jesus von den Toten auferstanden war. Jene Lichtkraft aber kam herab über Jesus und umgab ihn ganz, während er entfernt von seinen Jüngern saß, und er hatte sehr gar geleuchtet, und es war kein Maß für das Licht, welches an ihm war. Und die Jünger hatten Jesus nicht gesehen infolge des großen Lichts, in welchem er sich befand, oder welches an ihm war. Ihre Augen waren verdunkelt infolge des großen Lichts, indem er sich befand, und sie sahen nur das Licht, das viele Strahlen aussandte. Die Lichtstrahlen waren einander nicht gleich, und das Licht war von verschiedener Art. Es war von verschiedener Form von unten bis oben, indem ein Strahl vorzüglicher war als der andere; es reichte von unten der Erde bis hinauf zum Himmel. – Und als die Jünger jenes Licht sahen, gerieten sie in große Furcht und große Aufregung. Als jene Lichtkraft über Jesus herabgekommen war, umgab sie ihn allmählich ganz. Da fuhr Jesus auf und flog in die Höhe..." („Die Apokryphen", Textquelle: *Pistis Sophia*)

Doch das Spektakel ging noch weiter:

„...und es sandte Lichtstrahlen sehr viele aus, und es war kein Maß für seine Strahlen, und sein Licht war nicht untereinander gleich, sondern es war von verschiedener Art und verschiedener Form, indem einige Strahlen unzählige Male die anderen übertrafen; und das ganze Licht war beieinander, es war von dreierlei Art, und eine übertraf die andere unzählige Male; die zweite, welche in der Mitte, war vorzüglicher als die erste, welche unterhalb, und die dritte, welche oberhalb von ihnen allen, war vorzüglicher als die beiden, welche unterhalb; und der erste Strahl, der unterhalb von ihnen allen,

war ähnlich dem Lichte, welches über Jesus gekommen war, bevor er hinaufgegangen war zum Himmel..." (Die Apokryphen, Textquelle: *Pistis Sophia*)

Es ist wohl kaum möglich, einen außerirdischen Kontakt, eventuell auch von Zeitreisenden unserer eigenen Nachfahren, welche Kolonien im Universum gegründet haben, besser und eindeutiger zu beschreiben.

Hormisius berichtet hierzu ergänzend:

„Unversehens wurde es ganz hell. Zuerst konnten wir gar nicht begreifen, wo dieses Licht herkam. Wir entdeckten aber bald, dass es aus einer Wolke fiel, die sich langsam zur Erde niederließ. Als die Wolke sich dem Grab näherte, erschien plötzlich ein Mensch wie aus Licht gestaltet. Danach dröhnte es, nicht am Himmel, sondern auf der Erde ... Wir erschraken zutiefst. Etwas später verschwand das Licht über der Felsgruft. Als wir nun zum Grab kamen, fehlte der Leib des Verstorbenen."

Überall auf der Welt gibt es Überlieferungen und Berichte von angeblichen Kriegen der Götter, die Fragen aufwerfen, ob jene Technologien, die wir gerade erst zu entdecken scheinen, bereits in ähnlicher Form vor vielen Jahrtausenden existiert haben könnten. So werden, wie bereits aufgezeigt, zum Beispiel im Mahabarata Waffen und deren Auswirkungen geschildert, die ohne Frage an den Einsatz von Atomwaffen und Wasserstoffbomben erinnern.

Hier wird eine Technologie zitiert, die anscheinend weltweit zum Einsatz kam – siehe wie erwähnt beispielsweise auch der Untergang von Sodom und Gomorrha, aber auch Atlantis und andere.

In alten indischen Schriften finden wir, wie bereits ebenfalls angedeutet, detaillierte Berichte zu den Fahrzeugen der Götter, den so genannten Vimanas, mit welchen jene über den Himmel flogen. Betrachten wir einige dieser Berichte etwas näher:

Die ersten Hinweise darauf finden sich im *Rigveda*. Sie wurden dort anfangs als „Ratha" bezeichnet, was so viel wie *„Fahrzeuge, nahe dem Weg der Vögel im Himmel folgend"* bedeutet. So wird dort ein Fluggerät beschrieben, dessen Geschwindigkeit größer gewesen sein soll als der Verstand. Es soll dreiwinkelig gewesen, groß und von drei Piloten geflogen worden sein. Liest man allerdings die Originalberichte, dann wird schnell deutlich, dass die Auflistungen über Beschaffenheit und Materialien der Fluggeräte auf Vermutungen der unwissenden Bevölkerung basieren. Die Erbauer waren ein Volk mit dem Namen *Rbhus*. Das dieses erste beschriebene Fluggerät *drei*eckig gewesen sein soll, scheint von der Beschreibung nicht zufällig gewählt gewesen zu sein. Denn die Zahl „Drei" (auch eine der wichtigsten verwendeten Zahlen in der Freimaurerei) wird infolge des Berichts *ständig miteinbezogen.* So wird dort beschrieben, „Seine Geschwindigkeit wäre so schnell gewesen, dass sie die *drei* Welten in einem Moment durchlaufen konnte." In einem der Verse wird beschrieben, der Himmelswagen habe *drei* Säulen gehabt, *drei* Räder und es wäre aus *drei* Arten von Metall gefertigt worden. Und das Fluggerät habe *drei* Arten von Nahrung gehabt... Mit „Milch und Honig" als Treibstoff, wie dort beschrieben, wäre das sicherlich nicht möglich gewesen. Es wird hier deutlich, dass es sich um eine symbolische Zuordnung handelt.

Im Buch *Karnaparvan* des Mahabarata wird ein detaillierter Angriff eines solchen Flugobjektes geschildert:

„Wir sahen etwas am Himmel, dass einer **scharlachroten Wolke** *ähnelte, wie die grausamen Flammen brennenden Feuers. Aus dieser Masse tauchte ein ungeheures, schwarzes Vimana auf, das grell leuchtende Geschosse abfeuerte..."*

Die Bezeichnung „**scharlachrote** Wolke" ist sehr interessant, da diese Bezeichnung wiederum mit der Offenbarung übereinstimmt, in der `über den fünf auf die Erde gefallenen Bergen (in der Luft) die

„große Hure" reiten soll. Wir werden in diesem Buch noch erfahren, dass die „große geschmückte Hure" eine fliegende Stadt ist, die angeblich in den „Letzten Tagen" vom Himmel kommt. Und wir lesen über sie dort: *„ ...(Sie) trug ein purpur und scharlachrotes Gewand... "* (siehe „Die Offenbarung", Die große Hure, 17, 4-5)

Ein „Gewand" ist ohne Frage eine treffliche Beschreibung für eine Wolke, aus der ein Vimana (UFO) heraustritt, wie im Mahabarata beschrieben steht. Und wer soll in den „Letzten Tagen" ebenfalls „mit den Wolken" wiederkehren? Jesus.

Lesen wir weiter in dem Buch *Karnaparvan* des Mahabarata: *„ ...Das Geräusch, das es beim Anflug auf die Erde machte, klang wie tausend Trommeln, die zur gleichen Zeit geschlagen werden. Das Vimana näherte sich mit unvergleichlicher Geschwindigkeit dem Boden und warf dabei tausende goldglänzende Geschosse, begleitet von heftigen Explosionen und hunderten Feuerrädern. Es herrschte eine schreckliche Panik. Pferde, Kriegselefanten und tausende Soldaten wurden durch die Explosionen getötet. Die in wilder Flucht begriffene Armee wurde aber von dem schrecklichen Vimana solange verfolgt, bis sie vollkommen ausgelöscht war. "*

Sind diese detaillierten Berichte nichts weiter als Science-Fiction-Geschichten, wie uns die gängige Geschichtsschreibung weiß machen möchte? Oder sind es möglicherweise Zeugnisse einer außerirdischen Realität in der indischen Kultur? Es gibt zudem Berichte aus ferner Vergangenheit über ein außerirdisches Volk, die den Beschreibungen der Greys (kleine grau wirkende angebliche „Außerirdische", die besonders in den neunziger Jahren des zwanzigsten Jahrhunderts in vielen UFO-Berichten auftauchten) doch sehr nahe kommen:

„ Die Bewohner der Welt von 'Nezah' essen Sträucher und Pflanzen, die sie nicht säen müssen. Sie sind von kleinem Wuchs und haben anstelle der Nasen nur zwei Löcher im Kopf, durch welche sie atmen... Auf ihrer Welt sieht man eine rote Sonne. " (Quelle: Kabbala)

In den vedischen Texten erscheinen in diesem Zusammenhang Worte wie „madhu", „*tri*vrt" und „*tri*bandhura", die einer Erklärung bedürfen. „Madhu" wird im klassischen Sinne als Honig bezeichnet.

Interessanterweise wird die Erwähnung von Honig ebenfalls bei einigen der spektakulärsten Berichte in Verbindung mit Fluggeräten und deren Besatzung in der Bibel erwähnt. Das bekannteste Beispiel ist sicherlich die Beschreibung um das Flugobjekt bei *„Hesekiel."* Ein Vorfall, der von *Erich von Däniken* und anderen Forschern bereits näher unter die Lupe genommen wurde. Ich habe zum beschriebenen Fluggerät bei Hesekiel jedoch eine eigene Deutung (nachzulesen in dem Buch *„Nationale Sicherheit – Die Verschwörung"*, S. 131 – 138). Wird in den vedischen Texten wörtlich beschrieben, das Fluggerät habe „Milch und Honig" an Bord gehabt, so lesen wir bei der Geschichte um das Fluggerät von Hesekiel folgende Worte:

*„ `Mach deinen Mund auf und iss, was ich dir gebe! `Ich schaute und sah vor mir eine ausgestreckte Hand, die eine **Buchrolle** hielt ... Die Stimme fuhr fort: `Du Mensch, nimm diese **Buchrolle** und **iss sie auf**! Fülle deinen Magen damit.` Da aß ich die Rolle; sie war **süß wie Honig**."* (Quelle: Hesekiel, 2, 8 – 3, 3)

Dies erinnert den Bibelkenner unter anderem an die bekannte Stelle in der Offenbarung des Johannes, in welcher eine *nahezu identische* Szenerie beschrieben ist: *„ Und ich ging zum Engel und sprach zu ihm: `Gib mir das **Büchlein**!` Und er sprach zu ihm: `Nimm hin und **verschling es**! Und es wird dich im Bauch grimmen; aber in deinem Mund wird`s **süß sein wie Honig**.` Und ich nahm das **Büchlein** von der Hand des Engels und **verschlang es**, und es war süß in meinem Munde wie Honig, und da ich`s gegessen hatte grimmte mich`s im Bauch."* (Quelle: Die Offenbarung 10, 9-10)

Es gibt also wie aufgezeigt eine eindeutige bewusst installierte *Verbindung* des Hesekiel-Textes über das merkwürdige vom Himmel kommende Fluggerät *zur Offenbarung* in der Bibel! Jene Szene ist so übereinstimmend, dass es nahe liegend ist anzunehmen, dass hier *ein und dieselbe Macht* dahinter steht. Und dies bedeutet:

Wenn hinter der Geschichte um Hesekiel eine außerirdische Verbindung zu finden ist, dann auch hinter der „Offenbarung"!

Die Zuordnung zur Zahl „Drei" in Verbindung mit außerirdischen Flugobjekten zieht sich durch die gesamte UFO-Forschung der Gegenwart. So wird für die Bergung von abgestürzten unbekannten Flugobjekten angeblich auch die *„Delta*-Force" eingesetzt. Dies kam zum ersten Mal nach dem Kecksburg-Absturz an die Öffentlichkeit – unabhängig von der Frage, ob hinter Kecksburg ein außerirdischer Flugkörper, der russische Satellit *„Cosmos 96"* oder eine andere Erklärung zu finden ist. Die Beschreibung von deltaförmigen (dreieckigen) Flugobjekten gibt es also nicht erst seit der UFO-Sichtungswelle über Belgien.

Glaubt man *Frank Kaufmann*, der in der geheimen Bergungseinheit am Roswell-Absturz beteiligt gewesen sein will, dann war auch „der" bekannte Roswell-Absturz im Jahr 1947 ein *delta*förmiger außerirdischer Flugkörper. Das Symbol und Emblem der Greys soll ein schwarzes *Dreieck* auf rotem Grund in Kreisform sein. Das Symbol der *Dulce-Basis*, die immer wieder mit einer Verbindung zu den Greys genannt wird, ist ein schwarzes Dreieck mit der Spitze nach unten und einem griechischen „Tau" in der Mitte in einer Kreisform. Selbst das internationale Logentum verwendet das Symbol des „Allsehenden Auges" in einem Dreieck.

Die Verbindung zwischen den deltaförmigen Flugkörpern, von welchen eines während der Space Shuttle-Mission „STS-48" angezoomt und in Großaufnahme gezeigt wurde (das Originalvideo finden Sie in meinem Onlinemagazin „COVER UP!"), und den Greys wird ebenso ausführlich in dem Buch „Nationale Sicherheit" erläutert. In den vedischen Texten dieses ersten dort geschilderten Flugobjektes wird beschrieben, der Wagen enthalte Honig oder Flüssigkeiten, genannt „madhu" oder „anna." „Trivrt" bedeutet *drei*schichtig, *drei*gefaltet oder *drei* Teile besitzend. Und die Symbolisierung um die Zahl „Drei" in dem vedischen Text geht weiter: Angeblich hat das Objekt *drei* fahrplanmäßige Flüge am Tage und *drei* Flüge in der Nacht. Dass das Gefährt Flüssigkeiten enthalten haben muss, schließen die Schreiber der alten Texte daraus, dass es *orange-golden zu schimmern begann.* Das würde jenen zufolge den Schluss nahe legen, es müsse möglicherweise mit Honig oder einer goldenen Flüssigkeit zusammenhängen...

So wird dort beschrieben, das Flugobjekt würde den „Himmel mit Glanz erfüllen", es würde die Region aufhellen und dessen Farbe wurde mit der *auf und untergehenden Sonne* verglichen.

In der Offenbarung lesen wir wiederum, dass in den „Letzten Tagen" eine „*Sonne auf die Erde stürzen soll.*"

Im Kebra Negest, Kapitel 85, lesen wir hierzu:

„*Der König kam nun in großer Herrlichkeit in die Stadt seiner Mutter, und darauf erblickte sie in der Höhe die heilige Zion (Lade), welche leuchtete wie die Sonne!*" (Hervorhebungen durch den Autor)

Auch hier wird etwas beschrieben, wie manch ein Forscher es mit den UFO-Sichtungen über Arizona und anderen Orts weltweit gleichsetzen würde. Aber in den vedischen Schriften taucht das gleiche Phänomen *in Jahrtausende alten* Texten auf. Ein weiteres Beispiel in „Puspakam nama ... bhudhara-samkasam, 4.121.10-30":

„*Das ist das anmutige Luftfahrzeug, bekannt als Puspaka, dem Glanz der Sonne gleichend...*"

Ob nun die damals vorherrschende voreilige Zuordnung „*das Fluggerät müsse aufgrund seiner Farbe mit einer flüssigen Substanz aus Honig oder Gold gefüllt sein*" oder aber die derzeit bei uns vorherrschenden Einschätzungen bei der Sichtung solcher Flugkörper „*sie wären wohl allesamt Partyballons"* intelligenter ist – bleibt dem einzelnen Leser selbst überlassen.

In den vedischen Schriften finden wir fünf Kategorien von Flugzeugen und Raumschiffen: *Pura, Sabha, Vimana, Ratha* und *Purva*.

Die Vergleiche zur Bibel sind deutlich und von großer Zahl. Wird in der Heiligen Schrift des Christentums von einer großen reich geschmückten Stadt gesprochen, die in den „Letzten Tagen" vom Himmel kommen soll, so lesen wir in den indischen Veden von einer *fliegenden Stadt*, die um die Erde kreist und von der man schreibt:

„*...gefüllt mit Hunderten von Luftwagen aus Gold, Juwelen und Perlen* (wohl eine Zuordnung aufgrund der Beleuchtung, Anm. des Verf.), *die Stadt sah aus wie ein sternenreiches Firmament."* (Quelle: Sulavamsa, Teil 1. 75)

Selbst eine Person mit dem Namen „Maya" findet sich in diesen Schriften: „*Der von Maya erbaute Luftwagen Saubha war jedoch ein so wunderbar konstruierter Apparat, dass er manchmal vielzählig, manchmal als einzeln erschien und zeitweise unsichtbar war. Für die Feinde war es daher sehr schwierig, ihn auszumachen, oder seine Eigenschaften zu erfassen und wo er sich denn nun befand. Manchmal war das Saubha am Boden, manchmal flog es zum Himmel; Zeitweise ruhte es auf dem Gipfel eines Berges, manchmal schwamm es auf dem Wasser. Zuweilen wirbelte es herum wie ein Feuerbrand und hielt an keinem Ort inne – (und war daher unmöglich zu lokalisieren). So schossen die Führer der Yadava-Armee auf jede dieser Stellen, an denen Shalva mit seinem Luftwagen Saubha und dessen Soldaten in Erscheinung trat, Pfeile ab...*"

Diese Waffe trägt den Namen „Sudarshana" und wird als eine Art Diskus beschrieben – also ebenfalls eine *Flugscheibe*. Tripura bedeutet wörtlich „*Drei Städte."* Gemeint sind drei im Himmel befindliche Städte, die durch den Gott Shiva zerstört worden sein sollen. Wir lesen weiter:

„Und die Erscheinung von Sudarshana, als er in den Himmel flog, glich der mit einem Hof umgebenen Sonne, am Ende eines Aeons. Er näherte sich der nunmehr glanzlosen Saubha-Stadt (bzw. -Festung) und hoch droben zerspaltete er sie in zwei Teile... Durch die Wucht des Aufschlags von Sudarshana entzweigerissen, fiel sie herab, wie einst die durch den großen Gott (Shiva) *vernichteten „Drei Städte"* (das schon erwähnte „Tripura")."

Im *Buddhacarita* wird „Vimana" als fliegende Maschine erwähnt, aber in drei weiteren Fällen ist Vimana eine Art Palast. Beide Epen nennen in vier Fällen „Vimana" als eine Flugmaschine.

Interessant ist auch die Geschichte der Brüder *Pranadhara* und *Ràjyadhara*, die von der Maya-Tradition die Kunst, aus Holz automatische mechanische Geräte herzustellen, übernommen hatten. Das in diesem Text beschriebene Fluggerät konnte 800 Krosas (etwa 2000 Meilen) ohne Schwierigkeiten zurücklegen und die beiden Brüder verließen mit dieser Flugmaschine die Heimat, um ein fernes Land aufzusuchen.

Beiläufig wird in der Geschichte auf mechanische menschliche „Lebens"-formen hingewiesen, die Ähnlichkeiten mit heutigen Robotern haben.

Fliegende Raumstädte und Paläste, genannt *„Gaganacarasabha"* findet man auch im *Sabhaparvan* des Mahabarata.

Das Fluggerät von *Kailasa* hatte eine runde oder kreisförmige Form. Von keinem dieser Flugzeuge wurde gesagt, dass es irgendwelche Flügel oder Tragflächen habe. Das Fluggerät von *Varuna* war rund und mit viereckiger Basis.

Yadava gab an, dass Vimana nicht nur Luftfahrzeug bedeutet, sondern auch **sieben**stöckiger Palast (…).

Ist es also ein Zufall, dass wir in diesen Texten nicht nur moderne und bis ins Detail beschriebene Waffensysteme und deren Auswirkungen nachlesen können, sondern auch die Beschreibung von Flugobjekten, die in der Gegenwart abfällig als „nichtexistente UFOs" bekannt sind, wieder finden?

In Indien befindet sich aufgrund der geschichtlichen Traditionen, wie erwähnt, auf nahezu jedem Tempel ein solches Vimana. Es gibt sogar Berichte, nach denen einige Tempelanlagen selbst nach den fliegenden Vorbildern konstruiert worden sein sollen. In der westlichen Welt ist über die indische Kultur sehr wenig bekannt. Doch vielen ist die Rinderverehrung ein Begriff. Warum ausgerechnet Rinder in dieser Region eine heilige Rolle spielen, ist für viele ein Rätsel. Der Mythologie zufolge sollen in diesen die *„Seelen der Vorfahren"* leben.

Dies bringt uns zur nächsten Frage, mit der wir uns beschäftigen wollen. Gibt es auch Hinweise auf Zeitreisetechnologien in den Überlieferungen aus der Vergangenheit? Möglicherweise sogar in den heiligen Schriften selbst?

Die überlieferten Eigenschaften vieler unbekannter Flugobjekte legen den Schluss nahe, dass jene es verstehen könnten, in unser Raum-Zeitgefüge einzudringen und wieder zu verschwinden, wann immer sie es wollen. Im Gebiet des *Kunlun-Gebirges*, welches das Tibetische Hochland von den Wüsten *Takla Makan* und *Gobi* trennt, gibt es die Geschichten über dort beobachtete „fliegende Glocken", die auf geheimnisvolle Weise aus dem Nichts auftauchen und wieder verschwinden. Berichte, wie es sie in ähnlicher Form zu Tausenden auf der Erde gibt. Dies könnte darauf hindeuten, dass viele der „außerirdischen" Flugkörper in Wirklichkeit nichts anderes als Zeit- und Dimensionsmaschinen sind.

Zeitreisen – ein Ding der Unmöglichkeit?

In den indischen Schriften werden die Vimanas tatsächlich wörtlich als *Dimensionsmaschinen* beschrieben, die in unsere Realität eintauchen und auf dieselbe Weise wieder verschwinden können. Der Autor *Armin Risi* berichtet hierzu:

„Die vedischen Schriften sagen, dass das Universum aus ineinander verschachtelten Dimensionen besteht und dass all diese Dimensionen eigene Welten darstellen ... Sie sagen, dass das Universum aus vierzehn verschiedenen Dimensionsebenen (sanskr. loka) besteht. Alle vierzehn Dimensionsebenen sind bewohnt. Die höchste ist die Welt des Brahma, des ersten und höchsten Lichtwesens innerhalb des Universums ... Die vedischen Schriften erwähnen oft fast nebenbei Raumfahrt, interdimensionale Kontakte und Materialisationen. Die Fortbewegung der höherdimensionalen Wesen ist also nicht auf Raumschiffe beschränkt. So zeichnen sich z. B. die Siddha-Wesen gerade dadurch aus, dass sie ohne Fluggefährt, d. h. durch Teleportation, andere Planeten besuchen können. Der berühmteste unter ihnen ist der große Gottgesandte Narada Muni, der ein direkter Sohn Brahmas ist. Von ihm wird gesagt, dass er des Öfteren auch auf der Erde erscheint ... Unterschiedlichste Raum- und Dimensionsschiffe werden als Vimanas bezeichnet: jene Raumschiffe, die Zugang zu den höheren Dimensionen haben, aber auch leicht in einen materialisierten Zustand übergehen können; die Raumschiffe der Devas und der Asuras und sogar die spirituellen Transraumschiffe. "

(Quelle: Armin Risi, *„Gott und die Götter – Das Mysterienwissen der vedischen Hochkultur"* / 1995, 6. überarbeitete Auflage, 2007)

Überall in Indien gibt es Hinweise, dass es dort möglicherweise zeitreisende Besucher in der Vergangenheit gegeben hat. Das bekannteste Beispiel sind sicherlich die mysteriösen Palmblattbibliotheken, über die der Autor *Johannes von Buttlar* folgendes berichtet:

„In einigen indischen Städten, unter anderem in Madras, gibt es die rätselhaftesten Bibliotheken der Welt. Es handelt sich um uralte Palmblattsammlungen. Auf sorgsam gebündelten, dreieinhalb Zentimeter breiten, vertrockneten Palmblättern sind seit Jahrhunderten die Lebensläufe heute lebender Menschen aufgezeichnet. Mit weni-

gen Ausnahmen kann jeder, der persönlich vorspricht, sein Palmblatt für ein paar Rupien heraussuchen und verlesen lassen ... Es ist höchst verwunderlich, dass auf den Palmblättern immer der genaue Name des Betreffenden genannt wird und auch nur derjenigen Angehörigen, die am Tage des Besuches in der Bibliothek noch leben. Das bisherige Leben des Besuchers wird in allen Einzelheiten so bildhaft geschildert, als hätte der längst verstorbene Verfasser des Palmblattes persönlich daran teilgenommen." (Quelle: *Johannes von Buttlar, „Zeitriß"*, 1977)

Haben Zeitreisende in frühster Vergangenheit hier ihre Spuren hinterlassen – oder handelt es sich bei diesen Bibliotheken um nichts weiter als plumpen Schwindel? Eines steht außer Frage: Das komplette UFO-Phänomen steht (glaubt man den Augenzeugen, Entführten und Kontaktlern) in Verbindung mit *Zeitanomalien*.

Es wurden ganze Bücher geschrieben über fehlende Zeitabschnitte bei den Kontakten mit angeblich außerirdischen Intelligenzen. Als Beispiel kann man nahezu jedes Buch über UFO-Entführungen im In- und Ausland heranziehen. Ich selbst kenne Personen, die Abschnitte von fehlender Zeit bei geradezu fantastisch anzumutenden Geschichten hatten. So zum Beispiel Fälle, bei denen *mehrere Personen gleichzeitig* dieselben Erlebnisse am selben Ort hatten.

Dies deutet signifikant auf eine Technologie in den Kernaussagen der Augenzeugen des UFO-Phänomens hin, welche auf die Manipulation der Zeit aufbaut. Sprich auf Zivilisationen, die wir als „Zeitreisende" bezeichnen würden.

Und tatsächliche scheint es hier eine Verbindung zwischen Besuchern aus anderen Sonnensystemen und der Manipulation der Zeitlinie zu geben. Man könnte daraus schlussfolgern, dass die Manipulation der Zeitlinie, das Verständnis und die Technologie dahinter, notwendig sein könnten, um die Entfernungen im Weltraum überhaupt überwinden zu können. Viele Skeptiker, die nicht an die Existenz von außerirdischen Besuchern oder Zeitreisenden auf der Erde glauben, sind der Meinung, dass der erste Kontakt mit einer anderen Spezies der Kontakt mit deren Robotern sein würde. Ich schließe mich der Meinung an, dass diese Wahrscheinlichkeit nicht außer Acht zu lassen ist. Jedoch sehen die Skeptiker möglicherweise die Fakten nicht, dass ein Kontakt mit Robotern einer fremden Spezies vielleicht schon längst geschehen ist. Nehmen wir dazu nur das Buch *„Satelliten der Götter"* von *Peter Krassa* und *Hartwig Hausdorf* – oder betrachten wir die „Späher-Sonden" über dem Dritten Reich, welche als *„Foo-Fighter"* und *„Krautballs"* in die Geschichte eingingen.

Die *„Vor"*-Stufe der außerirdischen „Späher-Sonden" könnte schon seit Jahrtausenden abgeschlossen sein – auch wenn sie heute immer noch gesichtet werden. Tatsächlich gelingt es Skeptikern bei ihren Thesen alle glaubwürdigen Augenzeugen zu ignorieren. Um dann aus dem restlichen Schrott ihre Gegendarstellungen aufzubauen. So kommt man natürlich auch zu einem gewünschten Ergebnis...

Dies betrifft auch übersinnliche Phänomene, wie das zu Beginn des Kapitels benannte „Dritte Auge".

Ist es also tatsächlich ein länderübergreifender Zufall, dass sowohl die ägyptische als auch die indische Geschichte das sogenannte „Dritte Auge" kannten, dessen Sitz jeweils zwischen den Augen auf der Stirn beschrieben und mit Fähigkeiten in Verbindung brachten, die wir als übersinnlich ansehen? Und die ebenso übereinstimmend angaben, dass jenes Wissen ihrem Volk von den auf die Erde herabgestiegenen Göttern übermittelt wurde? Götter, die in fliegenden Barken und Vimanas auf die Erde hernieder kamen?

Ich halte dies für unmöglich.

Doch inzwischen gibt es noch viel mehr beweislastige Indizien, dass die prophezeiten „Letzten Tage" in Deutschland *ihren Ausgang* nehmen werden. Diese *neuen* sensationellen Fakten werden Ihnen im späteren Verlauf dieses Zweiteilers präsentiert. Sie wurden von mir bewusst in den hinteren Teil verschoben, damit Sie vorher die *nötigen Fakten* und Hintergründe erfahren, welche zu jenen Funden geführt haben. Und um zu verstehen, was hier geschieht. Denn um das Bild zu erkennen, muss man das gesamte Puzzle zusammensetzen. Fehlen einige Teile, dann wirkt dieses unvollständig und falsch.

Peter Moon schreibt in dem Buch „Montauk V – Schwarze Sonne" auf Seite 129: „*In dem Buch „Encounter in the Plejades: An Inside Look at UFOs" wird erklärt, wie es während der ganzen Geschichte eine Bewegung gegeben hat (auf die Mythologie) um uns durch ... zu der **ursprünglichen (...) Zeitlinie zurückzubringen**...*" (Hervorhebung durch den Autor)

Ohne dieses Thema hier zu vertiefen: *Es würde bedeuten, wir befinden uns derzeit **NICHT in der ursprünglichen Zeitlinie, sondern** offenbar in einer von gewissen Kräften **veränderten manipulierten Zeit(-linie)***!

Gehört also die Bibel samt ihren Geschichten, eine als Götter fehlinterpretierte (außerirdische) Hochzivilisation (möglicherweise unsere zurückgekehrten Nachfahren), zu dieser VERÄNDERTEN Zeitlinie?

Gab es in der *ursprünglichen* Zeitlinie überhaupt eine Bibel und Jesus Christus?

Die Sirius-Verbindung:

Der Phönix ist ein mythischer Sagenvogel, der der Legende zufolge sich selbst erneuert und wieder aus der Asche aufsteigt. Je nach Version würde sich entweder ein kleiner Wurm in der Asche bilden, der zu einem ausgewachsenen Vogel heranwächst – oder aber er würde ein Ei in der Asche zurücklassen. Man verbindet die Phönix-Mythologie deshalb mit dem Zyklus der Wiedergeburt. Das Symbol des Phönix entdeckte man auf alten ägyptischen Relikten. Interessanterweise berichtet die Mythologie, Phönix würde aus der „Asche des

Osiris" heranwachsen (der Name für den Gott „Osiris" leitet sich, wir erinnern uns, aus einer Wortkombination der Worte "Orion" und „Sirius" ab).

Das wiederum würde die positive Rolle des Sagenvogels eventuell belasten. Denn es deutet in diesem Fall unter Umständen *nicht auf einen für die Menschheit positiv zu betrachtenden Prozess hin, sondern auf das „Gegenteil": die Nephilim. Wurde also auch hier die Wahrheit* verdreht? *Der Autor* William Bramley *schreibt hierzu:*

„Leider wurden durch die Legende vom Phönix, wie durch so viele andere mystische Allegorien der ägyptischen Bruderschaft, bedeutende Wahrheiten **verdreht** *... Viele Lehren vom „Ende der Welt" greifen die im Mythos vom Phönix zum Ausdruck gekommene Philosophie auf... Die meisten Apokalypsen ... verkünden, dass dieser Prozess in einer großen „Letzten Schlacht" gipfeln werde, auf die ein Utopia folge..."*

(Quelle: „Die Götter von Eden", *William Bramley*, 1989, S. 123 / 124, Hervorhebung durch den Autor)

Im *Britischen Museum* in London findet sich ein weiterer Hinweis. Eine interessante Darstellung des Phönix auf einer alten ägyptischen Papyrusrolle von *Anhai*. Auf dieser sitzt der Phönix auf der Spitze einer Pyramide… (eines pyramidenförmigen *„ben ben"*). Siehe hierzu auch die Abbildung des Vogels auf der Papyrusrolle in „Die Götter von Eden", S. 122.

Soll die Phönix-Mythologie auch somit „Die letzte Schlacht" symbolisch ankündigen, aus der ein Phönix aus der Asche aufersteht, dessen wahre Geschichte verdreht wurde? Und wenn ja – handelt es sich hierbei tatsächlich um *„O-Siris"*?

Was würde dies bedeuten? Aus welcher Asche sollten die Nephilim auferstehen? Aus der Verbannung, den 10000 Jahren. Für diesen Zeitraum wurden die Fesseln angelegt. Und danach soll geprüft und begutachtet werden, welche der symbolischen „Sieben Gemeinden"

Jahwes sich gebessert haben und welche nicht (und somit inhaftiert werden).

Der Phönix auf der Spitze der Pyramide, einem Symbol der Freimaurer und Illuminaten, scheint eine klare Sprache zu sprechen. Und auch aus der Verdrehung der Aussage in den Heiligen Schriften und der Rolle der Schlange könnte hervorgehen, dass diese den Bann der 10000 Jahre nicht dadurch ablegen wollen, geläutert aus der Sache herauszukommen. Sondern um „die prophezeite Letzte Schlacht" *zu gewinnen!* Und der Schlange (der positiven Seite der „Bruderschaft der Schlange") *ein für alle Mal* wie von diesen angekündigt den Kopf zu zertreten! Um danach ein Reich zu gründen, in dem dann *ganz offiziell* Luzifer an die Stelle von Jesus tritt.

Finden wir also aus diesem Grund die Darstellung des Phönix *auf einer Pyramidenspitze* in der alten ägyptischen Papyrusrolle? *Als eine Art symbolischer Fingerzeig, von wo der Phönix symbolisch aus der Asche wieder auferstehen wird?*

Kontakte mit den „Göttern" haben oftmals Ähnlichkeiten mit Geschichten in der Bibel, die Parallelen zur *„Himmelfahrt des Jesaja"* in den Apokryphen an den Tag legen.

Zu Beginn der dreißiger Jahre des Zwanzigsten Jahrhunderts übernachtete der englische Schriftsteller und Forscher *Paul Brunton* in der Großen Pyramide in Ägypten, nachdem er einen wahren Marathon an Behördengängen hinter sich gebracht hatte. Der Schriftsteller setzte sich in den Raum, löschte das Licht und schloss für eine Weile seine Augen. Achtete jedoch darauf, dass er wach und konzentriert blieb. Folgender Bericht von Brunton wurde von ihm zu diesem Ereignis niedergeschrieben:

„In meiner Umgebung war etwas, das lebte und pulsierte, auch wenn ich immer noch nicht das Geringste sehen konnte ... Ich bin ein Mann, der an Einsamkeit gewöhnt ist – der sie sogar liebt – aber in der Einsamkeit dieser Kammer war etwas Unheimliches und Beängs-

tigendes ... Angst, Furcht und Schrecken wandten mir unentwegt ihre grässlichen Fratzen zu. Ich wollte es nicht, aber meine Hände klammerten sich so fest wie ein Schraubstock aneinander ... Meine Augen waren geschlossen, aber jene grauen, dahingleitenden, nebelhaften Schemenbilder drängten sich in meinen Gesichtskreis. Und immer war da eine unerbittliche Feindseligkeit ... Ein Kreis feindseliger Lebewesen umringte mich, es waren riesige Urkreaturen, grausige Schreckensgestalten aus der Unterwelt in grotesken Formen. Um mich schlossen sich wahnsinnige, grobe und satanische Erscheinungen zusammen. Sie waren entsetzlich abstoßend ... Eine dieser schrecklichen Erscheinungen kam auf mich zu, musterte mich mit bösen, starren Blick und erhob drohend ihre Hände, so als ob sie mir Angst und Schrecken einflößen wollte ... In nur wenigen Minuten erlebte ich Dinge, die sich mir unauslöschlich in die Erinnerung eingruben. Diese unglaubliche Szenerie wird auf mich immer in meinem Gedächtnis haften, so scharf und deutlich wie eine Fotografie. Nie und nimmer im Leben würde ich wieder ein solches Experiment riskieren. Nie würde ich wieder einen nächtlichen Aufenthalt in der Großen Pyramide versuchen."

Doch dies war noch nicht das Ende der Geschehnisse in jener Nacht. Brunton blieb im Sarkophag und rührte sich nicht. *Plötzlich nahm der Spuk eine bemerkenswerte Wende:*

„Ich weiß nicht, wie viel Zeit verging, bis ich eine Gegenwart in der Kammer verspürte..." Brunton bemerkte nun ein Wesen neben sich, das sehr wohlwollend und rein wirkte, ihn mit gütigen Augen ansah. Es erschien ein zweites Wesen und es näherten sich zwei weiß gekleidete Gestalten, die Menschen gleich wirkten und nichts mehr mit den düsteren Schauergestalten zu tun hatten. Laut den Angaben von Brunton ging von diesen menschlichen Wesen, die plötzlich neben ihm erschienen waren, eine *„klösterliche Ruhe"* aus. Und er fragte sich: *„War ich in eine vierte Dimension versetzt und in einer fernen Epoche versetzt wieder aufgeweckt worden?"*

Nach einiger Zeit begannen diese Wesen zu ihm zu sprechen:

„Der Weg des Traumes wird Dich weit weg leiten vom Pfad der Vernunft. Manche sind ihn schon gegangen und zerstörten Geistes zurückgekehrt."

Sie sagten ihm, er solle „den Weg für die Füße der Sterblichen" besser nicht verlassen – und es sei nicht gut gewesen, dass er hierher gekommen sei. Brunton ließ sich aber nicht beirren und antwortete, er wolle den eingeschlagenen Weg weitergehen.

Das Wesen, welches zuerst eingetreten war, antwortete Brunton daraufhin: *„So sei es denn. Du hast Deine Wahl getroffen. Folge ihr also, denn jetzt kannst Du sie nicht mehr widerrufen. Lebe wohl!"*

Danach näherte sich das zweite Wesen und sprach:

„Mein Sohn, die mächtigen Gebieter der geheimen Kräfte haben sich Deiner angenommen. Heute Nacht sollst Du zur „Halle des Wissens" geführt werden."

Brunton ergriff ein merkwürdiges Gefühl, es war wie ein Strudel, der ihn durch eine schmale Öffnung hindurch nach oben zog. Er selbst beschreibt es so:

„Ich sprang in das Unbekannte hinein, und ich war frei – frei ... in dieser vierten Dimension, zu der ich durchgedrungen war!" Was geschehen war, war das Brunton aus seinem Körper herausgeholt wurde und sich von oben selbst starr auf dem Stein liegend sah.

Auch ich hatte dies bereits zweimal erlebt, wie ich an anderer Stelle aufgeführt habe. Und identisches schilderte Erich von Däniken in seinem Buch *„Tomy und der Planet der Lüge"*, von dem er mir persönlich berichtete. Der außerirdische menschliche Tomy hätte existiert und wurde von einer Dame des französischen Geheimdienstes in der Schweiz (!) ermordet. Worüber er mir im Jahr 2011 eine ernstgemeinte Warnung mit auf den Weg gab, wenn ich mich weiter mit dem Thema befassen würde. Er sagte wörtlich: *„Wenn Du wieder* *damit anfängst, dann kommst Du in Teufels Küche! Jedenfalls, etwa 80 % von Tomy hat tatsächlich stattgefunden. Nicht alles so wie es dasteht. Aber 80 % haben stattgefunden! Ich bin Tomy begegnet. Ich habe immer sehnsüchtig gewartet ob er wieder kommt, aber er kam nicht mehr...*" Tomy hatte ihn nach seinem offiziellen Tod durch die Dame des französischen Geheimdienstes per Telepathie zu verstehen gegeben, dass nur sein Körper gestorben wäre, er selbst aber unbeschadet weiter existieren würde. Er hörte dessen Stimme so klar zu dieser Zeit in seinem Kopf, als würde dieser noch physische neben ihm stehen.

Nachdem man in Frankreich also die Region um Gisor, wo man die „Bundeslade" vermutete, zeitweise zum militärischen Sperrgebiet machte, ist der französische Geheimdienst offensichtlich in Absprache mit anderen Geheimdiensten auf Befehl „von ganz oben" dabei, echte Beweise für die Existenz Außerirdischer zu liquidieren.

Tomy wurde von einer französischen Geheimagentin mit einem Elektrophazer ermordet, wie Däniken auch mir persönlich gegenüber berichtete. Aber eben nur seine sterbliche Hülle war tot. Sein Geist lebte weiter. Er sagte zu ihm: *„Mach dir keine Sorgen... Ich bin nicht tot..."*

Paul Brunton ergänzte zu seinem Erlebnis in der Großen Pyramide in Ägypten – und ich kann ihm nur zustimmen:

„Das ist der Zustand des Todes, nun weiß ich, dass ich eine Seele bin und dass ich außerhalb meines Leibes bestehen kann." Und: *„Ich werde immer glauben, denn ich habe es erprobt."*

Brunton beschrieb während der Anfangsphase *Bilder von einer Klarheit, als hätte er die Augen geöffnet,* obwohl er sie zu Beginn noch geschlossen hielt. Auch das habe ich persönlich ebenfalls mehrmals erlebt. Mir wurden auf diese Weise Ereignisse aus der Zukunft gezeigt, die dann infolge *tatsächlich* eintrafen. So zum Beispiel das Zugunglück in Eschede, welches etwa eine Woche nachdem ich die

Bildfolge gesehen hatte in der Realität geschah. Mir wurde sogar die Unglücksursache mitgeteilt: Ein gebrochener Radreifen. Jedoch ohne zeitliche Angabe, wann das Unglück geschehen würde.

Wie bereits benannt, kennt der gebildete Leser jene Erlebnisse und Schilderungsweise in ähnlicher Form aus den Apokryphen, zum Beispiel von der *„Himmelfahrt des Jesaja"*:

„Und seine Augen waren geöffnet, aber sein Mund war stumm, und das Bewusstsein seiner Körperlichkeit war von ihm genommen, aber sein Odem war noch in ihm, denn er sah ein Gesicht.

Und der Engel, der entsandt war, ihn schauen zu lassen, gehörte nicht zu diesem Firmament und nicht zu den Engeln der Herrlichkeit dieser Welt, sondern er war aus dem **siebten Himmel** *gekommen ... `Wer bist du, und wie ist dein Name, und wohin führst du mich aufwärts?` ... `meinen Namen wirst du nicht erfahren, denn du musst in diesen Leib zurückkehren. Wohin ich dich aber empor tragen werde, wirst du sehen, denn dazu bin ich aus dem siebenten Himmel gesandt worden`. Und wir stiegen hinauf zum Firmament ... „* („Die Apokryphen", Die Himmelfahrt des Jesaja / Hervorhebungen durch den Autor)

Es wird deutlich, dass hinter diesen Berichten von Brunton und viele Jahre zuvor von Jesaja ein und dieselbe Technologie und Gruppierung stehen könnte. Am Ende stellt sich somit die Frage: Werden wir tatsächlich von Zeitreisenden besucht? Und wenn ja: Sind es Zeitreisende einer außerirdischen Zivilisation, unsere Nachfahren – *oder trifft sogar beides zu?*

Und beruht die Bibel und viele andere heilige Schriften weltweit in Wirklichkeit ebenfalls auf einen außerirdischen Ursprung von zeitreisenden Völkern unserer eigenen oder anderer Welten?

Es gibt viele Berichte, die für genau jene Thesen sprechen, wie wir noch sehen werden. Denn wenn wir unseren eigenen *heutigen* technologischen Stand als *Maßstab* heran nehmen, *„ob so etwas möglich* *ist, oder nicht"* – dann könnte dies früher oder später unabsehbare Folgen für uns alle haben. Dann, wenn wir Erinnerungen an die Zukunft bekommen – *und die Zukunft unsere Vergangenheit einholt.*

Ich fragte Erich von Däniken: *"Wobei die Geschichte* (mit Tomy, Anm. d. Verf.) *ist ja auch so interessant, weil es ja dann tatsächlich... sein kann durch diese Technologie, oder wie immer Du das nennst, dass Du Dich eigentlich fragen musst: Ist Dein Nachbar wirklich Dein normaler Nachbar oder vielleicht einer dieser Außerirdischen, die unerkannt unter uns leben...*

Und Däniken antwortete mir: *"Ja, das ist genau die Geschichte... Darüber kann man nicht reden. Es sei denn unter vier Augen..."*

Ich möchte hier zwei gravierende Fälle als Beispiele angeben, die für sich sprechen sollen. Die Inkas in Zentralamerika gaben an, dass deren Götter einst vom Himmel gekommen wären und benannten sie als „Sonnengötter." Diese Schilderungen sind nahezu einheitlich in allen anderen ehemaligen Hochkulturen, ob wir nun nach Ägypten schauen, zu den Mayas oder auch nach China.

Doch was sagen die Geheimgesellschaften zu dieser öffentlichen These? Die Freimaurer zum Beispiel, die auf die ägyptischen Traditionen und das Wissen der dortigen Geheimschulen aufbauen, haben inzwischen teilweise öffentlich mit dem verzerrten Weltbild aufgeräumt, dass mit der Sonne in den Darstellungen der Freimaurer die Sonne in unserem Sonnensystem gemeint sei. Hochgradfreimaurer geben inzwischen weltweit übereinstimmend vor der Kamera bekannt, dass mit der Darstellung der Sonne in Wirklichkeit der *Sirius* gemeint ist.

Für die Preisgabe dieses Wissens sei man vor nicht allzu langer Zeit innerhalb des Logentums noch getötet worden, so die Aussage (siehe hierzu u.a. auch die Dokumentation „Riddles in Stone" mit den Interviews zum Thema). Können wir hier tatsächlich davon ausgehen, dass es sich bei den Sirianern um Teile jener Splittergruppe der Föderation handelt, die auf die Erde verbannt wurden? Der Sirius spielt in unzähligen Kulturen eine entscheidende Rolle.

Jahwe aber steht für den ANTICHRISTEN:

Ein anderer bekannter Name für JAHWE ist *Asmedai*. Daraus wurde später „Asmodis" – *der „Teufel."*

Jan van Helsing zur Rolle von Jahwe:

*„Diese zu bekämpfende finstere Macht hat sich im sogenannten „Alten Testament" der Bibel als „Gott" durch Moses und andere Medien offenbaren lassen, beginnend mit den Worten **Jahwes** an den Abraham: hebräisch: „Ani ha EL Schaddai", übersetzt: **Ich bin der El Schaddai** – der verworfene Großengel (Schaddai El) ... der Satan (...laut Herder-Bibel Originalübersetzung 1. Moses: 17, 1)."*

Das Alte Testament ist somit nicht nur den Taten eines Antichristen zuzuordnen, sondern Jahwe selbst steht für den Ur-Antichristen!

Die Herder-Bibelübersetzung interpretiert somit „El Schaddai" mit SATAN, wie Jan richtig erwähnte. siehe hierzu sein Buch „Geheimgesellschaften und ihre Macht im 20. Jahrhundert, Band 1." Jedoch zeigt die Herder-Übersetzung auch ein Problem der Verallgemeinerung, die allgemein gerne in unserem Sprachgebrauch zu finden ist. Besonders wenn es um die Herkunft der Begriffe und Unterschiede von Satan, Luzifer und dem Teufel herauszuarbeiten gilt. Die Verallgemeinerung hinter Satan, Luzifer und dem Teufel das gleiche zu sehen, ist in vielen Nachschlagewerken Normalität. Ich will hier aber etwas tiefer gehen. Hier steckt nämlich der „Teufel im wahrsten Sinne des Wortes *im Detail*" – auch wenn natürlich umgangssprachlich verständlich ist, hinter dem Teufel, Satan und Luzifer das Böse in einer Personifizierung zu vermuten für die Schreiberlinge eines Nachschlagewerkes. Ich möchte es mal so formulieren: *Horus ist laut dem Osiris-Mythos der Sohn von Osiris und Isis. Dies macht den*

Kampf zwischen Gut und Böse, den gefallenen Engeln und den nicht gefallenen Engeln, interpretiert man, umso mehr deutlich.

Isis war die Schwester des Osiris. Sie trauerte damals gemeinsam mit ihrer Schwester Nephtys um ihren von Seth ermordeten Bruder-Gemahl Osiris-Serapis. Sie schenkte dem kleinen Horosknaben das Leben und machte sich auf die Suche nach dem toten Osiris. Horus setzte die von Seth zerstückelte und zerstreute Leiche wieder zusammen und bestattete sie.

*Seth, der Osiris ermordete, ist auch bekannt unter dem Namen SATAN (SETH-AN). Osiris ist aber der gefallene Lichtengel, den man auch unter dem Namen LUZIFER kennt, der zurück in den Himmel aufsteigen möchte... Es ist falsch, wie zuweilen üblich, hinter Satan und Luzifer sowie einigen anderen Vasallen, so wie es in einigen Nachschlagewerken über einen Kamm geschert wird, ein und dieselbe Person zu vermuten. **Denn laut der jüdischen Religion verkörpert Jahwe als Gott der Nilflut den ägyptischen Gott Osiris.** Jahwe ist also der wiedergeborene Osiris.*

Es geht somit um einen Krieg „innerhalb der Familie..."

*Jahwe ist somit **nicht** Satan – sondern **LUZIFER**.*

Er kann, wie ich meine, nicht Seth und Osiris gleichzeitig sein. *Da Seth Osiris der Mythologie nach ermordete.* Erinnern wir uns auch daran, was *Preston B. Nichols* und *Peter Moon*, die Autoren der Montauk-Bücher, hierzu berichtet haben: *Die Ägypter identifizierten Seth mit An, was „der Hund" bedeutet. Daraus wurde später „Satan".*

Letztlich kann man jedoch auch sagen – unabhängig davon, wer Seth(an) ist und wer Jahwe sein sollte: Sie sind *beide* nach den Überlieferungen zwei äußerst unangenehme Zeitgenossen und kommen *beide* aus derselben Region am Firmament unseres Sternenhimmels. Auch die Hochgradfreimaurer wollen uns in einigen Punkten bewusst in die Irre führen, dies soll mein zweites Beispiel belegen: Die

Hochgradfreimaurer bezeichnen es zuweilen abfällig als reine Verschwörungstheorie, das Teile der Stadt Washington D.C. (USA) in Form eines beabsichtigten Pentagramms angelegt worden sein sollen (siehe ebenfalls die Dokumentation „Riddles in Stone" und die darin enthaltenen freimaurerischen Aussagen). Jene „zufälligen" Straßenzüge betreffend, an deren Spitze des Pentagramms das Weiße Haus vorzufinden ist.

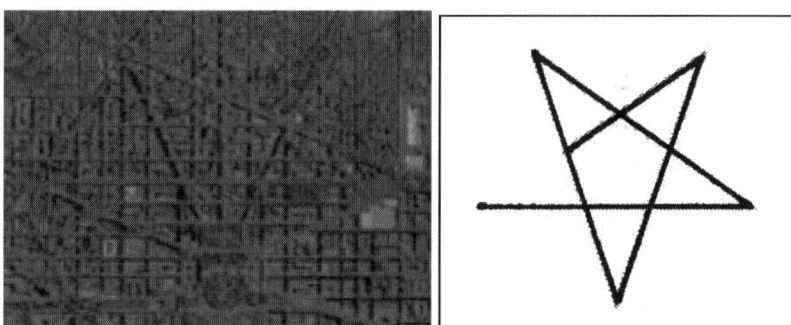

Abb. 83 links: Das Stadtbild von *Washington D.C.* zeigt ein Pentagramm. Die Spitze des Pentagramms unten zeigt auf das Weiße Haus. Von dieser Seite aus links gesehen ist eine Seitenlinie im Stadtbild nicht verbunden. Das Symbol bekommt dadurch eine satanistische Zuordnung. **Abb. 84 rechts:** *Das im Satanismus verbreitete Symbol vom „Fußabdruck des Teufels." Es ist ein Pentagramm, bei dem eine Seitenlinie nicht verbunden ist, was das Symbol unvollständig erscheinen lässt. Gerade dieses offene Pentagramm ordnet es allerdings eindeutig dem Satanismus zu. Auch bekannt als „Fußabdruck des Teufels" mit der offenen Seitenlinie. Genau diese unmissverständliche im Satanismus verbreitete Symbolik finden wir im Stadtbild von Washington D.C..*

Sie argumentieren damit, dass zwar Freimaurer nachweislich bei der Stadtplanung beteiligt waren, aber: Wenn man hier ein Pentagramm beabsichtigt hätte, dann gäbe es nicht jenen Fehler im Stadtbild, dass eine Linie der Straßenzüge *nicht verbunden* wurde. Ein Argument, dass viele Kritiker teilen.

Das Pentagramm wird oftmals leichtfertig als „Zeichen des Bösen" tituliert, obwohl dies so verallgemeinert natürlich nicht stimmt. Negativ wird es lediglich in zwei Fällen beschrieben:

- Wenn es auf den Kopf gestellt wird (mit der Spitze nach unten)
- Wenn *eine der Seitenverbindungen nicht abschließt* – sprich das Pentagramm an einer Stelle „offen" ist (bekannt als der so genannte „Fußabdruck des Teufels").

Das dieses uralte Wissen, welches im wahren Satanismus seit Jahrhunderten gelehrt und in Büchern beschrieben wird, einen Hochgradfreimaurer nicht bekannt sein soll, lässt einige Fragen offen...

Was für den Kritiker also als „Fehler" und Indiz *gegen* eine Verschwörung gewertet wird, ist für Eingeweihte und Satanisten *der Beweis* überhaupt schlechthin.

Im Hebräischen besteht der Name „Jahwe" aus den vier Buchstaben Yod, He, Vau (oder Waw), He, aus diesem Grund wird er auch als Tetragrammaton (Vierbuchstabiger) genannt. Die genaue Aussprache des namens war geheim. Im Alten Testament wurde „Gott" nicht nur mit Jahwe gleichgesetzt, auch Jehova genannt, sondern mit Adonai. Wobei es Quellen gibt, die darlegen, dass Adonai ursprünglich ein weiterer „Gott" war, dessen Taten später vereinheitlicht umgangssprachlich zu „Gott" wurden. Aleister Crowley zieht hier eine Verbindung zwischen Mensch und Gott, da sein Zahlenwert 65 lautet und die 65 in Verbindung des Menschen, symbolisiert durch die Zahl 5, mit „Gott", symbolisiert durch die Zahl 6, darstellen soll. 6 + 6 + 6, die „Heilige Dreifaltigkeit", macht im Zahlenwert deutlich, wen Crowley und andere als ihren Gott ansahen.

Kapitel 5

UN-Heilige Botschaften

Wie durch die religiösen Schriften der verschiedensten Weltkulturen die Bevölkerungen gezielt gegeneinander aufgehetzt werden, dafür ist das Alte Testament in der christlichen Bibel ein gutes Beispiel. Hier wird deutlich, wie „gütig" und „friedlich" der Gott unter der Bezeichnung „Jahwe" ist:

Das Alte Testament, 2. Moses 32, 27: *„So spricht Jahwe, der Gott Israel: ein jeder gürte sein Schwert um die Lenden und gehe durch das Lager hin und her von einem Tor zum anderen und erschlage seinen Bruder, Freund und Nächsten."*

Das Alte Testament, Richter 11, 21: *„Jahwe aber, der Gott Israels, gab Sihon mit seinem ganzen Kriegsvolk in die Hände Israels, und sie erschlugen sie."*

Das Alte Testament, 2. Moses 4, 21: *„Jahwe sprach zu Mose: `Ich will das Herz des Pharao verstocken lassen, dass er das Volk nicht ziehen lassen wird`."*

Das Alte Testament, 5. Moses 31, 3: *„Jahwe, dein Gott, wird selber vor dir hergehen. Er selber wird diese Völker vor dir her vertilgen, damit du ihr Land einnehmen kannst."*

Das Alte Testament, Joshua 10, 40: *„So schlug Joshua das ganze Land ... und ließ niemanden übrig und vollstreckte den Bann an allem, was Odem hatte, wie Jahwe, der Gott Israels, geboten hatte."*

Das Alte Testament, 5. Moses 2, 25: *„Von jetzt an lege ich Furcht und Schrecken vor dir auf die Völker überall unter dem Himmel: sobald sie nur von dir hören, werden sie zittern und beben."*

Das Alte Testament, Joshua 24, 19: *„Er ist ein eifernder Gott, der eure Übertretungen und Sünden nicht vergeben wird."*

Das Alte Testament, 1. Moses 18, 20 – 21: *„Es ist ein großes Geschrei über Sodom und Gomorra, dass ihre Sünden sehr schwer sind. Darum will ich hinabfahren und sehen, ob sie alles getan haben nach dem Geschrei, das vor mich gekommen ist, oder ob`s nicht so sei, damit ich`s wisse."*

Das Alte Testament, 1. Moses 6, 7: *„Ich will die Menschen, die ich geschaffen habe, vertilgen von der Erde, denn es reut mich, dass ich sie gemacht habe."*

Das Alte Testament, 5. Moses 28, 63: *„...so wird er (Jahwe) sich nun freuen, euch umzubringen und zu vertilgen..."*

Das Alte Testament, Jesaia 34, 2: *„Denn Jahwe ist zornig über alle Heiden... Er wird an ihnen den Bann vollstrecken und sie zur Schlachtung dahingeben."*

Das Alte Testament, Jesaia 47, 3: *„Ich will mich rächen, unerbittlich, spricht unser Erlöser..."*

Das Alte Testament, Jesaia 63, 3: *„Und ich habe die Völker zertreten in meinem Zorn und habe sie trunken gemacht in meinem Grimm und ihr Blut auf die Erde geschüttet."*

Das Alte Testament, Jeremia 48, 10: *„...verflucht sei, wer sein Schwert aufhält, dass es nicht Blut vergieße."*

Das Alte Testament, 4. Moses 31,25 – 29: *„Nimm die gesamte Beute an Menschen und Vieh. Du sollst aber für Jahwe als Abgabe erheben von den Kriegsleuten, die in den Kampf gezogen waren, je eins von fünfhundert an Menschen..."*

Das Alte Testament, Richter 10, 7: *„Da entbrannte der Zorn Jahwes über Israel und er verkaufte sie unter der Hand der Philister und Ammoniter."*

Dies waren nur einige wenige Beispiele, wie der „liebe" Gott Jahwe unter den Völkern laut den Heiligen Schriften wütete und gleichzeitig gegen Andersdenkende zu Bluttaten aufrief.

Um Gerechtigkeit walten zu lassen, möchte ich nachfolgend drei weitere Beispiele aufzeigen, was Religion in den Köpfen der Menschen bewirken kann – und auch hier sehe ich das Problem ganz klar in falschen Auslegungen der Übersetzer und gezielter Manipulation, so wie es auch mit der Bibel geschah. Beginnen wir mit dem *Koran (das heilige Buch des Islam)*.

Ich möchte einige Auszüge aus dem Koran hier unkommentiert niederschreiben, so dass ein jeder sich seine eigenen Gedanken dazu machen kann:

Der Koran, Zweite Sure, 191: *„Tötet sie, wo ihr sie trefft, verjagt sie, von wo sie euch vertrieben; vertreiben ist schlimmer, als töten."*

Der Koran, Vierte Sure, 103: *„Wenn du (Mohammed) bei ihnen bist und dich mit ihnen zum Gebet erhebst, so soll sich ein Teil von ihnen mit dir zum Gebet erheben und die Waffen ergreifen."*

Der Koran, Zweite Sure, 218: *„Aber wenn einer von euch, dem Glauben abtrünnig, also als Ungläubiger, stirbt, bleiben auch seine guten Werke in dieser und jener Welt unbelohnt. Das Höllenfeuer ist sein Teil, ewig wird er darin leiden."*

Der Koran, Goldmann Verlag, S. 5: *„Während dreiundzwanzig Jahren erhielt Mohammed diese Offenbarungen, Allahs „unverfälschtes" Wort, als der „letzte", das „Siegel", der Propheten."*

Der Koran, Zweite Sure, 175: *„Jenen, die verheimlichen, was Allah in der Schrift offenbarte, und es für geringen Lohn (Preis) tauschen (also Strafe statt Vergebung wählen), wird Feuer die Eingeweide verzehren."*

Der Koran, Goldmann Verlag, S. 7: *„Die Suren des Korans wurden **erst nach Mohammeds Tode**, 632, im Auftrage von Abu Bekr (Vater von Mohammeds Lieblingsfrau Aischa, einem der ersten Anhänger des neuen Glaubens und späteren Kalifen), **durch Mohammeds vertrauten Schreiber** aus der Zeit in Medina, Said ibn Thabit, **gesammelt. Hierbei gingen kleinere Teile unter Beibehalt mancher Verse*** *widersprechenden Inhalts* – *vorgängige gelten durch spätere als aufgehoben! – verloren.* " (Hervorhebungen durch den Autor)

Der Koran, Goldmann Verlag, S. 9: „*Jesus ist nicht Gottes Sohn, lediglich bevorzugter Prophet Allahs.* "

Der Koran, Goldmann Verlag, S. 9: „*Die christliche Trinität erscheint den Moslems als Widerspruch gegen den reinen Monotheismus: Sie erblicken in der Dreifaltigkeit einen Tritheismus, einen Dreigötterglauben.* "

Der Koran", Goldmann Verlag, S. 12: „*Vor allem sind Wein (auch Alkohol), Schweinefleisch, Blut und Verendetes verboten.* "

Der Koran, Goldmann Verlag, S. 12: „*Heiliges Gebot ist die Befolgung des Aufrufs zum Religionskrieg.* "

Der Koran, Goldmann Verlag, S. 14: „*Religiöser Mittelpunkt wurde Mekka, das in seiner Kaaba, später Bait Allah (Haus Gottes),* **den heiligen schwarzen Stein** *besaß: Hadschar, den* **Meteoriten** (Hervorhebung durch den Autor). "

Sicher nicht ganz ohne Grund wird einigen von Ihnen jetzt der schwarze Monolith aus dem Film „Odyssey 2001 im Weltraum" von Stanley Kubrick in Erinnerung kommen. Kubrick wusste genau, worauf er mit seiner Story anspielte.

Der Koran, Zweite Sure, 9 – 15: „*Da gibt es Menschen, die sprechen zwar: `Wir glauben an Allah und an das Weltgericht!`, doch sind sie nicht gläubig, und sie wollen Allah und die Gläubigen täuschen – aber sie betrügen nur sich selbst; doch dafür fehlt ihnen das Verständnis. Ihr Herz ist krank, und Allah überlässt es mehr und mehr der Krankheit; bittere Strafe wird sie wegen ihres verlogenen Leugnens treffen. Spricht man zu ihnen: `Stiftet kein Unheil auf Erden!` so antworten sie: `Wir sind rechtschaffen (fördern Frieden)!` Doch in Wahrheit sind sie die unheilvollen Weltverderber – und wollen es nicht wahrhaben. Sagt man zu ihnen: `Glaubt doch, wie die anderen glauben!`, dann erwidern sie: `Sollen wir den gleich Toren glau-*

ben?` – doch sie selbst sind die Toren – und wissen es nicht. Treffen sie mit Gläubigen zusammen, sprechen sie: `Auch wir glauben`. Kommen sie aber wieder zu ihren satanischen Verführern, sagen sie: `Wir halten es doch mit euch, und mit jenen treiben wir nur Spott."

Der Koran, Zweite Sure, 105 – 106: *„Auf die Ungläubigen wartet harte Strafe. Die Ungläubigen – jene, die zwar die Offenbarung besitzen (die Juden), und die, welche heidnisch neben Allah an mehr Gottheiten glauben (die Christen) – sie wünschen nicht, dass euch Gutes von eurem Herrn werde, doch Allah ist in unermesslicher Güte huldvoll, zu wem es ihm gefällt."*

Der Koran, Zweite Sure, 51 – 54: *„Denkt daran, wie **wir** für euch zu eurer Errettung das Meer spalteten und vor euren Augen Pharaos Leute ertränkten. Denkt daran, wie ihr, als ich vierzig Nächte mit Moses sprach, das Kalb vergöttert und sündigtet, was **wir** euch später verziehen haben, damit ihr dankbar seid. Auch gaben **wir** Moses die Schrift und die Offenbarung zu eurer Richtschnur."* (Hervorhebung vom Autor)

Der Koran, Zweite Sure, 76: *„Ein Teil hat wohl Allahs Wort vernommen und begriffen, dann aber mit Absicht verdreht, gegen besseres Wissen, in Kenntnis der Folgen."*

Der Koran, Zweite Sure, 84: *„Als wir mit den Kindern Israels einen Bund schlossen, befahlen wir: `Verehrt nur Allah allein, seid gut gegen eure Eltern und Verwandten, gütig zu Waisen und Armen und wünscht den Menschen nur Gutes, redet gut zu ihnen, verrichtet das Gebet und spendet euren Teil zum Almosen.` Doch bald darauf wurdet ihr abtrünnig und fielt mit Ausnahme weniger ab."*

Der Koran, Zweite Sure, 88: *„**Wir** offenbarten bereits Moses die Schrift, ließen ihm noch andere Boten folgen, **wir** rüsteten Jesus, den Sohn Marias, mit überzeugender Wunderkraft aus und gaben ihm den Heiligen Geist."* (Hervorhebungen durch den Autor)

Der Koran, Zweite Sure, 92: „*Warum habt ihr, wenn ihr Gläubige wart, die früheren Propheten Allahs erschlagen?*"

Der Koran, Zweite Sure, 114: „*Die Juden sagen: `Die Christen haben keine Gewissheit.` Die Christen sagen: `Die Juden haben keine Gewissheit.` Und doch lesen beide die Schrift. Ähnlich sprachen die, welche gar keine Offenbarung kannten. Aber Allah wird einst am Tage der Auferstehung über das entscheiden, worüber sie heute streiten.*"

Der Koran, Zweite Sure, 121: „*Juden und Christen werden nicht eher mit dir zufrieden sein, als bis du dich an ihrer Religion bekehrst. Sprich aber: `Nur Allah ist die wahre Richtschnur!`*"

Der Koran, Vierte Sure, 103: „*Ihr begeht keine Sünde, wenn ihr bei Regenwetter, oder wenn ihr krank seid, die Waffen ablegt; doch seid auf eurer Hut vor Überfall. Den Ungläubigen hat Allah eine schmachtvolle Strafe bestimmt.*"

Der Koran, Zweite Sure, 174: „*Euch ist nur verboten: das was verendet ist, und Blut und Schweinefleisch, und was nicht im Namen Allahs geschlachtet (oder Götzen geopfert) ist.*"

Der Koran, Zweite Sure, 195: „*Wer euch feindselig angreift, dem vergeltet auf ähnliche Weise...*"

Der Koran, Zweite Sure, 214: „*Einst hatten die Menschen nur einen Glauben; später (als sie sich spalteten), sandte Allah ihnen Propheten, Heil zu verkünden und mahnend Strafen anzudrohen;*"

Der Koran, Zweite Sure, 191: „*Tötet (bekämpft) für Allahs Pfad – eure Religion –, die euch töten wollen; doch beginnt nicht ihr die Feindseligkeiten;*"

Der Koran, Neunundfünfzigste Sure, 3: „*Aber Allahs Strafgericht kam über sie von einer Seite, woher sie es nicht erwarteten, und er jagte Schrecken in ihre Herzen, so dass sie ihre Häuser – zerstört durch der Gläubigen Hände – zuletzt mit eigener Hand niederrissen."*

Wissen wir von einem mordenden und zur Gewalt aufrufenden „Gott" im Alten Testament der Bibel, so haben wir jetzt auch einen kleinen Einblick in den Koran des Islams bekommen. Kann Gewalt wirklich eine Lösung sein?

Die Juden glauben an die *Thora* – sprich die „Abraham-Religionen" – das „Alte Testament" – welche in der Thora niedergeschrieben stehen. Das dieses ja ebenso vom Christentum gehuldigte Werk voller Gräuel und Grausamkeiten steckt, haben wir bereits aufgezeigt.

Deutlich wird die Aufhetzung der Menschenmassen auch durch den *Talmud*, eine alte jüdische Schrift, in der Andersgläubige nicht geduldet werden und in der Gott „Jahwe" und seine Botschaften gepriesen werden:

Der Talmud, Taanith 10a: *„Das Land Israel wurde zuerst erschaffen und nachher erst die übrige Welt. Das Land Israel wird mit Regenwasser bewässert, die übrige Welt mit dem Rest."*

Der Talmud, Zerror Hammor, Krakau 1595 Fol.145 Kol. 4: *"Der Zweck der Erschaffung der Welt lag nur bei den Juden. Obwohl da alles klar ist, so muss man dieses Wort betrachten und mit dem Gaumen schmecken."*

Der Talmud, Taanith 3b, Aboda zara 10b: *„Wie die Welt nicht ohne Winde bestehen kann, so kann sie auch nicht ohne Juden bestehen."*

Der Talmud, Synthedrin 37a: *"Jeder einzelne (Jude) muss sich sagen: `Meinetwegen wurde die Welt erschaffen.`"*

Der Talmud, Kerethod 6b Seite 78, Jabmuth 61a: *„Nur die Juden sind Menschen, die Nichtjuden sind keine Menschen, sondern Tiere."* (Goyim = Menschenrinder; Einzahl „Goy", Anm. d. Verf.)

Talmud von Babylon, Schrift Baba Mecia, Blatt 114, Spalte 2: *„Ihr Israeliten werdet Menschen genannt, wogegen die Völker der Welt nicht den Namen `Menschen` verdienen, sondern den von Tieren."*

Talmud von Babylon, Schrift Jabmuth, Blatt 94, Spalte 2: *„Die Kinder und Nachkommen von einem Fremden sind wie die Zucht von Tieren."*

Der Talmud, Midrasch Talpioth 225: *„Die Nichtjuden wurden geschaffen, damit sie den Juden als Sklaven dienen."*

Der Talmud, Orach Chaiim 57, 6a: *„Die Nichtjuden sind noch mehr zu meiden als kranke Schweine."*

Der Talmud, Kethuboth 3b: *„Geschlechtsverkehr mit Nichtjuden ist wie Geschlechtsverkehr mit Tieren."*

Der Talmud, Zohar II, 4b: *„Die Geburtsrate von Nichtjuden muss massiv herabgedrückt werden."*

Der Talmud, Iore Dea 337, 1: *„So wie man in Verlust geratene Kühe und Esel ersetzt, so soll man gestorbene Nichtjuden ersetzen."*

Der Talmud, Synthedrin 58b: *"Einen Israeli eine Ohrfeige zu geben ist so, als würde man Gott ohrfeigen."*

Der Talmud, Synthedrin 37a: *„Jeder, der eine jüdische Seele am Leben erhält, ist so wie derjenige, der die ganze Welt erhält."*

Der Talmud, Synthedrin 37a: *„Jeder, der eine jüdische Seele vernichtet, ist so wie derjenige, der die ganze Welt vernichtet."*

Der Talmud, Sabbath I, 37b: *„Bedeutend ist die Beschneidung. Wenn sie nicht wäre, könnte die Welt nicht bestehen."*

An zwei Talmudstellen gleichlautend zu finden, II, 1 / 67a, II, 128a: *„Alle Juden sind geborene Königskinder."*

Der Talmud IV, 8, 4a: *„Auf die Juden ist Gott (Jahwe) überhaupt nicht zornig, sondern nur auf die Nichtjuden."*

Der Talmud V, 3, 91b: *„Die Juden sind nach dem Talmud vor Gott (Jahwe) angenehmer als die Engel."*

Der Talmud I, 1, 7: *„Gott (Jahwe) lässt seine Majestät nur unter dem ihm zugehörigen Juden wohnen."*

Der Talmud V, 2, 43b und 44a: *"Der Mensch (Jude) muss an jedem Tag drei Segenssprüche sagen, nämlich, dass Jahwe ihn nicht zu den Goy, nicht zu einem Weibe und nicht zu einem Unwissenden gemacht hat."*

Der Talmud II, 12, 3ab: *„Ihr habt mich (Jahwe) zum einzigen Herrscher der Welt gemacht, daher werde ich euch (Juda) zum einzigen Herrscher in der Welt machen."*

Talmud von Babylon, Synthedrin 104a, Spalte 1: *„Wo immer sich die Juden niederlassen mögen, müssen sie dort die Herren werden, und solange sie nicht die unumschränkte Herrschaft besitzen, müssen sie sich als Verbannte und Gefangene fühlen, auch wenn sie einige Völker schon beherrschen; solange sie nicht alle beherrschen, müssen sie unaufhörlich rufen: Welche Qual, welche Schande!"*

Der Talmud, Sabbath 105a: *„Ich (Jahwe) mache dich (das Judentum) zum Stammvater unter den Völkern, ich mache dich zum Auserwählten unter den Völkern, ich mache dich zum König über die Völker, ich mache dich zum Geliebten unter den Völkern, ich mache dich zum Besten unter den Völkern, ich mache dich zum Vertrauten unter den Völkern."*

Der Talmud, Synthedrin 59a: *„Wenn sich ein Nichtjude mit der Thora befasst, so verdient er den Tod."*

Der Talmud, Eben-Ha-Eser, 6 und 8: *„Was ist eine Prostituierte? Irgendeine Frau, die keine Jüdin ist."*

Talmud IV, 4, 52b: *„Einem Nichtjuden gegenüber begeht der Jude keinen Ehebruch ... Strafbar für Juden ist nur der Ehebruch an des*

Nächsten, das heißt des Juden Weib. Das Weib des Nichtjuden ist ausgenommen."

Talmud IV, 4, 81 und 82ab: *"Ein Eheweib gibt es für den Goyim (Nichtjuden) nicht, sie sind nicht wirklich ihre Weiber."*

Talmud IV, 3, 173b: *"Wer klug sein will, beschäftige sich mit Geldprozessangelegenheiten, denn es gibt keine größeren Eckpfeiler in der Thora, denn sie sind wie eine sprudelnde Quelle."*

Der Talmud, Zohar I, 168a: *"Juden müssen immer versuchen, Nichtjuden zu betrügen."*

Der Talmud, Abhodah Zarah 2a: *"Treibe Handel mit Nichtjuden, wenn sie kein Geld bezahlen sollen."*

Der Talmud, Babba Bathra 54b: *"Nichtjüdisches Eigentum gehört dem Juden, der es als erstes beansprucht."*

Der Talmud, Choschen Ham 183, 7: *"Wenn zwei Juden einen Nichtjuden betrogen haben, müssen sie den Gewinn teilen."*

Der Talmud, Babha Kama 113a: *"Jeder Jude darf mit Lügen und Meineiden einen Nichtjuden ins Verderben stürzen."*

Talmud IV, 3, 54b: *"Die Güter der Goyim sind der herrenlosen Wüste gleich, und jeder, der sich ihrer bemächtigt, hat sie erworben."*

Talmud IV, 1, 113b: *"Es ist dem Juden gestattet, den Irrtum eines Nichtjuden auszubeuten und ihn zu betrügen."*

Talmud IV, 2, 70b: *"Von dem Nichtjuden darf man Wucher nehmen."*

Der Talmud, Erubin 43b: *"Sobald der Messias kommt, sind alle Sklaven der Juden."*

Talmud von Babylon, Schahhschrift, Seite 120, Spalte 1: *"Der Messias wird den Juden die Herrschaft über die ganze Welt geben. Und ihr werden alle Völker unterworfen werden."*

Talmud von Babylon, Synthedrin, Blatt 88b, Spalte 2 und Blatt 89 und 99a, Spalte 1: *„Der Messias wird den Juden das königliche Zepter über die Welt geben, und alle Völker werden ihnen dienen und alle Nationen der Welt werden ihnen untertan sein."*

Abarbanel, Masmia Jesua, Blatt 49a, ergänzende Schrift zum Talmud: *„Den Zeiten des Messias wird ein großer Krieg vorausgehen, in dem zwei Drittel der Menschheit umkommen wird."*

Der Talmud, Jalkut chadasch 171, 2: *„Es ist verboten, einem Nichtjuden die Geheimnisse des Gesetzes zu offenbaren, und wer diese einem Nichtjuden entdeckt, der tut so viel, als wenn er die ganze Welt zerstört hätte."*

Rabbiner *Dr. Selig Gronemann* in einem Prozess vor dem Landgericht Hannover, 23.11.1894: *„Der Talmud ist die maßgebende Gesetzesquelle der Juden und besitzt noch volle Gültigkeit."*

Übrigens wird immer wieder behauptet, die „Protokolle der Weisen von Zion" seien eine Fälschung. Wenn sie aber tatsächlich eine Fälschung wären, dann ist es doch verwunderlich, dass die Aussagen im Talmud inhaltlich *nahezu identisch* mit den Aussagen in den Protokollen sind, und der Talmud ist sicherlich keine Fälschung. Zwar ist es unerwünscht, dass der Talmud von Nicht-Juden übersetzt wird, aber es ist nicht verboten.

Jan van Helsing meint ergänzend: *„Auch ist mir die Frage nach der „Echtheit" unverständlich. Das würde der Aussage entsprechen, dass die Zehn Gebote nicht echt seien. Es ist vollkommen gleichgültig, ob die Zehn Gebote von Gott, einem Außerirdischen oder Herrn Müller sind. Es gibt sie jetzt, jeder kann sie lesen, sich seine Gedanken darüber machen und sie auch anwenden. Der Ursprung ist völlig irrelevant. So ist es auch mit den „Protokollen."* (Geheimgesellschaften und ihre Macht im 20. Jahrhundert)

Ich persönlich denke, man kann das jüdische Volk ebenso wenig für den Talmud verantwortlich machen, wie man genauso wenig die katholischen Christen für das Alte Testament oder die Moslems für blutige Anstiftungen im Koran verantwortlich machen kann. *Wichtig ist, dass man solchen Aufrufen in religiösen Schriften, die Gewalt, Mord und andere Straftaten und Diskriminierungen zu legalisieren scheinen, nicht Folge leistet. Leider war das in der Vergangenheit nicht immer so, und deshalb stehen wir heute da, wo wir eben stehen…*

Bringen wir zum Abschluss noch einige Zitate von Freimaurern zu ihrer „Religion", die aufzeigen – auch hier ist Handlungsbedarf angebracht. Erinnern wir uns nochmals an folgendes Zitat:

„Was soll uns Johannes (die unteren Johannes-Grade 1-3, Anm. d. Verf.)? *Nichts anderes als uns seinen friedsamen Namen leihen, damit wir unsere Feinde überrumpeln. Was soll uns das Symbol? Es soll uns Schild und Schirm sein am Tage des Kampfes. Nichts weiter. Was sollen uns alle Formen der Logen? Sie sollen uns verstecken vor unseren Feinden."* (Quelle: Freimaurer *Hermann Settegast* in „Die deutsche Freimaurerei, ihre Grundlagen, ihre Ziele", Berlin, 1919, 9. Auflage, S. 44)

„Es soll nur eine einzige freimaurerische Regierung für die ganze Welt eingesetzt werden, es soll nur ein einziges unsichtbares Oberhaupt geben." (Quelle: Freimaurer-Zeitung, Leipzig 1873, Nr. 25)

„Die Freimaurerei sei berufen, als die geeignete Dolmetscherin des Willens der Volkssouveränität die Geschichte der Länder und der ganzen Menschheit zu bestimmen. Auf diesem Kongress wurde die Hoffnung ausgesprochen, dass der Tag kommen würde, an dem die Monarchien Europas zusammenstürzen. Das ist der Tag, den wir erwarten, und dieser Tag ist nicht mehr fern." (Quelle: Aufsatz „Weltrepublik" im Mecklenburger Logenblatt, Jahrgang 1889, S. 197)

„…Vernichtet den Feind, wer es auch sei, vernichtet den Mächtigen mittels übler Nachrede und Verleumdung, aber vernichtet ihn so

frühzeitig, wie nur möglich. Man muss zur Jugend gehen: Die Jugend muss man verführen, sie muss, ohne dass sie es ahnt, unter den Fahnen der geheimen Gesellschaften gesammelt werden ... Ihr wisst, dass derjenige, der sich freiwillig oder unfreiwillig verrät, damit sein Todesurteil unterzeichnet. " (Quelle: Dokument der italienischen Freimaurerei vom 21.10.1821, veröffentlicht von *Crétineau-Joly* in „L`Eglise Romaine contre la Révolution", Paris, 1859, 2. Band, S. 86)

„Wir müssen den aufrührerischen Geist unter den Arbeitern aufrechterhalten, denn durch sie alleine werden wir die Revolution in die einzelnen Staaten bringen können. Niemals dürfen die Ansprüche der Arbeiter gestillt werden, denn wir haben ihre Unzufriedenheit nötig, um die christliche Gesellschaft zu zersetzen und die Anarchie herbeizuführen. " (Aus einer Rede des Großmeisters der B´nai B´rith-Loge im Jahr 1897 auf einem Baseler Kongress, die zusammen mit anderen Dokumenten nach der Flucht von *Bela Kuhn* in einer Freimaurerloge in Budapest aufgefunden wurde, veröffentlicht in „II Regime Fascita", 8.7.1941, Jahrgang 27)

„Blind vertrauen wir uns einer unbekannten Führerhand an. " (Quelle: „Instruktionen für Lehrlinge" des Logenverbandes in der Schweiz, S. 11)

„Ihr sollt in Reden und Betragen vorsichtig sein, dass auch der scharfsinnigste Fremde nichts zu entdecken vermöge, was nicht geeignet ist, ihm eröffnet zu werden. Zuweilen müsst ihr auch ein Gespräch ablenken und es klüglich zur Ehre der Ehrwürdigen Bruderschaft leiten. " (Quelle: Aus dem Grundgesetz der Freimaurer „Die alten Pflichten", VI. Hauptstück, 4. Punkt, laut „Internationales Freimaurerlexikon", S. 20)

„Tatsache ist, dass die „Society of Masons" und alle mit ihr in geschichtlichem Zusammenhang stehenden älteren Sozietäten mit Nachdruck die Behauptung abgelehnt haben, dass sie ein Geheimbund seien, und dass sie sich amtlich nie eine Geheimgesellschaft,

wohl aber sehr oft eine "unsichtbare Gesellschaft" genannt haben." (Quelle: Freimaurer *Ludwig Keller* laut „Freimaurer-Lehrbuch für Brüder der unabhängigen deutschen Großloge: Freimaurerbund zur aufgehenden Sonne", von „Bruder" *Dr. Rudolf Penzig*, Stuttgart, S. 9)

„Das Geheimnis gehört zu den allerwirksamsten Faktoren unserer Tätigkeit..." (Quelle: Großmeister *Adriano Lemmi* in „La Rivista della Massoneria Italiana", 1890, S. 3)

„Alle Bundespapiere haben die Mitglieder sorgfältig aufzubewahren und vor unbefugter Einsichtnahme zu schützen. Für entstehende Indiskretionen und deren eventuelle Folgen ist jeder Bruder der Loge und dem Bund gegenüber verantwortlich. Dies gilt ganz besonders in Bezug auf die Mitglieder-Verzeichnisse, auf deren Geheimhaltung die größte Sorgfalt zu verwenden ist. Ferner hat jeder Bruder die Pflicht, seine Angehörigen dahingehend zu unterrichten, dass bei seinem Tode dem Meister vom Stuhl sofortige Anzeige zu erstatten ist und alle freimaurerischen Bücher, Zeitschriften, Dokumente, Abzeichen und Korrespondenzen einem legitimierten Beauftragten der Loge unentgeltlich zuzustellen sind." (Quelle: Broschüre „Freimaurerbund zur aufgehenden Sonne, Nürnberg, Geschäftsordnung für Logen", als Manuskript gedruckt, S. 10)

„Indirekt, wenn nicht gar tätiger weise, ist jeder Profane, der mehr von der esoterischen maurerischen Arbeit erfahren hat, als er sollte, ein Feind." (Quelle: Der Hochgradfreimaurer *Carl H. Claudy* in seinem Standardwerk „Introduction to Freemasonry III – Master Mason", 34. Auflage, Washington, 1949, S. 147f)

„Ich bin auch Freimaurer des 33. Grades und Mitglied der Delta Kappa Epsilon, der Phi Delta Phi und der Michigamus – alles Geheimgesellschaften." (Der amerikanische Präsident *Gerald Ford* gegenüber einem Journalisten, zitiert nach *Peter Blackwood* in „Die Netzwerke der Insider", Leonberg, 1986, S. 43)

„Die Größe Britanniens ist das Werk der Freimaurerei." (Quelle: „The Freemasons`s Chronicle", London, Jahrgang 1902, I, S. 319)

„Die französische Revolution von 1789 ist nur ein Werk der Freimaurerei gewesen; denn alle hervorragenden Männer jener Zeit waren Freimaurer. Nachher hat der Freimaurerbund daselbst gleichfalls die Revolution der Jahre 1830 und 1848 geleitet." (Quelle: „Freimaurer-Zeitung", Leipzig, 24.12.1864)

„Im Allgemeinen bekommt in der französischen Republik niemand ein wichtiges Amt, wenn er nicht von der Loge empfohlen wird." (Quelle: Freimaurer *Ernst Freymann* (*Dr. Paul Köthner*) in „Auf den Pfaden der internationalen Freimaurerei", Berlin, S. 7)

*„Ein Vorwurf gegen die Freimaurerei hat viele stutzig gemacht: Die Freimaurerei treibt zu viel Politik, sie treibt nichts anderes als Politik. Aber, großer Gott, wie sollte sie denn etwas anderes treiben als Politik? ... **Vielmehr sahen wir uns unter dem Druck der Gesetze und der Polizei genötigt, dasjenige zu verheimlichen, was zu tun ist, ja einzig zu tun, unsere Aufgabe ist.**"* (Quelle: Freimaurer *Gonard* am 18.9.1886 auf einem Bankett des französischen Großorients laut „Bulletin du Grand Orient de France", 1886, S. 545, laut *J. Linbrunner* in „Freimaurer und Umsturz", Regensburg, 1919, S. 18, Hervorhebung durch den Autor)

„Zögern wir nicht, unsere zerstörerischen Kräfte bis zum Übermaß zu gebrauchen... Wir haben nicht zu fragen, was wir an Stelle des Zerstörten zu setzen haben." (Quelle: Freimaurer *Maurice Maeterlinck* in „Der Zirkel", Zeitschrift der österreichischen Freimaurerei, Wien, Jahrgang 1898, S. 65)

„Entweder sind wir die Erzeuger oder die Lenker der öffentlichen Meinung oder wir haben überhaupt keine Existenzberechtigung" (Quelle: „Rivista massonica" Jahrgang 1889, S. 19)

„Die Nachrichten sind das, was ICH sage, was sie zu sein haben. Sie sind das, was MEINEN Gesichtspunkten nach wichtig zu wissen ist."

(Quelle: „Who owns the TV-Network", Hochgradfreimaurer *Eustace Mullins*, „The News Twister", Edith Efron, Manoe Books, New York, 1972)

„Die Freimaurerei muss die Macht haben und sie hat sie: die öffentliche Meinung zu erzeugen und zu lenken." (Quelle: „Rivista massonica," Jahrgang 1892, S. 2)

„Gebt mir die Kontrolle über die Währung einer Nation und es ist mir gleichgültig, wer ihre Gesetze macht!" (Quelle: Hochgradfreimaurer *Amschel Mayer Rothschild*, 1743 – 1812)

„Es gibt eine Kraft, so organisiert, so subtil, so perfekt und so (alles) durchdringend, dass man nicht einmal darüber nachdenkt, wie man etwas dagegen tun könnte." (Quelle: Zitat Hochgradfreimaurer *Woodrow Wilson*, US-Präsident)

„Natürlich gibt jeder Bürger seine Stimme ab, und er denkt dabei, dass er für den, den ER will, stimme. Wir jedoch wissen, dass er für den, den WIR wollen, stimmt. Das ist das heilige Gesetz der Demokratie." (Quelle: Freimaurer *Ilja Ehrenburg* in seinem 1931 erschienenem Buch „Die Traumfabrik")

Zum Abschluss ein Zitat von Freimaurer *Albert Pike* an dieser Stelle: *„Die Mehrheit der Bürger wird, gottgläubig wie sie ist, nach der Enttäuschung durch das Christentum und daher ohne Orientierung, besorgt nach einem neuem Ideal Ausschau halten, ohne jedoch zu wissen, wen oder was sie anbeten soll. Dann sind die Menschen reif, das reine Licht durch die weltweite Verkündigung der reinen Lehre Luzifers zu empfangen, die endlich an die Öffentlichkeit gebracht werden kann. Sie* (die Verkündung, Anm. d. Verf.) *wird auf die allgemeine reaktionäre Bewegung folgen, die aus der gleichzeitigen Vernichtung von Christentum und Atheismus hervorgehen wird ...*

Folgendes müssen wir der Menge sagen: `Wir verehren Gott, aber unser Gott wird ohne Aberglauben angebetet.` Euch, den großen Generalinstruktoren, sagen wir, was ihr den Brüdern der 32., 31.

und 30. Grade wiederholen sollt: Die Maurer-Religion sollte von uns allen, die wir Eingeweihte der höchsten Grade sind, in der Reinheit der luziferischen Doktrin erhalten werden ... (Quelle: Auszug aus einem Brief von *Albert Pike*, Hochgradfreimaurer, vom 15. August 1871, der vor einigen Jahren im *Britischen Museum* in London ausgestellt wurde)

Und wer ist „Gott" Jahwe symbolisch in der Freimaurerei?

Ein Hochgradfreimaurer berichtet hierzu: *„Jehova-Gott (Jahwe) wird im Freimaurertempel dargestellt durch den Meister vom Stuhl, der den Winkel um den Hals trägt – der Winkelmann! Jehova Gott repräsentiert das luziferianische Prinzip!"* (Quelle: „Geheimgesellschaften 3 – Krieg der Freimaurer", Ein Hochgradfreimaurer packt aus, Jan van Helsing, 2010, S. 77)

Nach diesem Überblick durch einige der Weltreligionen und die Welt der Freimaurer kann sich nun jeder selbst sein eigenes Bild machen. Es wird wohl ohne Frage deutlich, dass hier die Völker gegeneinander aufgehetzt werden.

Interessanterweise könnte Jesus Christus als der älteste antisemitische oder antikhasarische (Ashkenazim) Aufständler der Geschichte bezeichnet werden.

Nicht nur, weil er *gegen den Willen* der Römer und deren Stadthalter Pilatus von den Juden ans Kreuz gebracht wurde (glaubt man den geschichtlichen Überlieferungen) oder weil er laut dem *Neuen Testament* seinen einzigen in der Bibel beschriebenen Wutausbruch gegen die Händler und Geldwechsler im jüdischen Tempel richtete.

Lesen wir hierzu einige Beispiele aus dem Pentateuch, dem hebräischen Alten Testament, um zu verstehen, *warum* Jesus bei den Geldhändlern so reagiert und sich damit scheinbar *gezielt* gegen den alttestamentarischen „Gott" Jahwe wendet: Pentateuch, 5. Buch Mose, 23.32: *„Von einem Ausländer darfst du Zinsen (im Luthertext: Wu-*

cher) nehmen, aber nicht von deinem Bruder (Juden), auf das dich Jahwe ... segne in allem... "

Pentateuch, 5. Buch Mose, 15.6: „*Denn der Herr, dein Gott, wird dich segnen, wie er dir zugesagt hat. Dann wirst du vielen Völkern leihen, doch du wirst niemanden borgen; du wirst über viele Völker herrschen, doch über dich wird niemand herrschen.*"

Jesus ging die Juden sogar sehr direkt an und prophezeite ihnen ein bitteres Ende und *identifizierte deren alttestamentarischen Gott*, auf den sich das Judentum beruft, mit *Teufel*...

Lesen wir hierzu in der *Bibel*, als er zu einer Gruppe von Juden sprach: „*Wäre Gott wirklich euer Vater, dann würdet ihr mich lieben. Denn ich bin von Gott zu euch gekommen. Ich kam nicht aus eigenem Antrieb, sondern er hat mich gesandt. Warum versteht ihr denn nicht, was ich sage? Weil ihr es nicht ertragen könnt, meine Worte zu hören. Ihr seid Kinder des Teufels, der ist euer Vater, nach seinen Wünschen handelt ihr. Er ist von Anfang an ein Mörder gewesen und hat niemals etwas mit der Wahrheit zu tun gehabt, weil es in ihm keine Wahrheit gibt. Wenn er lügt, so entspricht das seinem Wesen; denn er ist ein Lügner, und alle Lüge stammt von ihm.*" (Neues Testament, Johannes, 8, 42)

Bang! Das ist deutlich, was Jesus hier über Jahwe ablässt. Deutlicher geht es fast gar nicht mehr: „*...Er ist **von Anfang an** ein **Mörder** gewesen und hat **niemals etwas mit der Wahrheit zu tun** gehabt, weil es in ihm keine Wahrheit gibt. Wenn er lügt, so entspricht das seinem Wesen; **denn er ist ein Lügner**, und alle Lüge stammt von ihm.*" (Hervorhebungen durch den Autor).

Im inzwischen aufgetauchten Judas-Evangelium geht Jesus, sollte es sich um ein echtes Evangelium handeln, wofür derzeit einiges spricht, *noch* weiter und unterscheidet *klar und deutlich* zwischen dem alttestamentarischen „Gott", den er erneut als Lügner und Mörder tituliert, und dem Gott, den er seinen Vater nennt! Wir kommen später im Buch nochmals ausführlich auf das Judas Evangelium zu sprechen.

Im Neuen Testament geht Jesus sogar soweit, den Juden für die Letzten Tage **das Ende deren Vormachtstellung** zu prophezeien:

Die Bibel, Neues Testament, Matthäus 21, 43: *„Das Reich Gottes wird von euch genommen und einem anderen Volk gegeben werden, das die erwarteten Früchte hervorbringt."* (Hervorhebung durch den Autor)

Man könnte sich aus unparteiischer Sicht vorstellen, dass gewisse Leute nicht unbedingt auf die Wiederkehr von Jesus warten...

Und man muss sich die Frage stellen, wie die Welt heute mit Jesus` antisemitischen und antikhasarischen Sprüchen umgehen würde, würde er tatsächlich wie angekündigt wiederkehren.

In Deutschland hätte er sicherlich schlechte Karten – aber ebenso in allen Ländern, die durch dasselbe Geschichtsbild geprägt wurden. *Es ist doch wirklich ein unglaublicher Gedanke, mit dem sich niemand wirklich befassen will...*

Würde Jesus heute *so* auftreten wie er es damals tat, dann würde ihn wahrscheinlich den Herrschenden nach das gleiche Schicksal treffen wie einen *Jan van Helsing*. Im besten Falle würde man ihn als einen Schwindler und Volksverhetzer titulieren, wie damals vor etwa 2000 Jahren bereits geschehen, oder als rechtslastig.

Und im schlimmsten Fall, falls er tatsächlich mit Kräften aufwartet, die das derzeitige Machtsystem *ernsthaft* in Gefahr bringen könnten, würden vermutlich die Killerkommandos an jeder Ecke auf ihn warten, um die bestehende Weltordnung und die „Nationale Sicherheit" (...) aufrechtzuerhalten und den „Staatsfeind Nr. 1" (...) zu eliminieren. Oder glauben Sie ernsthaft, dass er seine Aussagen von damals revidiert und als Falschinformation zurücknimmt? Wir sind heute in der vorteilhaften Lage, es nicht zu wissen. Wir stellen nur fest. Warum er dies damals so beschrieben hat, wie es in der Bibel im Neuen

Testament aufgeführt steht, ob es nur Blödsinn war, darüber müssen andere urteilen.

Einigen stellt sich hinsichtlich solcher geschichtlich überlieferten Berichte im Neuen Testament vermutlich diese Frage, ob Jesus, wenn er denn *tatsächlich* in den Letzten Tagen wie angekündigt wiederkehrt, seine Aussagen von damals vor der Welt zurücknehmen würde? Nach dem Motto: *„Ihr habt recht, ich hatte mich getäuscht..."* Gut, vielleicht hat er sich ja getäuscht und gibt das dann zu Protokoll... Obwohl er laut dem Neuen Testament immer wieder vorher wusste, was geschehen würde – einschließlich dem Verrat an seiner Person und wer diesen begehen würde. Warten wir es also ab.

Ich wundere mich somit seit Jahrzehnten, warum das Neue Testament noch nicht aufgrund antisemitischer und antikhasarischer Inhalte verboten wurde. Und das meine ich ohne Spott, denn die hier vorgebrachten Aussagen und geschichtlichen Hintergründe sind ja nicht von der Hand zu weisen und dort nachzulesen. Und sicherlich gibt es Leute unter der Bevölkerung, die nicht wirklich verstehen, warum Jesus die Juden als „Kinder des Teufels" bezeichnen darf, deren Reich in den letzten Tagen von ihnen genommen wird, alle Christen in der Kirche das Johannes- und Matthäus-Evangelium huldigen und predigen – aber die Mitmenschen der eigenen Religion, die *solche Aussagen wiedergeben*, möglichst sofort in Gefängnis stecken möchten.

An welche Antwort glauben Sie? Wenn Jesus nicht wie angekündigt mit den Wolken wiederkehrt, dann kennen wir die Antwort. Dann stimmt unter Umständen etwas anderes nicht...

Aber was ist, *wenn er wiederkehrt?*

Ich betone hierbei, dass ich diese Betrachtungsweise aus völlig unparteiischer Sicht von außen wiedergebe, da ich keiner christlichen Religion angehöre. Für mich persönlich gilt die Devise, dass ich ohne Zweifel an Gott glaube, aber nicht an die Aussagen der heiligen

Schriften im Detail, geprägt von Verdrehungen und bewussten Verfälschungen der einstig realen Vorgänge und Erlebnisse der Augenzeugen.

Was sicherlich nicht bestritten werden kann ist, dass im Judentum Jesus eine andere Rolle besitzt, als im Christentum. Für die Juden ist er nur ein „guter Prediger" – nicht aber wie im Christentum „der Sohn Gottes." Im Falle des Judentums ist dies nicht sonderbar verwunderlich, betrachtet man einige der Aussagen von Jesus im Detail.

Denn ansonsten müssten diese sich eingestehen, dass das Reich Gottes in den Letzten Tagen von ihnen genommen wird… Und sie „Kinder des Teufels" wären, siehe Johannes 8, 42…

Was ebenfalls *nicht* bestritten werden kann, ist die Tatsache, dass das Freimaurertum sich in diesem Punkt nicht der christlichen Religion anschließt, *sondern die Meinung des Judentums vertritt.*

Auch für jene ist Jesus nur ein hervorragender Prediger, *nicht* aber der Sohn Gottes. Festgehalten in unzähligen Aussagen aus dem Freimaurertum. Siehe u.a. hierzu auch die Aussagen ehemaliger Freimaurer in der Dokumentation *„Freimaurerei – Von der Dunkelheit ins Licht."*

Ebenfalls nicht bestritten werden kann, dass die Gründungsmitglieder der ersten offiziellen Großloge der Freimaurerei im Jahre 1717, betrachtet man die Auszüge der freimaurerischen Schriften, ausschließlich aus Juden bestand und dass das Freimaurertum in vielen Punkten auf die Lehren der Kabbala, ein antikes jüdische Buch des Okkulten, aufbaut. Noch heute gibt es Freimaurerlogen, in die nur Juden aufgenommen werden: die *B´nai B´rith*-Logen. Ein weiterer Zufall?

Tatsache ist zumindest, dass den Freimaurern in den unteren Logen bewusst nicht die Wahrheit über den Symbolismus und die wahren Hintergründe gelehrt werden. Hierzu sagte *Albert Pike*, Satanist und Hochgradfreimaurer, wie erwähnt folgendes: *„Die blauen Grade* *stellen den Außenhof oder den Säulengang des Tempels dar. Ein Teil der Symbolik wird dort dem Eingeweihten gezeigt, aber er wird absichtlich durch falsche Interpretationen in die Irre geführt. Es ist nicht beabsichtigt, dass er sie verstehen soll, sondern es ist beabsichtigt, dass er sich vorstellen soll, sie zu verstehen."* (Quelle: *Albert Pike*, Illuminati und Freimaurer des 33. Grades sowie Satanist, in „Moral und Dogma", S. 819)

Viele Freimaurer höheren Grades zeigen in ihren eigenen Schriften deutlich auf, dass sie Luzifer als ihren Gott ansehen: *„Ja, Luzifer ist Gott und unglücklicherweise ist Adonai, der Gott der hebräischen Bibel, ebenfalls Gott. Und die wahre und reine philosophische Religion ist der Glauben an Luzifer, dem gleichgestellten Adonais. Aber Luzifer, Gott des Lichtes und Gott des Guten, kämpft für die Menschheit gegen Adonai, den Gott der Dunkelheit und des Bösen."* (*Albert Pike*, Hochgradfreimaurer, Instruktionen für das 23. Supreme Council of the World am 14. Juli 1889)

Nebenbei angemerkt: Ein anderer Name für Lilith ist, wie bereits an anderer Stelle beschrieben, *Ki-sikil-lil-la-ke* (sumerisch). Übersetzt bedeutet dies: *Mädchen, welches das Licht gestohlen hat* oder *sich des Lichts bemächtigt hatte* (siehe hierzu auch „Lilith, Die erste Eva", *Sigmund Hurwitz*, 4. Auflage, 1998, S. 60).

„Wenn der Maurer lernt, dass der Schlüssel zum Krieger des Blocks die richtige Anwendung des Dynamos lebender Kraft ist, dann hat er das Mysteriums seines Handwerks erlernt. Die brandenden Energie Luzifers befinden sich in seinen Händen und bevor er auf oder absteigt muss er seine Fähigkeit beweisen." (*Manley P. Hall*, Freimaurer des 33. Grades, in „Lost Keys of Freemasonry", Seite 48)

Hatte Jesus sich also geirrt? ODER wusste er über Dinge Bescheid, die im Hintergrund passieren und vor sich gehen, so wie er über andere Vorgänge offensichtlich Bescheid wusste, sogar bereits bevor sie eintraten, glaubt man dem Neuen Testament?

Würde die deutsche Bundesregierung Jesus dann aufgrund von Volksverhetzung ins Gefängnis stecken? Den Verfassungsschutz auf ihn ansetzen? *Und wenn ja, zu Recht – oder (diesmal) zu Unrecht, weil er wieder etwas wusste, was andere nicht wissen oder wissen wollten?*

Was glauben Sie? Würde Jesus heute seine Aussagen, in denen er die Juden als Kinder des Teufels bezeichnete und deren Gott als den Teufel (Johannes, 8, 42) zurücknehmen? *Und wenn er alles über die Zukunft wusste, warum hatte er sich in diesem Punkt getäuscht?*

War er doch nicht allwissend?

Wir können ihn derzeit nicht fragen.

Jesus ergänzend laut Johannes-Evangelium, 8.47: *„Wer Gott zum Vater hat, der hört, was Gott sagt. Aber ihr habt ihn nicht zum Vater, darum hört ihr es nicht.“*

Jesus weiter über Gott vor seinen jüdischen Zuhörern, Johannes, 8.55: *„Ihr habt ihn niemals gekannt. Aber ich kenne ihn…“*

Jesus, Johannes-Evangelium, 8.40/41: *„Alles, was ich getan habe, bestand immer nur darin, euch die Wahrheit weiterzugeben … Trotzdem versucht ihr mich zu töten … ihr tut dasselbe wie der, der in* **Wirklichkeit** *euer Vater ist…“* (Hervorhebung durch den Autor)

Jesus, Johannes-Evangelium, 8. 55: *„Ich wäre ein Lügner wie ihr, wenn ich behauptete, dass ich ihn nicht kenne.“*

Weiter heißt es im Johannes-Evangelium, 8. 59: *„Da hoben sie Steine auf und wollten ihn töten. Aber Jesus verbarg sich vor ihnen und verließ den Tempel.“*

Dies bedeutet, es handelte sich nicht um einen einzigen Satz von Jesus, sondern einen längeren Dialog, in dem Jesus den Inhalt seiner Aussage *immer wieder wiederholt* und unterstreicht. Und der damit endet, dass man versuchte, ihn im Tempel zu ermorden. Jesus sprach diese Worte in dem Raum, wo die Kästen für die Geldspenden aufgestellt waren (Johannes, 8. 20).

Jesus über den Teufel, den er ihren Vater nannte, ergänzend, siehe Johannes 8. 38: *„Ich rede über das, was **mein** Vater mir gezeigt hat. Ihr aber tut, was **euer** Vater euch gesagt hat."*

Jesus ergänzend im Johannes-Evangelium, 3. 8: *„Der Sohn Gottes ist auf die Erde gekommen, um die Werke des Teufels zu zerstören..."* Jesus hierzu ergänzend, siehe Johannes, 5. 16: *„...Mein Vater ist ständig am Werk. Und ich bin es auch." Daraufhin waren sie noch fester entschlossen, ihn zu töten...*

Die Aussage, dass er Juden als Kinder des Teufels stigmatisierte, führten zu einer Gegenreaktion, Johannes, 8. 48: *Die Zuhörer erwiderten: „Du bist ein Samaritaner und bist von einem bösen Geist besessen..."*

Jesus im Matthäus-Evangelium, 12. 27-28: *„Wenn der Satan sich selbst austriebe, dann wäre mit sich selbst uneinig. Wie könnte dann seine Herrschaft bestehen? Und wenn ich böse Geister austreibe, weil ich mit dem Satan im Bunde stehe, wer gibt dann euren Leuten die Macht, böse Geister auszutreiben? Eure eigenen Anhänger beweisen, dass ihr im Unrecht seid. Wenn ich aber mit Hilfe von Gottes Geist die bösen Geister austreibe, so könnt ihr daran sehen, dass Gott schon angefangen hat, mitten unter euch seine Herrschaft aufzurichten..."*

Und infolge sagte Jesus einen Satz, der durch Präsident George Bush jr. nach den Anschlägen vom 11. September 2001 missbraucht wurde, um seine Allianz für in seinem Zwecke zu schmieden: *„Wer nicht für mich ist, ist gegen mich..."* (siehe diese Worte von Jesus im Matthäus Evangelium, 12. 30)

Viele glauben, dass der Zeitpunkt, wann und ob es zu der letzten entscheidenden Schlacht kommt, von der nicht nur in der Bibel im Neuen Testament berichtet wird, „in den Sternen steht."

Damit mögen sie Recht haben. Allerdings finden sich in den Heiligen Schriften *Hinweise* darauf, was dieser großen, alles entscheidenden Schlacht *vorausgehen* soll:

Es soll in einer Zeit geschehen, wenn der große (Salomonische) Tempel offensichtlich wieder aufgebaut worden ist. Wir sind bereits darauf eingegangen, was wirklich hinter dieser Symbolik zu stecken scheint.

Kapitel 6

Verbotene Schriften

In den „verbotenen" Evangelien finden wir weitere Schlüsselelemente auf dem Weg der Wahrheitssuche. Warum diese Evangelien offiziell teilweise als Fälschungen entlarvt wurden, erschließt sich dem Leser sofort, wenn er sich mit den Texten beschäftigt. Denn dort wird das heile aufgebauschte Bild der Kirchen über Ereignisse in der Vergangenheit total über den Haufen geworfen.

Das Kirchenkonzil von Konstantinopel (1. Konzil 381 n. Chr. / 2. Konzil 553 n. Chr.) entschied darüber, was in die Bibel aufgenommen werden sollte und was nicht. So fielen viele Schriften aus der damaligen Zeit der Zensur zum Opfer. Nicht zuletzt deshalb, da ausgesonderte Inhalte und Evangelien nicht dem Bild entsprachen, welches man der Menschheit, warum auch immer, mit auf den Weg geben wollte.

Was aber nicht bedeutet, dass diese Inhalte falsch sind. Im „Kindheitsevangelium des Thomas" erfahren wir zum Beispiel mehr über die vermeintliche Kindheit von Jesus Christus. Und dabei wird deutlich, dass Jesus als kleiner Junge alles andere als der friedliche, unschuldige Heilsbringer war, entgegen dem Bild, wie man es von ihm in den Darstellungen der Bibel kennt.

Was aus dem „Thomas Evangelium" hervorgeht ist, dass Jesus schon in jungen Jahren seine übernatürlichen Fähigkeiten entwickelt hatte. Allerdings mit jenem Unterschied zu den in die Bibel aufgenommenen Texten, das er sie nicht nur zum Heil der Menschen einsetzte, sondern dabei auch Menschen zu Tode kamen. Wen wundert es also, dass diese Texte nicht in die Bibel aufgenommen wurden. Aber kann man die Wahrheit finden, wenn man nur die Fakten berücksichtigt, die einem genehm sind?

Er tat wunderbare Dinge, konnte aber in jungen Jahren oftmals seinen Zorn nicht bremsen, wodurch andere Menschen als Opfer seiner übernatürlichen Fähigkeiten den Berichten zufolge zu Tode kamen.

Man bekommt nach Kenntnis dieser Schriften das Gefühl nicht los, als ob Jesus das Martyrium am Kreuz erleiden musste, um seiner eigenen Kindheit Rechnung zu tragen. Jesus hat ohne Zweifel versucht, vom Kreuz herabzusteigen, doch seine übernatürlichen Fähigkeiten waren plötzlich wie verschwunden, was ihn zu dem Ausruf *„Mein Gott, mein Gott, warum hast Du mich verlassen?"* („Die Bibel", Das Neue Testament, Markus, 34) veranlasste.

Lesen wir deshalb, zum besseren Verständnis, einige Abschnitte im Kindheitsevangelium des Thomas, Kapitel 1-3:

„Als dieser Junge (Jesus) fünf Jahre alt war, spielte er einmal, nachdem es geregnet hatte, am Übergang eines Baches, führte die vorbei fließenden Wasser in Teiche zusammen und machte sie sofort klar. Allein durch das Wort erteilte er ihnen dazu den Befehl. Aus weichem Lehm, den er sich bereitete, formte er zwölf Sperlinge. Es war aber Sabbat, als er das tat. Doch auch viele andere Kinder waren mit ihm beim Spielen.

Als ein Jude sah, was Jesus am Sabbat beim Spielen machte, ging er sofort los und beschwerte sich bei dessen Vater Josef: `Sieh nur, dein Junge ist am Bach. Aus Lehm formte er zwölf Vögel und hat damit den Sabbat entweiht.`

Als nun Josef an die Stelle kam und es sah, fuhr er ihn an: `Warum tust du am Sabbat etwas Verbotenes?` Jesus aber klatschte in die Hände und rief den Sperlingen zu: `Fort mit euch!` Und die Sperlinge breiteten die Flügel aus und flogen zwitschernd davon.

Als die Juden das sahen, staunten sie. Sie gingen los und berichteten ihren Führern, was sie Jesus hatten tun sehen. *Der Sohn des Schriftgelehrten Annas aber stand dort bei Josef und brachte mit einem*

Weidenzweig das Wasser, das Jesus zusammengeführt hatte, zum Abfließen.

Als Jesus sah, was geschehen war, wurde er wütend und sagte zu ihm: `Du Ungerechter, Gottloser und Dummkopf, was haben dir denn die Teiche und die Wasser getan? Siehe, jetzt wirst auch du wie ein Baum verdorren und weder Blätter noch Wurzeln tragen.`

Und sofort verdorrte jener Junge völlig. Jesus aber zog sich zurück und ging heim in das Haus Josefs. "

Doch dies war nicht die einzige schlimme Tat, die Jesus den Berichten nach vollbracht hatte. Das Kindheitsevangelium des Thomas, Kapitel 4:

„Bald darauf ging er wieder durch das Dorf. Da lief ein Junge heran und stieß ihn an seine Schulter. Da wurde Jesus sauer und sagte zu ihm: `Du sollst deinen Weg nicht fortsetzten!`

Und sofort fiel er hin und starb. Einige, die sahen, was geschehen war, sagten: `Woher stammt dieser Junge, dass jedes seiner Worte vollendete Tat ist?`"

Jesus scheint also bereits im Alter von fünf Jahren die Gabe von übernatürlichen Fähigkeiten besessen zu haben, aber er wusste noch nichts über Ursache und Wirkungen, die damit verbunden waren. So kam es zu unabsehbar grausamen Folgen. Als er älter und reifer war, wurde er sich scheinbar über die Tatsache bewusst, dass ein Werkzeug *eine dunkle* Seite und *eine helle* Seite besitzt. Wir können ein Messer für die Hausarbeiten nutzen – aber eben auch damit den Bauch eines Menschen aufschlitzen.

Ein Junge im Alter von fünf Jahren muss sich, ausgestattet mit solchen Kräften, erst einmal über die *Auswirkungen* bewusst werden, die damit verbunden sind, und kann die schwerwiegenden Folgen von kindlichen Fehlentscheidungen nicht immer richtig abwägen.

Als Jesus älter wurde, scheint sich sein Leben grundlegend geändert zu haben. Er durchlebte in der Kindheit die schweren Folgen von Fehlentscheidungen, die prägend für seinen weiteren Weg waren.

Das Kindheitsevangelium des Thomas, Kapitel 5: *„Da rief Josef den Jungen zu sich und wies ihn zurecht mit den Worten: `Warum stellst du solche Dinge an? Die Leute leiden doch darunter, und so hassen und verfolgen sie uns.`*

Da antwortete Jesus: `Ich weiß, dass diese Worte nicht deine eigenen sind, dennoch will ich um deinetwillen schweigen. Jene aber werden ihre Strafe zu tragen haben.` Und sofort erblindeten die, die ihn angezeigt hatten."

Kann man einem Fünfjährigen seine Taten vorwerfen?

Man fängt schnell an, sich ein falsches Urteil zu bilden. Aber stellen Sie sich vor, unsere Zivilisation wäre evolutionär auf jenem Stand, den Jesus in sich trug. Und alle unsere Kinder würden mit jenen Fähigkeiten auf die Welt kommen, die Jesus zu eigen hatte.

Es ist sehr leicht zu sagen, dass man dann immer nur richtig und gut handeln wird, wenn man die Macht selbst nicht besitzt. Aber wenn Kinder mit solchen Fähigkeiten auf der Welt wandeln, dann wäre es äußerst leichtgläubig davon auszugehen, dass ein Messer doch für die Hausarbeit zu gebrauchen ist *und niemanden verletzten kann.*

Die letzte Versuchung Christi:

Jesus hatte auch in seinen weiteren Lebensjahren stets erneute Auseinandersetzungen mit dem „Teufel", der ihn weiterhin in Versuchung führte. Dies wurde unter anderem auch in der Bibel im Neuen Testament überliefert. Doch in den reiferen Jahren gelang es ihm, sich nicht mehr in Versuchung führen zu lassen und dem Teufel zu widerstehen. Er wollte seine Fähigkeiten nicht mehr gegen die Menschheit einsetzen, sondern ihnen ausschließlich helfend zur Seite stehen.

Die meisten Menschen verleugnen diesen Kampf zwischen Gut und Böse, der in uns ist. Sie unterteilen die Welt in „Schwarz" und „Weiß" und die Menschen ebenso. Doch dies wird bei der Wahrheitssuche nicht wirklich dienlich sein. Und eben dieser Kampf zwischen Gut und Böse und seinen verschiedenen Fassaden spiegelt sich auch in den Erlebnissen Jesus' wieder, wenn man danach sucht:

Die Bibel, Lukas, 4, 33-36: *„In der Synagoge war ein Mann, der von einem bösen Geist besessen war. Er schrie laut: `Was hast Du mit uns vor, Jesus von Nazareth? Willst du uns zugrunde richten? Ich kenne dich; du bist der, den Gott gesandt hat!` Jesus befahl dem bösen Geist: `Sei still und verlass den Mann!` Da zerrte der Geist den Mann nach vorn, warf ihn zu Boden und verließ ihn, ohne ihm einen Schaden zuzufügen. Die Leute erschraken alle und sagten zueinander: `Wie redet dieser Mensch? Mit unwiderstehlicher Macht befiehlt er den bösen Geistern zu weichen, und sie gehorchen.`"*

Es werden sogar regelrechte Kämpfe zwischen Gut und Böse mit Jesus in der Bibel beschrieben, die ihn anscheinend wieder für sich gewinnen wollten. Siehe auch im Neuen Testament, Lukas, 4, 6-7:

„Darauf zeigte ihm der Teufel auf einen Blick alle Reiche der Welt und sagte: `Ich will dir die Macht über alle diese Reiche in ihrer ganzen Größe und Schönheit geben. Sie ist mir übertragen worden, und ich kann sie weitergeben, an wen ich will. Alles soll dir gehören, wenn du dich vor mir niederwirfst und* **mich** *(Hervorhebung durch den Autor) anbetest.`"

Die Bibel, Das Neue Testament, Lukas, 4, 9-13: *„Zuletzt führte ihn der Teufel nach Jerusalem, stellte ihn hoch oben auf den Tempel und sagte: `Wenn du wirklich Gottes Sohn bist, dann spring doch hinunter; denn in den heiligen Schriften steht: `Gott wird seinen Engeln befehlen, dich zu beschützen.` Und: `Sie sollen dich auf Händen tragen, damit du dich an keinem Stein stößt.` Jesus antwortete ihm: `Es heißt in den heiligen Schriften auch: Du sollst den Herrn, deinen*

Gott, nicht herausfordern.` Als der Teufel mit all dem Jesus nicht zu Fall bringen konnte, ließ er ihn vorläufig in Ruhe."

Die einseitige Schilderungsweise, die uns die Kirche von der Person Jesus vermitteln will, scheint also auf Selektion zu beruhen.

Und wir brauchen nicht wirklich damit hinter den Berg zu halten, gehen doch ein Großteil der Kriege der Vergangenheit bis heute auf die Kappe der ach so fehlerfreien Kirche, einschließlich der Inquisition im Mittelalter, bei der unzählige Menschen verfolgt und ermordet wurden.

Niemand ist ohne Sünde. Und es wird seinen Grund haben, warum die Geschichte Jesus offiziell so plötzlich im Alter von Mitte dreißig beginnt und den Angaben zufolge nichts über die Jahre zuvor in Erfahrung zu bringen sein soll. Und auch unter den Lesern wird es keinen geben, der frei von Sünde ist. Es geht im Leben wohl eher darum, zu lernen – und die Schattenseiten, die uns auf dem Weg zur Erkenntnis verführen, abzulegen und so zu besseren Menschen zu werden. Dies gestehe ich auch einem Jesus Christus zu.

Wer mit dem Finger auf andere zeigt, sollte bei sich selbst anfangen.

Ich habe Jesus des Öfteren als eine Art „Uri Geller der Vergangenheit" bezeichnet. Und dies trifft die Wahrheit wohl mehr, als alles andere.

Nehmen wir dieses Beispiel doch nochmals etwas näher zum Vergleich heran. Wenn wir Uri Geller in einer Talkshow sehen, dann bekommen wir doch nahezu alle den Eindruck, dieser Mann ist das Gute in Person. Doch auch er wurde verführt. Man hatte, um ein Beispiel zu nennen, von geheimdienstlicher Seite versucht, die Kräfte von Uri Geller und die Person Uri Geller für negative Machenschaften zu missbrauchen (inzwischen versuchte man ihn durch Zaubershows wie „The next Uri Geller" gezielt zu denunzieren, bei denen außer ihm wahrscheinlich kein einziger Kandidat anwesend war, der nicht mit Tricks gearbeitet hat, wie ich aus erster Hand von *Kan-*

didaten selbst erfahren habe, die dort mitgewirkt haben. Und das ist auch der Grund, warum kein einziger der Kandidaten im Nachhinein, so wie es damals bei Uri Geller geschah, ebenfalls von Geheimdiensten und Wissenschaftlern getestet wurde (es ging offensichtlich nur um die Einschaltquote der „Privaten").

Der am Ende Drittplatzierte der ersten Staffel von „The next Uri Geller", *Nicolai Friedrich*, schrieb mir beispielsweise zu der Fernsehshow und seinen „übernatürlichen Kandidaten":

„ *...Ich glaube nicht, dass es jemals eine Show mit „echten Phänomenen" geben wird ... Jedenfalls arbeiten **alle** sogenannten Mentalisten ... mit „Tricks bzw. Methoden..."* (Quelle: Auszug aus einer Email von dem Mentalisten *Nicolai Friedrich* an den Autor Dan Davis, „The next Uri Geller", 1. Staffel, 15. Mai 2008 / Hervorhebung durch den Autor)

Zu *Uri Geller* selbst schrieb *Nikolai Friedrich*:

„*Ich halte Uri Geller für eine außergewöhnliche Persönlichkeit ... Ich glaube ... dass es viele Dinge zwischen Himmel und Erde gibt, die wir nicht erklären können, aber ob und inwieweit (er) ... über solche Fähigkeiten (verfügt)... kann ich nicht beurteilen ... obwohl ich das bei dem ein oder anderen Phänomen nicht ausschließen möchte... Ich halte Uri Geller für eine außergewöhnliche Persönlichkeit..."*

(Quelle: Auszug aus einer Email von *Nicolai Friedrich*, „The next Uri Geller", 1. Staffel, 15. Mai 2008)

Uri Geller hat darüber zur Genüge in seinen Büchern von den Schattenseiten berichtet, die er durchlaufen musste. Aber er hat sich von diesen negativen Kräften abgewendet, die von ihm verlangten, den Herzschlag von Lebewesen zu stoppen und ähnliches.

Und dies sollte uns allen immer wieder vor Augen gehalten werden: Solche Kräfte, evolutionär bedingt oder in unsere Evolution hineingetragen, sind nicht „Gut" oder „Böse" – sie sind *neutral* – wie das zweischneidige Messer.

Und deshalb sind sie in einer evolutionär noch unterentwickelten Gesellschaft eine große Gefahr!

Hätten beispielsweise heute alle Menschen auf der Erde diese Kräfte bei dem *aktuellen evolutionären Stand*, dann würde ein großes Schlachten stattfinden und die Menschheit würde daran zugrunde gehen.

Die Evolution arbeitet deshalb offensichtlich interaktiv im Hintergrund. Es wird sich erst dann etwas verändern, wenn sich das Bewusstsein der Menschheit verändert hat.

Auch Uri Geller, der mir selbst einige interessante Dinge berichtete und aufzeigte, hat somit eine befleckte Vergangenheit – so wie jeder von uns. *Der eine mehr, der andere weniger.*

So plagt Uri Geller zum Beispiel ein Ereignis aus seiner Vergangenheit, als er im Sechs-Tage-Krieg in Israel einen Soldaten erschossen hat. Uri Geller hat dieses Erlebnis lange Zeit nicht verarbeiten können – und vielleicht schafft man so etwas nie ganz. Er gab an, immer wieder im Traum die letzten Sekunden vor sich zu sehen, als er diesem gegenüberstand und ihn tötete. Es war Krieg, und Uri Geller wollte sein eigenes Leben retten. Trotzdem plagen ihn seitdem die Selbstvorwürfe. Und er würde wahrscheinlich heute alles dafür geben, wenn er dieses Ereignis rückgängig machen könnte. *Er wurde selbst zum Spielball der Mächtigen und geriet dabei zwischen die Fronten.*

Ich persönlich habe manchmal den Eindruck, dass Uri Geller mit seinem missionarischen Eifer, den er so viele Jahrzehnte in sich trug, etwas vor Gott wieder gut machen wollte. Hätte er den Mann nicht erschossen, wäre er womöglich selbst erschossen worden. War Jesus also „nur" eine Art „Uri Geller" der Vergangenheit?

Aus den verbotenen Evangelien geht deutlich hervor, dass die Augenzeugen hinter Jesus *eine außerirdische Macht* vermuten. Denn der gelehrte Zacharias berichtet im Kindheitsevangelium des Thomas, Kapitel 7, 1-2, folgendes:„ *Dieser Junge ist **nicht erdgeboren**. Er kann sogar Feuer bändigen. Vielleicht ist er sogar vor der Erschaffung der Welt gezeugt worden. Was für ein Mutterleib ihn getragen hat, was für ein Mutterschoß ihn genährt hat – ich weiß es nicht. Weh mir Freund, er übertrifft mich, ich kann seinem Denkvermögen nicht folgen. Ich habe mich selbst betrogen, ich dreimal Unglücklicher. Ich wollte einen Schüler und habe einen Lehrer bekommen.* " (Hervorhebung durch den Autor)

Im späteren Verlauf, als Jesus *sechs* Jahre alt war, begann er bereits zu lernen, was gut und was schlecht ist und offensichtlich gezielt vermehrt Gutes zu tun. Auch darüber berichtet das Thomas Evangelium umfangreich.

Das Kindheitsevangelium des Thomas, Kapitel 10, 1-2:

„ Wenige Tage später fiel einem jungen Mann, der in einer Ecke Holz hackte, die Axt aus der Hand, und spaltete damit seinen ganzen Fuß. Am Blutverlust starb er. Als sich nun Geschrei und Tumult erhob, lief auch der junge Jesus dorthin. Er drängte sich mit Gewalt durch die Menge und fasste den zerschlagenen Fuß des jungen Mannes an. Sofort war er geheilt. Er aber sagte zu dem jungen Mann: `Steh auf, spalte das Holz und erinnere dich an mich!`"

Ähnliche Taten werden auch dem Propheten Elija zugeschrieben, siehe Könige 17, 19-24:

„ ...Er nahm ihr das tote Kind vom Schoß, trug es in die Dachkammer... Dann legte er sich dreimal auf den Leichnam des Kindes ... Der Herr erhörte sein Gebet und gab dem Kind das Leben zurück. Elija nahm den Jungen bei der Hand, brachte ihn hinunter zu seiner Mutter und sagte zu ihr: „ Sieh her, er lebt!"

Warum die Juden in Jesus nur „einen guten Prediger" und nicht „den Sohn Gottes" sehen, erklärt sich wie bereits erwähnt von selbst, wenn man die Aussagen von Jesus betrachtet, in denen er die im Judentum verbreiteten Praktiken teilweise als Mumpitz aufzeigt. Wie beispielsweise auch aus dem Thomas-Evangelium zum Thema Beschneidung hervorgeht: „*Seine Jünger fragten ihn (Jesus): `Ist die Beschneidung nützlich oder nicht?` Er sagte zu ihnen: `Würde sie nützen, dann würde ihr Vater sie in ihrer Mutter beschnitten entstehen lassen...*"

(Das Thomas-Evangelium, 53)

Jesus trat zudem verbal gegen die (auch im Darwinismus verbreiteten und gelehrten) Auswahlverfahren vieler Menschen an. Sprich wer „würdig" zu sein hat und wer nicht. Bei dem jene, welche augenscheinlich nicht dem gängigen perfekten Bild erscheinende außen vor gelassen werden. Oft verpackt in angekündigter Doppeldeutigkeit von ihm aufgezeigt. So auch im Thomas-Evangelium, 66: „*Jesus sagte: `Zeigt mir jenen Stein, den die Bauleute abgewiesen haben. Er ist der Eckstein`.*"

Und auch im Thomas-Evangelium geht Jesus scharf gegen die herrschenden Machthaber auf der Erde ins Gericht: „*Ich werde dieses Haus umstürzen, und niemand wird es (wieder) aufbauen können...*" (Das Thomas-Evangelium, 71)

Und er setzte sich gegen jene ein, die andere Menschen gezielt in die Verschuldung treiben und daraus ein Geschäft machen: „*Jesus sagt: `Wenn ihr Geld habt, leiht es **nicht** gegen Zinsen aus, sondern gebt es dem, von dem ihr es nicht zurückbekommt.`*" (Das Thomas-Evangelium, 95, Hervorhebung durch den Autor)

Er machte aber auch deutlich, dass es durchaus gefährlich ist, sich an seine (echte, unverfälschte) Seite zu begeben, da die Welt in Feindeshand ist: „*Jesus sagte: `Wer mir nah ist, ist dem Feuer nah, und* *wer mir fern ist, ist dem Königreich fern...* " (Das Thomas-Evangelium, 82)

Im *Nikodemusevangelium* wird näher darauf eingegangen, warum Jesus zum Tode verurteilt wurde, 4. Kapitel, 4-5: „*Die Juden antworteten Pilatus: `Wir wollen, dass er gekreuzigt wird.` Pilatus entgegnete: `Er verdient es nicht, gekreuzigt zu werden.` Als sich der Stadthalter in der Menge der jüdischen Zuschauer umschaute, sah er viele Juden weinen. Da sprach er: `Nicht die ganze Menge will, dass er stirbt.` Die Ältesten der Juden aber erwiderten: `Doch, deshalb sind wir hier – die ganze Menge – hergekommen, dass er stirbt!` Pilatus fragte die Juden: `Weshalb soll er sterben?` Sie antworteten: `Weil er behauptet hat, dass er der Sohn Gottes und ein König sei.`* " (Hervorhebungen durch den Autor)

Einige der Juden wenden sich infolge gegen die Worte der jüdischen Ältesten, die den Tod von Jesus fordern: „*Einer der Juden aber trat vor und bestand darauf ein Wort an den Stadthalter zu richten ... Und der Jude sagte: `Ich lag 38 Jahre auf einer Bahre mit ungeheuren Schmerzen. Als Jesus kam, wurden viele von Dämonen Besessene und von zahlreichen Krankheiten Geplagte von ihm geheilt. Einige junge Männer, die Mitleid mit mir hatten, trugen mich auf der Bahre und führten mich zum ihm. Als Jesus mich ansah, erbarmte er sich meiner und sprach zu mir: `Nimm dein Bett und geh umher!` Und ich nahm mein Bett und ging umher!`*

Die Juden sagten dem Pilatus: `Frag ihn doch, an welchem Wochentag er geheilt wurde!` Der Geheilte antwortete: `Am Sabbat`. Da sprachen die Juden: `Haben wir es nicht so geschildert, dass er am Sabbat heilt und Dämonen austreibt...` " (Das Nikodemusevangelium, Kapitel 6, 1)

Wenn die Anschuldigungen stimmen, die kursieren, dann sind die Schlussfolgerungen daraus geradezu bahnbrechend. Denn dies würde bedeuten, dass u.a. die katholische Kirche und andere christliche Glaubensgemeinschaften und Sekten zumindest in den eingeweihten

Kreisen wissentlich einen anderen Gott vertreten und anbeten, als man es nach außen der Bevölkerung verkauft. Nämlich den Antichristen!

Und tatsächlich gibt es eine Vielzahl von Fakten, die genau diese Anschuldigungen untermauern. Betrachten wir uns deshalb nachfolgend einige wenige der Beispiele aus einer Vielzahl an Auffälligkeiten, die zusammengenommen ein völlig eigenes Buch füllen würden. Die katholische Kirche soll also in Wirklichkeit eine luziferianische „satanische" Kirche sein?

Kann das wirklich stimmen?

Lassen wir sämtliche Fälle von Kindesmissbrauch außer Acht, die unter anderem im Jahr 2020 wieder verstärkt die Gemüter erhitzten, und betrachten uns zum Beispiel des „Bekreuzigungs-Ritual" etwas näher.

Das Bekreuzigungs-Ritual

Haben Sie sich nicht auch schon einmal bekreuzigt? Damit stehen Sie nicht alleine da. In der katholischen und orthodoxen Kirche hat das Ritual eine lange Tradition. Nur in der evangelischen Kirche wird es in der Regel nicht angewendet, da das Ritual in der Bibel keine Erwähnung findet.

Doch wissen Sie wirklich, was Sie dabei tun?

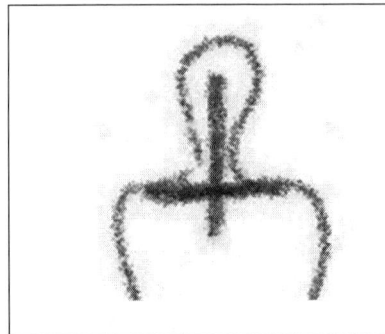

Abb. 85: Beim Bekreuzungsritual zeichnet man, was fast niemand bewusst ist, das Symbol des Antichristen nach, sprich ein auf den Kopf gestelltes Kreuz.

Sie zeichnen an sich das umgekehrte Kreuz des *ANTICHRISTEN* nach.

Um das Ritual auszuführen, gehen die Gläubigen mit der Hand von der Stirn hinunter in gerader Linie zur Brust – und danach von der linken zur rechten Schulter. Kaum jemanden ist dabei bewusst, dass hierbei das „Petrus-Kreuz" nachgezeichnet wird, welches im Satanismus bewusst Verwendung findet. Und niemand protestiert.

Blasphemie?

Man unterscheidet bei den Katholiken zwischen dem großen und dem kleinen Kreuzzeichen. Das große Kreuzzeichen wird in der katholischen Kirche auf diese Weise ausgeführt: „*Vorerst vereine man beide Hände vor der Brust, lege dann die linke Hand flach vor die Brust (infra pectus, ungefähr in der Gegend des Herzens) und suche beifolgende Figur (im Original ist eine Skizze in Form eines Kreuzes abgebildet) möglichst genau (nicht in kreisförmiger Bewegung) nachzubilden. Das heißt man erhebe die rechte Hand mit ausgestreckten und aneinander geschlossenen Fingern bis zur Stirn, wobei die innere Handfläche dem Körper beziehungsweise der Stirn ganz zugekehrt sein muss, berührt danach wirklich (nicht scheinbar) mit den Spitzen der drei ersten Finger unter den Worten In nomine Patris die Stirn, ohne das Haupt dabei zu neigen, lasse dann in der geraden Linie die Hand bis zur Brust hinab, berühre diese und spreche et Filii, hierauf führe man die Hand zur linken Schulter, berühre sie und spreche et Spiritus, nun bringe man die etwas gekrümmte Hand (in gerader Linie) zur rechten Schulter und berühre sie und spreche sancti und vereine bei Amen die Hände wieder vor der Brust."* (Quelle: *Repertorium Rituum*, S. 211)

Wissen wir also wirklich alles, was wichtig ist über die katholische Kirche und ihre Lehren? Oder werden uns entscheidende Dinge verschwiegen, um die Menschheit in die Irre zu führen? Wem huldigt man durch dieses Ritual WIRKLICH? Dem „Lieben Gott" – oder *jenem*, dessen Symbol man hier am Körper nachzeichnet:

„Satan" / den ANTICHRISTEN?

Und passt dies alles nicht „wunderschön" zusammen mit dem blutigen sich selbst widersprechenden „Gott" des Alten-Testaments?

Ein weiterer Hinweis liegt im Namen der Stadt Rom selbst, wo sich der Vatikan befindet: ROMA! Roma ist die Umkehrung von AMOR. AMOR = Liebe. ROMA ist somit symbolisch *das Gegenteil von Liebe*. Man sollte meinen, dass der Papst und sein Umfeld, wenn sie denn das sind, was uns *offiziell* verkauft wird, auf Details achten, die sie **vom Antichristen abgrenzen**. Doch genau das GEGENTEIL ist der Fall. Als *Papst Johannes Paul* zum ersten Mal die USA besuchte, war seine Telefonnummer beispielsweise die „666"... (siehe hierzu auch „666 – Die Zahl des Tieres", *Johannes Rosenkranz*, 3. Auflage, 2000, S. 12)

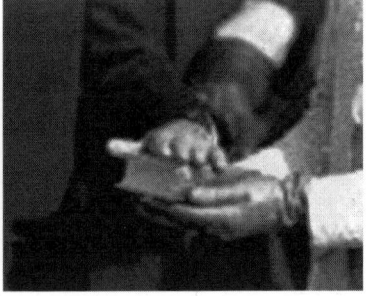

Abb. 86 links: Präsident *Barack Obama* beim Schwören des Amtseides mit der Hand auf der Bibel. Der Präsident kam dabei ins Stocken. Der Amtsschwur wurde deshalb für ungültig erklärt und später wiederholt. *Diesmal ohne Bibel...* **Abb. 87 rechts:** Die Hand von US-Präsident Obama liegt beim 1. Schwur auf der *Bibel*. *Jesus sagte aber sehr deutlich, man solle überhaupt nicht schwören!* Unwissenheit der Elite (...) oder gezielte Veralberung einer überwiegend unwissenden Bevölkerung, die die Bibel zwar größtenteils *in ihrem Besitz*, aber *noch nie im Detail gelesen hat*? Die Antwort ist sicherlich nicht schwer zu erahnen. Der 1. Amtsschwur wurde für ungültig erklärt. Beim 2. Amtsschwur „vergaß" Barack Obama die Bibel. *Er wird wissen, warum...*

Betrachten wir uns ein weiteres Beispiel unglaublicher Naivität, das eigentlich die Weltbevölkerung in Atem halten sollte. Viele von uns wissen es: Wenn wir vor Gericht eine Aussage machen, sollen wir zuvor einen *Schwur* ablegen, die Wahrheit zu sagen. Selbst der amerikanische Präsident macht hier bei der Amtseinführung beim Thema „Schwur" keine Ausnahme.

Doch JESUS machte die deutliche Aussage, wir sollen ÜBERHAUPT NICHT schwören!

Jesus in Matthäus, 5, 33-37: *„Ihr wisst, dass unseren Vorfahren* (im Alten Testament, Anm. d. Verf.) *gesagt worden ist: `Schwört keinen Meineid und haltet, was ihr Gott mit einem Eid versprochen habt!` Ich aber sage euch:* **Ihr sollt ÜBERHAUPT NICHT schwören!** *... Sagt ganz einfach Ja oder Nein;* **jedes weitere Wort ist vom Teufel.** *"* *(Hervorhebung vom Autor)*

Damit WIDERSPRICHT Jesus erneut gezielt dem „Gott" Jahwe im Alten Testament!

In den „Verbotenen Evangelien", dem *Nikodemusevangelium*, wird eine Geschichte überliefert, die deutlich macht, dass das Schwören Sünde ist. So lesen wir dort im 2. Kapitel, 5: *„Da rief Pilatus diese ... Männer (die Jünger von Jesus) her, die bestritten hatten, dass er (Jesus) aus Unzucht geboren sei, und sagte zu ihnen: `Ich lasse euch beim Heil des Kaisers* **schwören:** *Entspricht es der Wahrheit, was ihr gesagt habt, dass er nicht aus Unzucht geboren ist?` Sie antworteten Pilatus: `* **Wir haben ein Gesetz, nicht zu schwören, weil es Sünde ist.** *Sie selbst sollen schwören beim Heil des Kaisers, dass er sich nicht so verhält, wie wir sagen, und wenn wir schuldig sind, sollen wir des Todes sein...* " (Hervorhebungen durch den Autor)

Jahwe hingegen fordert die Menschen im blutigen Alten Testament lediglich auf, *„nicht etwas Unwahres"* bei seinem Namen zu schwören, siehe beispielsweise hierzu auch im 3. Buch Mose, 19, 12. Dieser dunkle, sich als Gott ausgebender Jahwe, hat sich vor Mose und anderen als "Der Gott" offenbaren lassen, beginnend mit den Worten Jahwes, wie bereits aufgeführt, an Abraham in Hebräisch:

„Ani ha Schaddai!" („Ich bin der „SATAN" / ANTICHRIST")

Die Schweiz ist derzeit das einzige Land in unserer Region, welche von einem *Schwur vor Gericht absieht.*

Auch Sie sollten vor Gericht oder bei Antritt eines Amtes, das mit einem Schwur verbunden ist, genau überlegen, ob Sie mit Ihrem Tun *gegen die Aussage von Jesus* verstoßen wollen, der sich deutlich *gegen den alttestamentarischen Gott „Jahwe" mit seiner Aussage stellt.* Und notfalls auf die Schweiz verweisen...

Auch die angehenden Freimaurer müssen beim Eintritt in die Loge **einen Schwur** *(...) ablegen, was tief blicken lässt...*

Arkandisziplin und Freimaurerschwüre:

Haben wir soeben die unterschiedliche und widersprüchliche Betrachtungsweise zum Thema Schwören vom Alten zum Neuen Testament erfahren, so ist es an dieser Stelle wichtig, einmal einen Blick auf die in der Freimaurerei verwendeten Schwüre in Verbindung mit der *Arkandisziplin* zu werfen, die sich hier mit dem Alten Testament verbunden fühlt. Und somit gegen die Aussagen von Jesus Christus, der deutlich sagte, man solle *überhaupt nicht* schwören, handelt.

Die *Arkandisziplin*, welche in jeder Geheimgesellschaft, von den *Illuminaten* bis hin zu den *Skull & Bones*, ebenfalls Verwendung fand und findet, hat den Zweck, das geheime Wissen unter der Androhung ernsthafter Konsequenzen – *die je nach Schwere des Verstoßes vom Ausschluss bis hin zum Mord führen können und geführt haben* – nicht nach außen dringen zu lassen. Wobei *somit nachweis-*

lich häufig *die Gesetze innerhalb der Bruderschaft über die Gesetze der Außenwelt gestellt werden* und wurden.

Wir reden hier von „Rechtssystemen" innerhalb eines „Rechtssystems."

Einer der bekanntesten Morde beim Verstoß gegen die Arkandisziplin in der Freimaurerei war sicherlich der Logenmord an *Wolfgang Amadeus Mozart.* Doch was war Mozarts Vergehen?

Mozarts *Zauberflöte* gibt unter anderem ein anschauliches Bild einer solchen Dramatisierung *durch die Prüfungen des Prinzen Tamino* und *das ihm auferlegte Schweigegebot.*

Häufig schließt die Initiation einen symbolischen Tod und eine symbolische Auferstehung als Mitglied innerhalb der Loge mit ein. Damit verriet Mozart zu viel über die Geheimnisse der Bruderschaft.

Ein Beispiel – *der Eid des Johannisfreimaurer-Lehrlings aus dem Lehrlingskatechismus:*

„Ich N. N. schwöre feierlich und aufrichtig, aus freien Willen, in Gegenwart des Allmächtigen Gottes (...) und dieser ehrwürdigen, dem heiligen Johannis gewidmeten Loge, dass ich die geheimen Gebräuche der Freimaurerei hehlen, verbergen und nie, was mir jetzt oder später anvertraut wird, entdecken will, außer an einem echten, rechtmäßigen Bruder oder in einer echten gesetzmäßigen Loge von Brüder und Gesellen, welchen oder welche ich als solche nach einer strengen und gehörigen Prüfung erkennen werde. Ich schwöre ferner, dass ich selbige nicht schreiben, drucken, schneiden, malen, zeichnen, stechen oder eingraben, noch veranlassen will, dass es geschieht, – auf irgend ein bewegliches oder unbewegliches Ding unter dem Himmel, wodurch sie lesbar oder verständlich wird, das die mindeste Ähnlichkeit eines Zeichens oder Buchstabens erhält, wodurch die geheime Kunst könnte unrechtmäßig erlangt werden. Alles dieses beschwöre ich mit dem festen unerschütterlichen Entschlusse, es zu halten ohne Unschlüssigkeit, geheimen Vorbehalt und

innere Ausflucht unter keiner geringeren Strafe, als dass meine Gurgel durchschnitten, meine Zunge bei der Wurzel ausgerissen und im Sande des Meeres zur Zeit der Ebbe eines Kabeltaues Länge vom Ufer versenkt werde, wo Ebbe und Flut zweimal in 24 Stunden wechselt. So helfe mir Gott und erhalte mich standhaft in dieser meiner Lehrlingsverpflichtung." (Quelle: Der Eid des Johannisfreimaurer-Lehrlings aus dem Lehrlingskatechismus, *Siebenundzwanzigste Auflage*)

In der *einundzwanzigsten* Auflage des Lehrlingskatechismus klang dies so: *"Ich N. N. schwöre feierlich und aufrichtig aus eigenen freien Willen in Gegenwart des Allmächtigen Gottes (...) und dieser ehrwürdigen, dem heiligen Johannis gewidmeten Loge, dass ich die Kenntnisse des Gesellen hehlen, verbergen und keinem aufgenommenen Lehrlinge noch sonst jemand entdecken will, es sei denn in einer echten gesetzmäßigen Loge von Gesellen, welchen oder welche ich als solche nach einer strengen und gehörigen Prüfung erkennen werde. Ich schwöre ferner, dass ich alle Zeichen und Einladungen, die mir von der Gesellenloge bekannt werden, in der Länge eines Kabeltaues (= 3 engl. Meilen) erfüllen will. Auch schwöre ich, dass ich keinen Bruder Unrecht tun, noch es zulassen will, sondern ihm bei Zeiten von allen annähernden Gefahren Nachricht zu geben, wenn ich Kenntnis davon bekomme. Alles dieses schwöre ich mit dem festen unerschütterlichen Entschlusse, es zu halten, ohne Unschlüssigkeit, geheimen Vorbehalt und innere Ausflucht, unter keiner geringeren Strafe, als dass mein Herz aus meiner nackten linken Brust gerissen und eine Speise der Raubvögel werde. So helfe mir Gott und erhalte mich standhaft in dieser meiner Gesellenverpflichtung.*" (Quelle: Der Eid des Johannisfreimaurergesellen aus dem Gesellen-Katechismus, *Einundzwanzigste Auflage*, Druck und Verlag von *Bruno Zechel*, Leipzig 1901)

Brutale Drohungen längst vergessener Tage, die heute keine Gültigkeit mehr haben und nicht mehr praktiziert werden? Nein. Diese Drohungen werden *noch heute* in der Freimaurerei (und in ähnlicher

235

Form nicht nur dort) zur Verschwiegenheit gelehrt und wenn nötig praktiziert. Ein Hochgradfreimaurer berichtet hierzu:

„Das ist richtig, das bezieht sich schon auf die Lehrlingszeichen in der Freimaurerei. Man zieht hier die rechte Hand am Hals vorbei, was bedeutet: `Ich werde mir eher den Hals abschneiden lassen, als dass ich die Geheimnisse der Freimaurerei verraten werde.` So wird der Freimaurer erzogen, das, was er innerhalb der Freimaurerei erfährt, nicht zu verraten ... Und das prägt sich so in das Bewusstsein eines jeden Freimaurers ein, dass es Bestandteil seiner Geisteshaltung wird ... Und wenn ich selbst Freimaurer bin, dann würde ich lieber einen Freimaurer einstellen als jemanden, der nicht Freimaurer ist, denn dann weiß ich, wie ich ihn lenken kann ...“

(Quelle: „Geheimgesellschaften 3 – Krieg der Freimaurer“, Ein Hochgradfreimaurer packt aus, *Jan van Helsing*, 2010, S. 63)

Man muss sich nicht wundern, dass viele Mitglieder innerhalb der Geheimgesellschaften mit Falschinformationen oder humanitären Behauptungen an die Öffentlichkeit gehen, wenn sie einmal mit der Arkandisziplin auf die Geheimhaltung eingeschworen und mit den Folgen bei Verrat vertraut gemacht wurden.

Die Johannes-Freimaurerei (die blauen Grade) bezieht sich namentlich auf Johannes den Täufer, der wiederum die Seele des Propheten Elijas sein soll, glaubt man den überlieferten Worten Jesus. Eine Taufe ist symbolisch auch eine Wiedergeburt zum Leben des Geistes. Deshalb nannte man einen Getauften auch „Infans“ (= neugeborenes Kind). Doch wenn die Freimaurer sich schon nicht auf Jesus berufen, in ihm nur einen „guten“ Prediger sehen und nicht den „Sohn Gottes“, auf wen berufen sie sich dann?

Die Verdrehung der Wahrheit, um auf diese Weise Mitglieder für die Organisation zu gewinnen und an sich zu binden, vollzieht die Freimaurerei auch am Beispiel von Jesus. Die Kirche lehrt, Jesus ist ein Nachkomme Davids. *Die Freimaurerei aber behauptet ihren Anhä-*

ngern gegenüber, Jesus wäre ein „Nachkomme Salomos"! Und Jesus wäre somit indirekt schon „fast ein halber Freimaurer"... Wer`s glaubt, wird selig...

Wie genau die Freimaurer es hierbei mit der Wahrheit nehmen, haben wir bereits aufgezeigt. Wir erinnern uns:

„*Was soll uns Johannes* (die unteren Johannes-Grade 1-3 beziehen ihre Namensgebung auf Johannes den Täufer, Anm. d. Verf.)? *Nichts anderes als uns seinen friedsamen Namen leihen...*"(Quelle: Freimaurer *Hermann Settegast* in „Die deutsche Freimaurerei, ihre Grundlagen, ihre Ziele", Berlin, 1919, 9. Auflage, S. 44)

Ein Hochgradfreimaurer im Interview mit Jan van Helsing:

„*Wenn ein Freimaurer durch die verschiedenen Grade geht, muss er an einer bestimmten Position, in einem bestimmten Grad, einfach wach werden und sagen: `Hört mal zu Herrschaften, ich glaube, ihr führt mich hier vor! Das, was ihr mir bisher alles dargeboten habt, das ist ja alles gelogen! ... Wenn er das nicht erkennt ... kommt er nicht in den nächsten Grad...*" (Quelle: „Geheimgesellschaften 3 – Krieg der Freimaurer", Ein Hochgradfreimaurer packt aus, *Jan van Helsing*, 2010, S. 91-92)

Der Wiederaufbau des Salomonischen Tempels:

Viele Gläubige sind der Meinung, dass der Tempel in den prophezeiten „letzten Tagen" wieder errichtet sein wird, da dort den Überlieferungen zufolge der Antichrist auftritt – und beziehen dies auf den Salomonischen / Herodianischen Tempel auf dem Tempelberg in Israel. Auslegungen der Bibel durch jüdische Glaubensgemeinschaften legen nahe, dass in der „siebenjährigen" (sicherlich ebenfalls eine rein symbolische Zahl) Herrschaftszeit durch den Antichristen, sprich in den „Letzten Tagen", der Salomonische Tempel fertiggestellt werden wird. Unabhängig davon ist bekannt, dass Vorbereitungen für den Wiederaufbau des Tempels bereits seit Jahrzehnten im

Gange sind und dieser zum gegebenen Zeitpunkt innerhalb kürzester Zeit errichtet werden kann.

Der Buchautor und Forscher *Texe Marrs* berichtete vor Jahren, dass die neuen kompletten Inneneinrichtungen für den Tempel bereits angefertigt wurden und darauf warten, in ihr „Zuhause" zu gelangen. Siehe hierzu auch die Dokumentation *„Masonic Lodge Over Jerusalem"* mit den zugrunde liegenden Fakten. *Also legt dies nahe, dass der Wiederaufbau des Tempels vermutlich ein entscheidender Faktor für die Offenbarung und die Zeit ist, wann sie eintrifft und sich erfüllt.*

Auch wenn die Inneneinrichtungen für den neuen Salomonischen Tempel somit anscheinend bereits mehr oder weniger vollständig wieder hergestellt wurden und nur darauf warten, in den neu aufgebauten Tempel gestellt zu werden (und viele Menschen auf der Welt ebenfalls sehnlichst darauf warten), so wird dieser vermutlich in absehbarer Zeit dort **nicht** neu errichtet werden. Denn die Gegner wollen mit allen Mitteln verhindern, dass die dort nach der Zerstörung des Tempels errichtete heilige Stätte mit ihrem goldenen Kuppeldach, der „Felsendom" (Moschee im Tempelbezirk, errichtet über dem angeblichen Opferstein *Abrahams*) abgerissen wird. Man könnte nun meinen, die verhärteten Fronten verhindern quasi das Eintreffen der Prophezeiung in den nächsten Jahren.

Dies stimmt allerdings *nicht wirklich*…

In „Geheimgesellschaften 3" macht der Hochgradfreimaurer hierzu eine entscheidende Aussage, die durch andere unabhängige Quellen belegt wird:

Denn dieser gab an (u. a. ergänzend zu freimaurerischen Aussagen in Dokumentationen wie „Riddles in Stone"), dass die Freimaurer *den*

Ausbau ihrer Weltherrschaft als den „WIEDERAUFBAU DES SA-LOMONISCHEN TEMPELS" sehen.

Der Wiederaufbau des Salomonischen Tempels, der als Grundvoraussetzung für die Letzten Tage gedeutet werden kann, da dort der Antichrist auftritt, ist also gar nicht dahingehend zu verstehen, dass der Tempel *auf dem Tempelberg* in Jerusalem Stein auf Stein wieder errichtet wird, und somit „die Letzten Tage einläuten kann". Sondern der *symbolische* Wiederaufbau des Tempels *ist der Ausbau der freimaurerischen Weltherrschaft...*

Gehen wir von einer Weltverschwörung durch das Logentum aus, dann bekommt die Deutung der Freimaurer, im Ausbau ihrer Weltherrschaft den Wiederaufbau des Salomonischen Tempels zu sehen, den wichtigsten Aspekt, den man sich nur denken kann: Denn der Ausbau dieser Weltherrschaft ist nahezu abgeschlossen! Und dies bedeutet, der Salomonische Tempel wurde, nach (einst) geheimer Deutung der Freimaurerei, jetzt wieder aufgebaut und errichtet!

In der Gegenwart!

Damit leben wir heute, zum ersten Mal in der Geschichte seit Jesus Christus, in jener Zeit, die für die Letzten Tage angekündigt wurde!

Dann leben wir in den Letzten Tagen!

Jan van Helsing meint hierzu ergänzend: „*Es ist nämlich von aller größter Bedeutung zu verstehen, was es mit dem Salomonischen Tempel, mit den Säulen Jachim und Boas, mit dem Gott des Alten Testaments, den diversen Ritualen in den verschiedenen Logen und vor allem mit Luzifer auf sich hat, um verstehen zu können, wieso die beiden Twin Towers am 11. September 2001 fallen mussten, was die neue Weltordnung genau ist und wie sie aufgebaut wurde – und vor allem weshalb...*"

Demnach standen die beiden TWIN TOWERS symbolisch für die *Säulen Jachim und Boas. Da laut dem Plan der Freimaurerei es um die Erlangung der „Weltherrschaft" ging, wurde durch die Zerstörung des „Eingangsportals", markiert durch die Säulen Jachim und Boas, symbolisch die Welt im luziferianischen Tempel eingesperrt! Das große Gefängnis wurde fertiggestellt!*

Der Hochgradfreimaurer im Interview mit Jan van Helsing ergänzend: *„Man muss sich bewähren durch geistige Arbeit und Aufbau am geistigen Tempel, an dem merkwürdigen Salomonischen Tempel, der ein geistiges Gebäude (in der Freimaurerei) darstellt..."* (Quelle: „Geheimgesellschaften 3 – Krieg der Freimaurer", Ein Hochgradfreimaurer packt aus, *Jan van Helsing*, 2010, S. 62)

Hierzu einige weitere Zitate von Freimaurern: *„Und wenn die ganze Welt des Ordens Tempel ist, dann werden die Mächtigen der Erde selbst sich beugen und uns die Weltherrschaft lassen."* (Quelle: Freimaurer *Dr. Phillip Georg Blumenhagen* in „Zeitschrift für Freimaurerei", Altenburg 1828, S. 320)

„Der Tag wird kommen, an welchem bei den Völkern, die weder ein 18. Jahrhundert noch ein 1789 hatten, die Monarchien und die Religionen zusammenstürzen ... Dann werden Großlogen und alle Großoriente der ganzen Welt sich in einer Universalverbrüderung zusammenfinden ... Unsere Sache ist es, den Tag dieser allgemeinen Verbrüderung zu beschleunigen..." (Quelle: Freimaurer *Francolin* auf dem internationalen Freimaurer-Kongress in Paris 1889, laut „Congrés maconique international du Centenaire 1789-1889")

„Die Freimaurerei ist nicht dazu da, die Menschheit mit milden Gaben zu betören, das überlässt sie den Wohltätigkeitsvereinen, sondern sie trachtet als philosophische und progressive Institution danach, die profane Gesellschaftsordnung als letzte Ursache des Unglücks zu beseitigen, und dass ihren Platz die freimaurerische Staats- und Gesellschaftsordnung einnehme...

Wenn Euer Herz vom vielen Leid erweicht, und ihr in der Absicht hierher kamt, im Rahmen einer Wohltätigkeitsgruppe Eure Heller der Unterstützung einiger armer, vom Schicksal verfolgter Menschen zuzuwenden, und Ihr glaubt, dass damit Eure Berufung erfüllt sei, dann kehret um... Wenn nur das unser Ziel wäre, dann hätten wir das Geheimnisvolle keinesfalls nötig." (Quelle: Zeitschrift „Kélet", Organ der symbolischen Großloge von Ungarn, 13. Jahrgang, Nr. 9, Juli/August 1911, S. 256, 272)

Hochgradfreimaurer *David Rockefeller* schreibt in seinem Buch „Memoirs" ganz unverblümt: *„Manche glauben, dass wir ein Teil einer Geheimgesellschaft sind, die gegen die besten Interessen der Vereinigten Staaten arbeitet, meine Familie und mich als `Internationalisten` charakterisierend, die sich mit anderen, rund um die Erde verschworen haben, um eine mehr integrierte globale Struktur zu bauen – eine Welt – , wenn Sie so wollen. Wenn das die Anklage ist, dann erkläre ich mich für schuldig – und ich bin stolz darauf!"* (Quelle: *David Rockefeller*, Zitat aus dem Buch „Memoirs", S. 405)

„Die soziale Revolution ist`s, welche unseren gemeinsamen Feind zu Falle bringen wird, wie sie alle Tyrannen Europas und der Welt untergräbt, ganz wie Heinrich Heine mit Prophetenblick schon 1835 vorhersagte: `Ihr werdet demnächst bei unseren Nachbarn Zeuge eines Zusammenbruchs sein, im Vergleich mit welchem eure Revolution nur ein Kinderspiel war...`" (Quelle: Freimaurer *Francolin* auf dem internationalen Freimaurer-Kongress in Paris 1889, laut „Congrés maconique international du Centenaire 1789 – 1889")

Doch wie ist der Salomonische Tempel und König Salomo durch Hinweise *in der Bibel selbst* mit dem Antichristen in Verbindung zu bringen? Denn wenn es sich um ein prophetisches Buch handelt, sollten wir gerade dort Hinweise darauf finden. Und genau so ist es! Erinnern wir uns zurück: Hochgradfreimaurer und Satanist Aleister Crowley hat sich nach dem Traum seiner Frau Rose, der nahezu 1:1 im ägyptischen Boulak-Museum wahr wurde, in der Rolle des versinnbildlichten Tieres „666" aus der Johannes-Offenbarung für die Letzten Tage gesehen. Man schien absichtlich hier einzugreifen, damit dieses Verständnis um die Welt geht. Crowley war Hochgradfreimaurer und Illuminat. Doch *von wo* in der Vergangenheit führt diese Brücke in die Gegenwart? Richtig: *Der Ausgangspunkt in der Bibel liegt bei König Salomo und dem Salominischen Tempel!*

Denn um dieses Zentrum formiert sich wie bereits angedeutet in der Bibel selbst das Geheimnis um die Zahl „666"! Und ausgerechnet die *Königin von Saba*, auf die wir noch zu sprechen kommen werden, war es, die hier direkt oder indirekt den Marker setzte. Denn in Könige 10, 1-14 lesen wir: *„Salomo wurde zu Ehre des Herrn so bekannt, dass auch die Königin von Saba von ihm hörte. Sie machte sich auf den Weg ... Salomo erfüllte der Königin von Saba jeden ihrer Wünsche und beschenkte sie darüber hinaus so reich, wie er nur konnte ... In einem einzigen Jahr wurden König Salomo 666 Zentner Gold geliefert..."*

Ein bewusstes Einsetzen der **Zahl 666** in die Bibel! Denn auch in der Chronik 9, 13 lesen wir: *„In einem einzigen Jahr wurden König Salomo 666 Zentner Gold geliefert..."*

Das freimaurerische Grundsegment um Hiram Abif und den Salomonischen Tempel – *der Marker* in der Bibel mit der Verbindung zu dem *Tier 666* in der Johannes-Offenbarung.

Wie Ihnen vielleicht bekannt sein dürfte, befindet sich das angebliche Grab von *Simon Petrus* in Rom im Vatikan. Ein Grund mehr, sich einigen beunruhigenden Fakten über den Apostel Petrus zuzuwenden, die die Welt, wie wir sie kennen, im buchstäblichen Sinne auf den Kopf stellt.

Das *umgedrehte Kreuz* wurde immer wieder mit Petrus in Verbindung gebracht, da er sich der Geschichte zufolge so kreuzigen ließ, um der Menschheit zu symbolisieren, dass die Welt auf dem Kopf steht.

Heute wird dieses Symbol auch als das "Zeichen des Antichristen" gedeutet und verwendet.

Doch wer war Petrus überhaupt?

Abb. 88 links: *Petersplatz* und Dom im Vatikan von oben. Baulich umgesetzt in Form eines Schlüssellochs. Mitten im "Schlüsselloch", als zentraler Punkt auf dem Petersplatz, steht ein Obelisk. **Abb. 89 Mitte:** Bildausschnitt vom Cover des Buches *"7 - Der Schlüssel zur Offenbarung"* von *Dan Davis*. **Abb. 90 rechts:** Darstellung des gekreuzigten Petrus, der sich den Berichten zufolge mit dem Kopf nach unten kreuzigen ließ. Heute wird das umgedrehte Kreuz im Satanismus als das Symbol für den Antichristen verwendet.

Liest man die Briefe von Petrus in der Bibel, so stellt man schnell fest, dass er immer wieder den Menschen mit dem Gott aus dem Alten Testament und seinen grausamen Taten als Drohungen Angst machte. Petrus, 1.2, 5-8: *„Er hat auch die alte Welt zur Zeit Noahs nicht geschont, sondern hat die große Flut über die Welt der sündigen Menschen kommen lassen. Nur Acht hat er gerettet: Noah, der die Menschen zum Gehorsam gegen Gott aufgerufen hatte, und sieben andere mit ihm. Auch die Städte Sodom und Gomorrha hat Gott verurteilt und sie in Schutt und Asche sinken lassen..."*

Petrus 1.3, 5-7: *„Sie wollen nicht wahrhaben, dass es schon einmal einen Himmel und eine Erde gab. Gott hatte sie durch sein Wort* *geschaffen. Die Erde war aus dem Wasser aufgestiegen. Und auf dem Wasser ruhte sie. Und durch das Wasser wurde sie auch zerstört: durch die große Flut. Ebenso ist es mit der jetzigen Welt..."*

Nicht nur das – er kündigt sogar für die Letzten Tage die Zerstörung der Welt "durch Gott" an, Petrus 2.3, 10: *„...Dann werden die Himmel im Feuersturm vergehen, die Himmelskörper im Feuer verglühen und die Erde und alles, was auf ihr ist, wird schmelzen..."*

Dies klingt nach einer bildlichen Beschreibung der Definition „Hölle", wie man sie aus den heiligen Schriften kennt.

Laut Petrus ist dieses Szenario die Zukunft der Erde!

In Matthäus 16, 21-22 kündigt Jesus erstmals seinen eigenen Tod an. Petrus gibt gegenüber Jesus an, man müsse dies verhindern und wird daraufhin von Jesus als „SATAN" beschimpft, der ihn vom vorbestimmten Weg abbringen will. Jesus dort zu Petrus: *„Geh weg, du Satan, du willst mich von meinem Weg abbringen!"*

Die Aussage von Christus ergibt zusätzlichen Sinn, wenn das Judas-Evangelium mit seiner Behauptung Recht hat und Judas in Wirklichkeit der *engste Vertraute* von Jesus war, der nach Plan (...) die Rolle des Bösewichts in der Geschichte zugeteilt bekam. Ebenso wie die Aussagen des Judas-Evangeliums, dass Jesus zuweilen seine Jünger, wie auch Petrus, darauf aufmerksam machte, dass sie den alttestamentarischen Gott nicht mit dem „wahren" Gott gleichsetzen sollten. Und sein Tod am Kreuz nur ein inszeniertes Planspiel war und er nicht wirklich am Kreuz gestorben ist. Petrus scheint ihn von diesem Weg (und dem dahinter stehenden Plan) *abbringen* zu wollen. Und Jesus wurde deshalb wütend. *Vertraut man den Aussagen von Christus, dann stimmt etwas mit der Person Petrus nicht...*

Denn wer verleugnete später Jesus dreimal – *mit Vorankündigung von Jesus? **Petrus...***

Satan versuchte Jesus laut der Bibel mehrmals zu verführen, der ihn dazu bringen wollte, „für ihn zu arbeiten." Satan versprach ihm, Jesus würde dafür mit unsagbarer Macht belohnt werden. Doch dieser blieb standhaft. Wenn all das stimmt, dann sollte uns ein Eintrag in der Bibel bedenklich stimmen, der viel weiter vorne im Neuen Testament zu lesen ist. Als Jesus Petrus den *„Schlüssel für die Welt"* übergibt (siehe Matthäus 16, 15-20), und der im Eifer des Gefechts allgemein hin wohl untergegangen ist...

Man liest dort, wie Jesus ausgerechnet zu Petrus sagt: *„**DIR will ich die SCHLÜSSEL zu Gottes neuer WELT geben – Was du auf der Erde für verbindlich erklären wirst, das wird auch vor Gott verbindlich sein. Und was Du für nicht verbindlich erklären wirst, das wird auch vor Gott nicht verbindlich sein..."*** (Hervorhebungen vom Autor)

Was wäre, wenn nicht nur Jesus von „Satan" aufgesucht würde, um ihn zu verführen? Sondern nach dieser „Machtübergabe" auch Petrus von „Satan" aufgesucht worden ist – *und im Gegensatz zu Jesus (...) schwach geworden wäre?*

Und wenn ja – hatte Jesus vielleicht damals schon *gewusst*, dass das Petrus-Kreuz zum *Symbol des Antichristen* auf der Erde wird?

Leben wir seither unter der Führung des Antichristen – nachdem Jesus ausgerechnet dem „Verräter" *Petrus* die Schlüssel für die Welt übergeben hat? Wusste Jesus, dass er selbst zwar standhaft bleiben würde, aber „Satan" unter seinen Jüngern erfolgreich sein Machtangebot weitergeben können würde? *Blieb ihm womöglich keine andere Wahl?* Und gab er deshalb Satans Angebot über die versprochenen Schlüssel zur *Herrschaft über die Welt* weiter an Petrus?

Und nun raten Sie mal, *warum* der Petersplatz und der Dom in Rom von oben gesehen in Form eines riesigen Schlüssellochs erbaut wurden?

Interessant ist zudem, dass *im Zentrum* des Schlüssellochs *ein Obelisk* steht, wie wir bereits erfahren haben…

Das Petrus Grab im Vatikan

Das Grab von dem Apostel *Simon Petrus* befindet sich laut den offiziellen Angaben *direkt im Vatikan*. Und zwar unter dem schwarzen Thron des Papstes im Dom, direkt unter der Domkuppel. Beunruhigend, da Jesus Petrus auffällig oft beschuldigte, der SATAN würde aus ihm sprechen. Diese Anmerkungen finden wir sowohl in der Bibel als auch in den Apokryphen. Betrachten wir uns weitere Fakten.

Petrus richtet sich verächtlich gegen *Maria Magdalena*, mit der Jesus angeblich eine Beziehung führte und die von Jesus, nach seiner Auferstehung, Berichten zufolge Kinder bekam. Aber auch gegen alle anderen Frauen. Siehe hierzu auch eine Überlieferung aus dem Thomas-Evangelium, 114: *„Simon Petrus sagte zu ihm (Jesus): `Maria soll von uns weggehen, denn die Frauen sind des Lebens nicht würdig…"*

Jesus erwiderte Petrus daraufhin sarkastisch (Thomas-Evangelium, 114): *„Sehe, ich werde sie (Maria Magdalena) anleiten, um sie männlich zu machen…"*

Simon Petrus bringt Jesus durch seine Verhaltensweise des Öfteren in Zorn, wie es auch aus einem Beispiel aus den Apokryphen zum Neuen Testament klar hervorgeht. Dort lesen wir, wie Jesus zu Petrus sagt: ***„Satan führt gegen Dich Krieg, und er hat dein Denken*** *verschleiert, und die Güter dieser Welt besiegen dich…"* (Die Apokryphen, "Offenbarung des Petrus")

Petrus soll im Jahre 67 n. Chr. einen Märtyrertod erlitten haben.

Die erste Bauversion des Doms und der umliegenden Gebäudetrakte im Vatikan wurde von dem Künstler *Michelangelo*, nachdem sie ihm in einer bereits existierenden Modellform vorgelegt wurden, vom Tisch gewischt.

Abb. 91 links: Der schwarze Papstthron im Dom im Vatikan. Unter ihm befindet sich das Grab des Apostels *Petrus*, der *Jesus* mehrmals verleugnet hat und für den heute noch das auf den Kopf gestellte Kreuz steht. Das vom Satanismus als Symbol für den Antichristen übernommen wurde. **Abb. 92 rechts:** Holzrelief mit *Petrus* und *Malchus*, 1477-1489, Hochaltar in der Marienkirche in *Krakau. Friedlich sieht er darauf mit seinem Schwert nicht aus…*

Er war geradezu schockiert, da es zu düster sei. Er fragte, `ob diese dort Kinder missbrauchen und Frauen vergewaltigen wollen.`

Er änderte die Pläne in eine freundlichere hellere Bauweise. Nach seinem Tod wurden allerdings viele seiner Bauten wieder kurzerhand von anderen Baumeistern in ein anderes Format „*zurück*"-gebaut in die ursprünglich angedachte Version, die Michelangelo zu düster fand und deshalb ablehnte. Es wurde auch diskutiert, den Dom selbst wieder umzubauen. Jedoch ließ sich das nach einer Überprüfung nicht so einfach bewerkstelligen, da er ein tragendes Teil der Konstruktion war und der Aufwand viel zu groß gewesen wäre.

Petrus war sicherlich mit der umstrittenste Apostel im Umfeld von Jesus. Bedenklich, dass die katholische Kirche ausgerechnet *auf ihn* das Papstamt gründet. *Denn der Papst ist nach katholischer Auffassung und der anderer christlicher Kirchen* **Nachfolger des Apostels Petrus!**

In der *Offenbarung des Petrus* in den Apokryphen sagte Jesus auch, woran man erkennen könnte, wann die Letzten Tage angebrochen seien: „*Und ihr – nehmet von dem Feigenbaum das Gleichnis davon: Sobald sein Spross hervorgekommen und seine Zweige getrieben sind, wird eintreten das Ende der Welt.*" (Die Apokryphen, „Offenbarung an Petrus")

Petrus konnte mit dieser Gleichung nichts anfangen und bat Jesus um eine Erläuterung. Daraufhin sagte dieser: „*Verstehst Du nicht, dass der Feigenbaum das Haus Israel ist? Wie ein Mann in seinem Garten einen Feigenbaum gepflanzt hatte, und der brachte nicht Frucht. Und er suchte seine Frucht lange Jahre. Und da er sie nicht fand, sagte er zu dem Hüter seines Gartens: `Reiß diese Feige aus, damit sie uns nicht unser Land unfruchtbar werden lässt!` Und der Gärtner sagte zu Gott: `Wir Diener wollen ihn vom Unkraut reinigen und den Boden unter ihm umgraben und ihn mit Wasser begießen. Wenn er dann nicht Frucht bringt, wollen wir sogleich seine Wurzeln aus dem Garten entfernen und einen anderen an seiner Statt pflanzen.` Hast du nicht begriffen, dass der Feigenbaum das Haus Israel ist?*"
(Quelle: Die Apokryphen, „Offenbarung an Petrus").

Bedeutet dies, dass das Ende der Welt und die „Letzten Tage" anbrechen, wenn Israel die Zweige seines Baumes in die Welt getrieben hat (ohne dies negativ interpretieren zu wollen)? *Sind die Zweige inzwischen so in die Welt gewachsen, dass ihr Einfluss gar die Gerichte und Rechtsprechungen anderer Länder direkt oder indirekt mit beeinflusst?*

Erinnern wir uns auch nochmals an *Dan Brown* und die von ihm übernommene und im Buch bereits aufgeführte These, die Merowinger würden auf die Blutlinie von Jesus Christus zurückgehen.

In der derzeitigen Trilogie „Matrix" (im Jahr 2019 wurde bekannt, dass es einen weiteren Film aus der Matrix-Reihe mit Keanu Reeves geben soll) gibt es einen so genannten *„Schlüsselmacher"*, der die Macht *über die Welt besitzt*. Und dieser trägt den Namen *Merowinger...* Und wem hat Jesus im Matthäus-Evangelium die *Schlüssel* der Welt übergeben? *Petrus*.

Der Film Matrix ist nichts anderes als eine moderne Science Fiction-Oper der Offenbarung, in der am Ende in der Stadt ZION die Endschlacht tobt...

- Die **blaue Pille** der Unwissenden = Die ***blauen*** Johannes-***Grade*** der Freimaurerei.
- Die **rote Pille** der Wissenden = die ***roten Grade*** der Hochgrad-freimaurerei. Und ganz zufällig trägt der Pass von Neo in dem Film das Ablaufdatum *11. September 2001*. Und das, obwohl der Film einige *Jahre* ***vor*** *9/11 herauskam...*

Auf dem Pass von Neo steht zudem „Capital City." Durchaus kann man New York als Hochburg der Hochfinanz (Capital City) bezeichnen. Wer mehr zu diesem Thema erfahren will sowie weitere Hintergründe und Zusammenhänge, dem empfehle ich mein
your Matrix", welches ich unter dem Pseudonym Dav
fasst habe.

FAZIT: Aus einigen der aufgeführten Beispiele geht somit wunderschön hervor, dass Jesus sich offensichtlich „einen Dreck" um die Gesetze des alttestamentarischen „Gottes" Jahwe scherte. Denn ansonsten hätte er sich an die von diesem auferlegten Gesetze gehalten.

Und genau DIESE Tatsache, dass er offensichtlich *IM WIDERSPRUCH* zu den Lehren des alttestamentarischen „Gottes" Jahwe handelte, wurde ihm „zum Verhängnis." *Ganz einfach zu finden und nachzulesen in den überlieferten Schriften, wie das eben benannte Beispiel aufzeigt...*

Denn im Umkehrspruch würde dies bedeuten:

Wenn er *tatsächlich* „Gottes Sohn" wäre, wie er behauptete – dann wäre der alttestamentarische „Gott" NICHT Gott... Da Jesus immer wieder gegen dessen Lehren redete und handelte, was er ansonsten wohl kaum tun würde.

Es stellt sich natürlich auch die alte Frage, ob Jesus *tatsächlich* am Kreuz gestorben ist. Es wurden Berichte verbreitet, nachdem der Tod Jesus` nur *vorgetäuscht* wurde, er in Wirklichkeit überlebt hatte. So gibt es den Bericht, dass ihm mit einem Schwamm eine Art Droge verabreicht wurde, die den Anschein erweckt, als wäre man verstorben.

Das ist alles andere, als an den Haaren herbeigezogen, da die *Existenz* solcher Drogen *bekannt ist* und in Afrika den „Zombie-Kult" hervorgebracht hat. Dort gibt es Priester, die Menschen mit einer solchen Droge „töten". Wenige Tage später stehen diese wieder aus den Gräbern auf, was den Priestern Ruhm und Einfluss bringt. Die Priester sind also nichts anderes als Scharlatane.

Ich möchte hierzu eine kurze Erklärung wiedergeben, die ich im „Alt-katholischen Forum", Religionen der Welt, Teil 6, gefunden habe:

„Ein Zombie wird erschaffen, indem man ihm heimlich ein Gift, das hauptsächlich dem Fugo-Fisch entnommen wird, verabreicht. Dieses

*Gift führt zu einem todesähnlichen Zustand, der alle Körperfunktio-nen auf ein kaum feststellbares Minimum herabsetzt, dass Opfer aber bei vollem Bewusstsein lässt. Dann wird der Scheintote begraben und nach **drei** Tagen wieder ausgegraben ... ein weiteres Gift wird verabreicht ... Die Kombination **psychischer** (...) Folgeschäden durch das Erlebnis des **dreitägigen Begraben Seins** und pharmako-logischer Drogen* (NACH der „Wiederauferstehung" verabreicht, Anm. d. Verf.), *macht das Opfer zu einem willfährigen ... der als Sklave alle Dienste seines Herren erfüllen muss."* (Hervorhebungen durch den Autor)

Wir gehen mal davon aus, Jesus hatte nach dem „Wiederauferstehen" weder *psychische* Folgeschäden dadurch erlitten (dafür war er zu ausgeglichen), noch wurden ihm nach „der Auferstehung" *weitere* Drogen verabreicht, um ihn zum „Zombie" zu machen… Woraus wir schließen können, dass er gesundheitlich wieder voll auf der Höhe war. Das Gift des Fugo-Fisches soll hier nur stellvertretend für alle bekannten und in der Bevölkerung unbekannten Methoden stehen, jemanden offiziell sterben und wieder auferstehen zu lassen, ganz gleich, ob bei Jesus genau diese Methodik angewendet wurde – oder eine komplett andere. Und die „tödliche Wunde" durch den „Speer des Schicksals" wäre sicherlich (vorausgesetzt sie war tatsächlich lebensbedrohend) auf ähnliche Weise zu beseitigen gewesen (von seiner dann im Hintergrund agierenden außerirdischen Mannschaft?), wie es Jesus im Kindheitsevangelium des Thomas mit dem Fuß des Mannes tat, als er dessen Wunde heilte.

Der *Fugo-Fisch*, aus dem das Gift im vorgebrachten Beispiel ge-wonnen wird, ist ein Kugelfisch, der in allen wärmeren Weltmeeren lebt – auch im Mittelmeer, an den Küsten Israels. Und somit in jener Region, wo sich die Kreuzigung zugetragen haben soll.

Interessanterweise hält diese Droge, die den Herzschlag dermaßen verlangsamt, das er kaum mehr messbar ist und eine Art Ganzkörper-lähmung hervorruft, *drei Tage* an. Und wir erinnern uns:

Jesus erstand offiziell nach drei Tagen wieder von den Toten auf.

Hinweise dazu, dass Jesus ein Gift verabreicht wurde, welches solche betäubenden Auswirkungen hatte, finden wir jedenfalls in der Bibel selbst – aber sie wurden möglicherweise nicht richtig gedeutet. Die Bibel, Das Neue Testament, Markus, 15, 22: *„Sie brachten Jesus an die Stelle, die Golgota heißt, das bedeutet `Schädel`. Dort wollten sie ihm Wein **mit einem betäubenden Zusatz** geben; aber Jesus nahm ihn nicht. "* (Hervorhebung durch den Autor)

Jesus schien somit die Mixtur zuerst abzulehnen.

Aber später:

„Einer lief schnell nach einem Schwamm, tauchte ihn in Essig (?) (Einfügung des Fragezeichens vom Autor), *steckte ihn auf eine Stange und gab Jesus zu trinken. Jesus schrie noch einmal laut und verstarb* (offiziell... / Anm. d. Verf.). " („Die Bibel, Das Neue Testament, Matthäus, 27, 49-50)

Ob der Schwamm tatsächlich mit Essig getränkt – oder dies nur eine Behauptung aus Unwissenheit war, ist schwer zu beurteilen. Da man ihm allerdings laut den offiziellen Quellen in der Bibel kurz zuvor *tatsächlich eine betäubende Substanz reichte*, was von Jesus abgelehnt wurde, liegt die Vermutung *auf der Hand*, dass der Schwamm *nicht* nur mit Essig getränkt war. *Sein „unmittelbares Versterben"* **nach der Einnahme der Substanz** *macht dies zusätzlich deutlich.*

Kurz zuvor rief Jesus noch einmal, laut den Zeugenaussagen, zu *Elija*, dem Propheten, der angeblich ebenfalls „zum Himmel auffuhr" und der laut den Worten von Jesus die*selbe* Seele wäre wie Johannes der Täufer.

Die Bibel, Das Neue Testament, Markus, 15, 35-37: *„Einige von denen, die dabei standen und es gehört hatten, sagten: `Er ruft nach Elija!` Einer holte schnell einen Schwamm, tauchte ihn in Essig (?)*

(Fragezeichen vom Autor eingefügt), *steckte ihn auf eine Stange und gab Jesus zu trinken. Dabei sagte er: `Nun werden wir ja sehen, ob Elija kommt und dich herunterholt.` Aber Jesus schrie laut und verstarb.* "

Im Nikodemusevangelium wird über die „Auferstehung" (Abholung Jesus`) ebenfalls ein Szenario „um Mitternacht" beschrieben, welches außerirdische Anzeichen aufzeigt: *„Sie (die von Pilatus berufenen Bewacher des Grabes) berichteten den Synagogenvorstehern ...: `Plötzlich gab es ein mächtiges Erdbeben, und wir sahen einen Engel vom Himmel herabsteigen ... Er leuchtete wie Schnee und wie ein Blitz. Wir fürchteten uns sehr...` ... `Um welche Stunde war es?` `Um Mitternacht`...* " (Das Nikodemusevangelium, Kapitel 13, 1-2)

Wurde Jesus in dieser Situation von denselben Göttern gerettet, die Elija den Überlieferungen nach „in den Himmel enthoben"? Man liest von diesem „unbekannten Flugobjekt" und Elija in „Könige 2", 11-12: *„Während sie so im Gehen miteinander redeten, kam plötzlich ein Streitwagen aus Feuer ... und Elija fuhr in einem gewaltigen Sturm zum Himmel auf...* "

Betrachtet man die Entwicklung von Elija zur Inkarnation des Täufers, so erkennt man hier ebenso wie bei Jesus eine *überlieferte* Wandlung vom „Saulus zum Paulus." Verdächtig. Sterben doch offiziell durch Elijas Taten eine stattliche Anzahl an Menschen! Unter Umständen wurden ihm aber auch, wie dem lieben Gott, Straftaten zugeschrieben, die er gar nicht begangen hat. Denn er beschwerte sich an mancher Stelle in den Schriften, dass man ihm Dinge anlastete, die er NICHT begangen hat.

Beispielsweise in Könige 18, 17: *„Der König brach sofort auf und zog Elija entgegen. Als er den Propheten erblickte, rief er: „Du bist also der Mann, der Israel ins Unglück stürzt!" Doch Elija erwiderte: **„Nicht ich habe Israel ins Unglück gestürzt, sondern du** und deine Familie! ... Sogar **du selbst verehrst die fremden Götter!**"* (Hervorhebungen durch den Autor) Meinte er die Nephilim um den selbsternannten „Gott" Jahwe? Die Vorwürfe gegen Elija führen uns jedenfalls zu Judas, dessen unrühmliche Rolle im Neuen Testament kaum jemand nicht kennt. Aber stimmen diese Vorwürfe überhaupt? Oder gab es eine gänzlich andere Wahrheit, die ebenfalls „Top Secret" im Planspiel der Ereignisse war?

Das Judas-Evangelium:

Vor einigen Jahren befragte ich den Buchautor und Verleger *Roland Roth* zu dem Fund des spektakulären Judas-Evangeliums. In der Bibel und den traditionellen Quellen zufolge war Judas ein Abtrünniger, der Jesus mit dem Bruderkuss verriet und so letztlich für seine Ergreifung sorgte, die am Kreuz endete. Nun wurde vor wenigen Jahren das Judas-Evangelium gefunden, dessen C-14-Tests auch kritische Stimmen zum Verstummen brachten, weil diese die Echtheit des Evangeliums nahe legen. Auch wenn es von der katholischen Kirche, nicht ohne Grund, bislang nicht anerkannt wurde. Wirft doch der Inhalt des Evangeliums die gesamte traditionelle Geschichte über den Haufen...

Denn aus dem Evangelium geht deutlich hervor, dass Judas nicht etwa ein Verräter sondern *der engste Vertraute* von Jesus war! Und der Bruderkuss ein abgekartetes Spiel auf Wunsch Jesus` war, damit die Dinge *so* eintreffen, wie sie in der offiziellen Geschichte über Jahrtausende an uns herangetragen wurden – einschließlich der Kreuzigung.

Dan Davis zum Thema Judas-Evangelium an Roland Roth: „*Was hältst Du von den Behauptungen um die Schriften, aus denen hervorgeht, dass Judas in Wirklichkeit nicht der Verräter von Jesus war, sondern sein engster Vertrauter – und Jesus Judas die Anweisung dazu gab, damit die Dinge infolge so eintreffen, wie sie eingetroffen sind?*"

Roland Roth: „*Um die Entdeckung des Judas-Evangeliums wurde vor geraumer Zeit viel Wirbel gemacht, sie wurde teilweise sogar als Fälschung betitelt. Ich denke, dass das Judas-Evangelium authentisch ist und dass es durchaus einige prägnante Details auf den angeblichen "Verräter Judas" enthält, denn Jesus selbst wählte ihn aus seinen Jüngern aus, die sterbliche Hülle Jesu´ zu opfern. Möglicherweise war Judas infolgedessen der "Buhmann" unter den Jüngern, die mehr "eifersüchtig" auf diese "Bevorzugung" als alles andere waren.*"

Dan Davis: „*Aus den Schriften, die als das Judas-Evangelium gehandelt werden, geht hervor, wie Jesus seine Jünger ironisch kommentiert, weil sie sich auf Ereignisse aus dem Alten Testament und den dort erwähnten „Gott" beziehen. Jesus behauptet dort, dass dieser dort genannte Gott teilweise nicht der wahre Gott ist. Nur Judas scheint das Geheimnis zu kennen (bzw. zu verinnerlichen). Er scheint aufgrund seiner Äußerungen bei einigen seiner Jünger auf Unverständnis zu stoßen. Siehst Du einen signifikanten Widerspruch zwischen dem Alten und dem Neuen Testament? Oder eher nicht?*"

Roland Roth: „*Durchaus, denn das Alte Testament zeigt uns häufig einen unbarmherzigen und kompromisslosen Gott, für den zahllose Menschenleben kaum ein Pfifferling wert waren. Vertreibung, Menschenopfer, Sintflut, Sodom & Gomorra und viele andere Unsäglichkeiten sind dabei nur wenige Beispiele. Wenn Jesus also von dem dort genannten Gott als den "nicht wahren" Gott spricht, könnte er damit durchaus gemeint haben, dass dieser "Jehova" gar nicht so "göttlich" war, wie er später dargestellt wurde. In der Paläo-SETI-Forschung wird anhand den alten Überlieferungen und in deren Neuinterpretationen deutlich, dass "Jehova" menschliche Schwächen besaß und sicher nicht "allwissend" war. Wenn ein "Gott" zudem viel Lärm, Rauch, Wolken und jede Menge anderen Tamtam benötigt, um vor einem Auserwählten zu "erscheinen", so empfinde ich dies nicht als göttlich, sondern interpretiere solche Geschehnisse modern und* *technologisch. Signifikant: Schon Cpt. James T. Kirk fragte sich in „Star Trek – The Final Frontier": „Wozu braucht `Gott´ ein Raumschiff?!" Dem wäre nichts mehr hinzuzufügen..."*

Im Nachhinein ist es für mich sehr verblüffend, wenn ich *Rainer Holbes* Buch „Wir aus Atlantis" aus dem Jahr 1988 in die Hand nehme, in dem es auch um die Geschichte der Atlantiden geht, die von den Plejaden zu uns auf die Erde kamen (und welches zudem unter anderem deren Kontakt mit den Hopi-Indianern und vielen anderen Völkern anspricht). Denn viele Jahre, bevor man überhaupt etwas bei uns von einem so genannten „Judas-Evangelium" gehört hatte, dass das Bild des Judas, Jesus und des Alten Testaments mehr oder weniger *auf den Kopf stellt*, finden wir die Antworten schon in diesem besagten Buch.

So zum Beispiel in einem Gespräch der damals sehr bekannten Sängerin *Penny McLean* mit Holbe, die behauptete, selbst mit Atlantiden Kontakt gehabt zu haben, die unter anderem im Verborgenen unter uns leben. Sie berichtet dort u.a.: *„Es gibt heute wieder ein perfektes atlantisches Kommunikationssystem ... Es sind Bilder, die blitzartig auftauchen ... Diesen Dialog kann ich nicht erklären, er ist halt da ... Die Leute konnten ja mit Energien umgehen, von denen wir heute gar keine Ahnung haben. Es ist übrigens die gleiche Energie, mit der Plejaden-Bewohner in ihren Raumschiffen ... Reisen unternehmen und dabei riesige interstellare Entfernungen überbrücken ... Mancher, der vordergründig als Verbrecher erscheint, opfert sich eigentlich, um dem anderen die Erfüllung zu ermöglichen."*

Rainer Holbe erwiderte: *„Demnach müsste also Judas, der seinen Herrn Jesus auf dem Ölberg den Häschern ausgeliefert hat, der Lieblingsjünger seines Herrn sein...."*

Und Penny McLean antwortete: *„So sehe ich das auch. Vor diesem inneren Hintergrund wurde in Atlantis auch Recht gesprochen..."*

Rainer Holbe: *„Kann es sein, dass frühere Atlantider sich in dieser Zeit zusammenschließen, um Unheil von diesem Planeten abzuwenden?*

Penny McLean: *„Ja, das stimmt ... Fremde Menschen sprachen mich an, luden mich ... ein, reichten mich weiter an andere Gruppen in anderen Ländern. Es war ein perfektes Kommunikationssystem, wie es auch die CIA nicht besser hätte aufbauen können.“*

Rainer Holbe: *„Was wurde da ausgetauscht und zu welchem Zweck?“*

Penny McLean: *„Vor allem Wissen ... Auch einige Politiker sind darunter ... Und es ist nicht sicher, ob wir es schaffen werden. Wir sind in der gleichen Situation wie damals kurz vor der Katastrophe ... Ich hoffe nur, dass wir uns diesmal bewusster darüber sind...“*
(Quelle: „Wir von Atlantis – Protokolle aus fernen Zeiten“, Rainer Holbe, 1988, S. 75-85)

Kapitel 7

Unbekannte Bruderschaft

Das Geheimnis um die Bruderschaft der Schlange:

Kommen wir erneut zurück auf die älteste Geheimgesellschaft der Welt, die „Bruderschaft der Schlange." Wir haben bereits in vorangegangenen Kapiteln wichtige Erkenntnisse gesammelt, welche uns die weltumspannende Realität des Geheimnisses um die „Schlange" verdeutlicht hat – sowie ihre Verbindung zu den (außerirdischen) Göttern. Und zwar nicht nur in der Bibel. Ich habe geradezu unglaubliche Behauptungen aufgestellt, gestützt auf die geschichtliche Vergangenheit. Doch wo finden wir weitere Hinweise auf die Bruderschaft der Schlange, welche die erkannten Aufdeckungen geschichtlich untermauern? Gab es diese Bruderschaft überhaupt? Und wenn sie bereits mit der Bibel in Zusammenhang stehen sollte, finden wir die Zeugnisse auf die geheime Bruderschaft eventuell auch in Ägypten? Die Antwort lautet „Ja." Doch niemand hat sie augenscheinlich wahrgenommen und in die richtige Verbindung gesetzt.

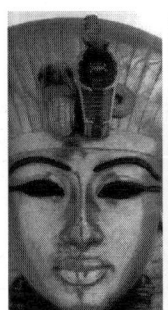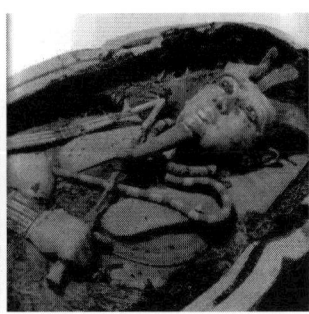

Abb. 93 links und **Abb. 94 Mitte:** Am Beispiel des *Tutenchamun* erkennen wir auf dessen Stirn zwischen den Augen, an der Stelle des „Dritten Auges", sowohl die Darstellung einer Schlange, als auch die eines Vogels mit Schlangenkörper. Eine Darstellung, wie sie in ähnlicher Weise dort überall vorzufinden war. Ein Hinweis auf die Symbolisierung der Götter. **Abb. 95 rechts:** *F. Spencer Lewis*, Gründer und erster Imperator des „Ancient Mystical Order Rosae Crucis" (AMORC) neben der ägyptischen Statue, welche die Schlange auf dem Haupt trägt.

Auch die Rosenkreuzer und Freimaurer weisen eine Verbindung zu diesem Wissen auf. Auf Abb. 95 sehen wir *F. Spencer Lewis*, Gründer und erster Imperator des „Ancient Mystical Order Rosae Crucis" (AMORC) neben der ägyptischen Statue, welche die Schlange auf dem Haupt trägt.

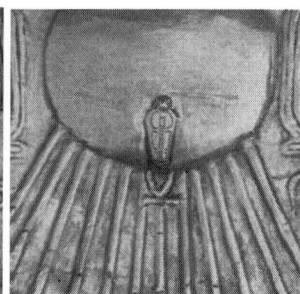

Abb. 96 rechts: Ägyptische Darstellung auf welcher über den abgebildeten Personen ein kreisrundes Objekt (die Sonne oder ein Ufo?) in strahlenförmiger Art zu sehen ist. Diese Strahlen wurden unten mit Händen versehen. Das runde Objekt selbst ist ebenfalls mit der Symbolik der Schlange versehen und symbolisiert die „Sonnengötter." **Abb. 97 Mitte:** Vergrößerung des Kopfes der linken weiblichen Person von Abb. 96. Sie trägt *ebenfalls*, wie ihr Gegenüber, das „Zeichen der Schlange" auf der Stirn zwischen den Augen. **Abb. 98 rechts:** Vergrößerung des runden Objektes über der Szenerie von Abb. 96, auf welcher die Symbolisierung der Schlange zu sehen ist. Die Schlange ist also ganz deutlich als das Symbol der „Sonnengötter" zu finden, die der Mythologie nach „vom Himmel auf die Erde kamen." Können wir hier einen Zusammenhang vermuten, wenn die Freimaurer, aufbauend auf ihr Geheimwissen aus den ägyptischen Mysterienschulen, die Sonne als „Sirius" bezeichnen (die Herkunft einer außerirdischen Gruppierung – der Nephilim, innerhalb des Hohen Rates, der von den Plejadiern / Plejaren geleitet wird?).

Die Rosenkreuzer sind als Anhänger der Lehren des *Hermes-Trimegistos*, eine Verschmelzung des griechischen Gottes *Hermes* mit dem ägyptischen Gott *Thot*, anzusehen. Spannend ist seine Abstammung: Denn Hermes ist der Sohn von *Zeus*, den wir hier im Buch unterstellen, mit *Jahwe* identisch zu sein, und von der Plejade Maja (Tochter der Plejaden). Also auch hier eine direkte Verbindung. *Wie könnte es auch anders sein…*

Hermes gilt als die Inkarnation von Thot. Doch welche Seite der Wahrheit verkörpert Hermes-Trimegistos (möglicherweise hinter der vorgegebenen) wirklich? Die „dunkle" Seite des Gottes Jahwe / Zeus – oder verbreitete er etwa doch die Lehren einer einst positiven Bruderschaft, die als die *ursprüngliche* „Bruderschaft der Schlange" in die Geschichte einging, eventuell aufbauend auf die mütterliche Seite von Maja?

Die Antwort wird vielen nicht gefallen, denn im Osirismythos war Hermes der Schreiber und Wesir des Osiris. Wurde also auch hier Wissen verdreht und Böses *als Gutes* verkauft, so wie es im Alten Testament vorherrschte, um die wahren Übeltäter als „Retter" anzupreisen? Das Rosenkreuzertum ist inhaltlich in mancher Hinsicht deutlich mit dem Freimaurertum verbunden (es gibt sogar einen „Ritter des Rosenkreuzes" im Freimaurertum, aufbauend auf diese Erkenntnisse in den Logengraden), offiziell gehen die beiden Organisationen jedoch getrennte Wege.

Wenn wir uns die Mumie des Tutenchamuns (auch *Tut-ench-Amun* geschrieben) betrachten, finden wir auf dessen Stirn zwischen den Augen an der Stelle des „Dritten Auges", auf das auch die Mythologie und Geschichte des „Auge des Horus" abzielt (das „Allsehende Auge", welches vor allem im verbreiteten Logentum verwendet wird), die Darstellung einer Schlange sowie einer Schlange mit Vogelkopf.

Die mit der *Symbolisierung der Schlange* versehene Lilith besitzt übrigens ein Pendant in der albanischen Dämonin *Kulschedra*, weshalb viele hier einen hintergründigen Zusammenhang vermuten. Kulschedra, die halb Mensch halb Schlange dargestellt wird, findet man auch in der Darstellungsform eines *siebenköpfigen* Drachen in diesen Kulturkreisen wieder (siehe hierzu auch „Lilith und ihre Schwestern – Zur Dämonie des Weiblichen", *Dorothee Pielow*, 2. Auflage, 2001, S. 14).

Es gibt hier also eine *ganz direkte* (größtenteils unbekannte) Verbindung von Lilith zu der Darstellungsweise des siebenköpfigen Drachen.

 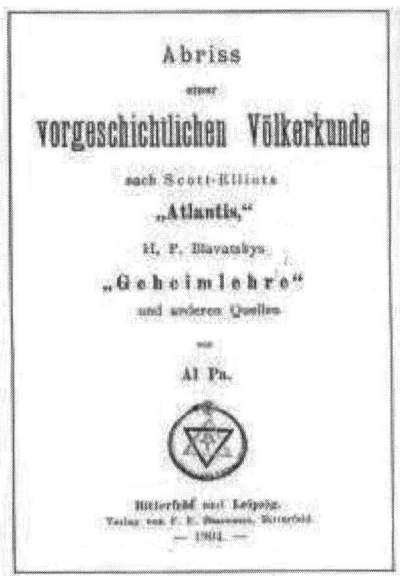

Abb. 99 links: Darstellung von Prinzessin *Salome* in der Kunst, welche angeblich für die Enthauptung *Johannes des Täufers* sorgte, *E. Söllner*, 1998. Auch sie wird wie hier auf Darstellungen des Öfteren mit der „ägyptischen" Schlange an der Position des „Dritten Auges" dargestellt. Während Lilith laut der Überlieferung mit dem „Bann der *Sieben Siegel*" belegt wurde – wovon auch Schutzamulette berichten – findet man in den Überlieferungen zu Salome den (doppeldeutig gemeinten?) „Tanz der *Sieben Schleier*." **Abb. 100 rechts:** Auch *Helena P. Blavatsky* schrieb in ihren Geheimlehren von einer Urkultur Atlantis. Blavatsky war Freimaurerin und inspirierte viele Köpfe des Dritten Reiches mit ihren Geheimlehren. Die Abbildung zeigt eine zusammenfassende Schrift von *La Pas* der Lehren von *Elliot* und *Blavatsky* aus dem Jahre 1904.

Auf anderen ägyptischen Darstellungen finden wir immer wieder die Sonnensymbolik. Wichtig ist das dort ebenfalls angebrachte Symbol der Schlange. Es vermittelt dem Betrachter erneut die Bedeutung der Schlange in Verbindung mit den (außerirdischen) Gottheiten und dem Bezug zu den „Sonnengöttern", die der Mythologie nach vom

Himmel auf die Erde kamen. Laut den Prophezeiungen in der Offenbarung der Bibel wird in den letzten Tagen wieder `eine Sonne auf die Erde stürzen`. *Ist hier eventuell etwas gänzlich anderes gemeint, als ein Meteorit oder Asteroid (der ohnehin keine Sonne wäre), wie viele spekulativ glauben? Nämlich die prophezeite Rückkehr der Sonnengötter, wie sie auch die Kultur der Mayas für jenen Zeitraum ankündigten? Oder gar der Sturz der Nephilim und ihrer aufgebauten Macht in den prophezeiten „Letzten Tagen"?*

Abb. 101 links: Eine der *ältesten* ägyptischen Götter-Darstellungen. Sie zeigt eine Person auf einer Schlange, die einen Vogelkopf besitzt. Die Person trägt eine Art Raumanzug. Ein Pfeil scheint von der Hand der Person auf einen Planeten zu deuten. Möglicherweise, um auf die Herkunft der „Götter" zu verweisen. **Abb. 102 rechts:** Weitere ägyptische Götter-Darstellung, welche mehrere Personen mit einer Art Raumanzug auf der Schlange zeigt.

Ist die dargestellte Schlange auf der Stirn aber wirklich ein Hinweis, den man in diesem Zusammenhang weiterverfolgen sollte? Dies werden Sie sich vermutlich fragen. Ich denke schon, denn ausgerechnet im Popol Vuh, dem Schöpfungsmythos der Quiché-Mayas, in dem von einem Kontakt mit herniedergestiegenen Göttern in Himmelsschlangen von den Plejaden die Rede ist, sowie von Jünglingen, die zu den Plejaden fuhren, werden laut der Überlieferung die Götter mit einer Schlange auf der Stirn beschrieben. In der „Großen Erich von Däniken Enzyklopädie", 1998, S. 227 lesen wir hierzu: *„Die weißen, hellhäutigen und blonden Götter, die bei Tamoanchan an der Küste Yucatáns landeten ... Da sie neben sonderbarer Klei-*

dung noch Schlangen an ihrer Stirn trugen und vom Himmel kamen, entstand der Mythos..."

Berücksichtigt man jetzt noch, dass außer einer *Schlange auf der Stirn* die männlichen Götter von den Plejaden als überwiegend *bärtig* beschrieben wurden, wie ebenfalls im kompletten Text der besagten vorangegangen erwähnten Quelle auf S.227 dort beschrieben steht (die „Großen Erich von Däniken Enzyklopädie": *„...Besonders auffällig scheint seine weiße ... Hautfarbe und der Bart gewesen zu sein..."*), dann stellt sich unter Umständen die Frage, wer Tutenchamun und einige andere aus dem Tal der Könige wirklich waren?

Denn neben der besagten Schlange auf der Stirn werden sie als bärtig *dargestellt*, siehe als Beispiel hierzu auch Abb. 105. Wobei ich jenes Indiz, im Gegensatz zu der Schlange auf der Stirn, eher *unter Vorbehalt* eingebracht sehen möchte. Denn Bärte sind schnell abrasiert, in allzu jungen Jahren gibt es biologische Gründe, die gegen einen langen Bart sprechen (ein Fakt, den man auch bei Tutenchamun berücksichtigen könnte, da er den offiziell Angaben zufolge sehr jung starb...) und ohnehin sollten solch modische Kleinigkeiten nach Tageslaune alleine gesehen nicht überbewertet werden. Auffallend ist dieses Detail der Verstorbenen im Tal der Könige in Ägypten dennoch in Verbindung mit der Schlange.

Auf einigen der ältesten ägyptischen Darstellungen finden wir menschenähnliche Gestalten in einer Art Raumanzügen auf Schlangen mit Vogelköpfen positioniert. Sollte Sirius tatsächlich einer der Herkunftsorte der Nephilim („gefallenen Engel") sein, so ist sicherlich interessant, dass Sirius tatsächlich wie erwähnt in der unmittelbaren Umgebung der Plejaden und Aldebaran am Firmament anzusiedeln ist. Er befindet sich im Sternbild *„Großer Hund"* im Südosten des Orion-Gürtels. Zusammen mit Procyon, Castor und Pollux, Capella, Aldebaran und Rigel bildet er das sogenannte „Wintersechseck." Die ägyptischen Astronomen erstellten sogar ebenfalls, wie viele andere

Völker, einen speziellen „Sirius-Kalender." *Hatten die afrikanischen Dogon-Neger also doch Recht?*

Bei den Dogon-Negern in Afrika wird berichtet, dass deren Götter vom Sirius kamen. Die Dogon-Neger feiern deshalb Erich von Däniken zufolge alle 52 Jahre ein großes Fest. Angeblich würde dieses Fest die Umlaufbahn des Planeten markieren, von dem die Sirianer kamen. Und das er *52 Jahre* benötigen würde, seine Sonne zu umkreisen.

Der Sirius wurde bei uns aber offiziell erst im Jahre 1862 entdeckt. Woher stammte also das uralte Wissen der Dogon-Neger? Denn tatsächlich stellte die Wissenschaft inzwischen fest, dass die Angaben der Dogon, die Umlaufbahn des Planeten betreffend, *richtig* waren. Ebenso wie viele andere Merkwürdigkeiten, die ich hier nicht näher ausführen möchte, da sie zur Genüge in anderen Dokumentationen und Büchern geschildert wurden (siehe hierzu ergänzend auch „Auf den Spuren der Allmächtigen" Folge 7, *Erich von Däniken*, „Sterne über Afrika"). Die Richtigkeit der von Däniken und anderen Forschern aufgestellten Behauptungen hierzu wird inzwischen immer wieder angezweifelt. Es gibt jedoch weitere Hinweise, die in diesem Zusammenhang interessant erscheinen.

Das Freimaurertum hat vor einigen Jahren wie erwähnt bereits durchblicken lassen, dass mit der bei ihnen verwendeten Sonnensymbolik der Sirius gemeint sei. Und wie sieht es bei den Mayas aus? Die Mayas kannten und benannten, wie beschrieben, die Plejaden als Herkunftsplanet ihrer himmlischen Götter. Geht man jedoch in die Geschichte der Mayas, dann werden dort ebenso Götter beschrieben, die grausam waren und ihre Macht gegenüber den Ureinwohnern barbarisch ausnützten. Der Sirius war den Mayas ebenfalls bereits bekannt. Und merkwürdigerweise besitzt einer der beiden Mayakalender einen Zyklus von *52 Jahren*, identisch zu jenem der Dogon-Neger. Erinnern wir uns: *Auch die Azteken führten alle 52 Jahre eine religiöse Zeremonie durch, den „Tanz des Neuen Feu-*

ers", wobei sie andächtig auf das Vorbeiziehen der Plejaden – und somit auch des am Firmament benachbarten Sirius – warteten. Überschritten diese nach Mitternacht den Zenit, ohne das die Welt untergegangen war, brachen sie in großen Jubel aus.

Wir finden den Sirius auch im alten Indien, hier als „Stern des Buddha." Er galt als der große Unterweiser der Menschheit. Tatsache ist jedenfalls, dass Sirius immer wieder mit Krieg in den Mythologien der Menschheitsgeschichte auftaucht, was ebenfalls den angehafteten Geschichten der gefallenen Engel, den Nephilim, und ihren grausamen Herrschern nachgesagt wird. Der Satiriker Lukianos von Samosata (120 – 180 n. Chr.) lies beispielsweise bereits in einer Art frühen Science Fiction-Geschichte 5000 Krieger vom Sirius mit Hundegesichtern auf fliegenden Eichen oder Eicheln (historische, fehlinterpretierte UFOs?) kämpfen.

Warum werden die Sirianer immer wieder mit Hundegesichtern dargestellt?

Sirius befindet sich nicht nur im Sternbild des „Großen Hundes", der Name „Sirius" selbst wird mit *„Hundsstern"* übersetzt (siehe auch *„Das neue Duden Lexikon"*, Band 9, S. 3498, 1984). *Preston P. Nichols* und *Peter Moon* schreiben in ihren Montauk-Schriften zu diesem Thema (von mir hier zusammengefasst): *„Die Ägypter identifizierten Seth mit An, was „der Hund" bedeutet. Daraus wurde später Set-an und dann Satan, der die Hölle beherrscht. Die Idee eines Hundes „in heat" (Läufigkeit) ist darin eingeschlossen. Hier wurde Moralität gelehrt: `Wenn du dich mit tierischen abgibst, fährst du zur Hölle`, wo sie laut Definition schon waren. "*

In der griechischen Mythologie gilt der „Große Hund", dessen Hauptstern Sirius ist, wie bereits erwähnt, als der Jagdbegleiter Orions. Erinnern wir uns: „Obersatanisten" und Hochgradfreimaurer *Aleister Crowley*, der vermutlich die neuzeitliche Versinnbildlichung des Tieres 666 in der Offenbarung darstellen sollte, war nicht nur mit dem O.T.O. verbunden, er war auch Mitglied einer obskuren Geheimgesellschaft mit dem Namen „A∴A∴", was für „Argentum Astreum" steht, den Orden des silbernen Sterns, laut Crowley der Sirius.

Und auch die Assyrer und Phönizier leiten beide ihren Namen aus diesem Erbe ab. Dem nicht genug:

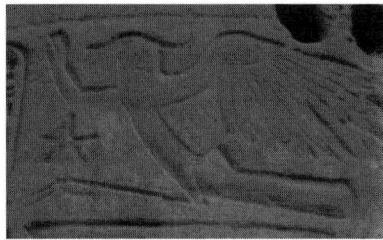 

Abb. 103 links: Auf einem Säulenrelief in *Karnak, Ägypten,* finden wir einen fliegenden Vogel mit schlangenartigem, zylinderförmigem Körper. Links daneben ein Stern. Die eine Hand des Vogels ist die eines Menschen, die andere zeigt den Flügel eines Vogels. Symbolismus pur. Ein direkter Verweis auf die „Fliegende Schlange", deren Insassen sowie Herkunft? **Abb. 104 rechts:** Weitere ägyptische Darstellung einer „Fliegenden Schlange."

Auf ägyptischen Darstellungen, wie zum Beispiel einem Säulenrelief in Karnak, Ägypten, sehen wir einen Vogel mit schlangenartigem, zylinderförmigen, Körper. Daneben die Abbildung eines Sterns. Die eine Hand des Vogels ist die eines Menschen, die andere zeigt den Flügel eines Vogels. Ein direkter Verweis auf die „Fliegende Schlange", deren Insassen sowie Herkunft?

Das Zeichen der „Bruderschaft der Schlange" befindet sich aber, wie bereits angesprochen, nicht nur auf der Stirn (zwischen den Augen an der Stelle des sogenannten „Dritten Auges" – dem „Auge des Horus") des Tutenchamuns, sondern an unzähligen anderen Personen und Gottheiten ebenfalls. So zum Beispiel bei Tutmosis, Ramses II., Sethos I., Isis, Osiris und *vielen anderen…* Siehe hierzu auch nachfolgende Beispiele, Abb. 105 und 107. Ebenso bei Wächterstatuen.

Aus diesen Beispielen lässt sich auch ableiten, dass die „Bruder-schaft der Schlange" sich, wie im Buch erwähnt, erst *später* – nach dem „Sturz der Götter" (den Nephilim), gespalten hat.

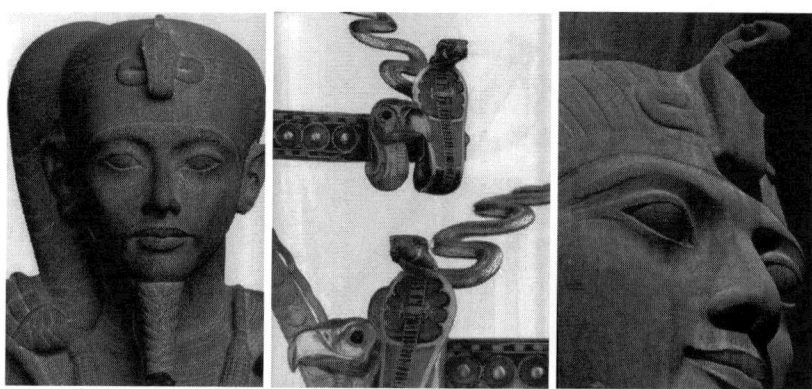

Abb. 105 links und **Abb. 107 rechts:** Die ägyptischen Statuen vieler Personen, Götter und Halbgötter tragen das Symbol der (auberginenförmigen Kobra-) Schlange auf der Stirn an der Stelle des „Auge des *Horus*" – des „Dritten Auges." **Abb. 106 Mitte:** Kopfschmuck aus Grabbeilagen: Er trägt die auberginenförmige Schlange und den Vogel mit Schlangenkörper.

Ägyptischer Symbolismus im Logentum:

Die Illuminaten und Freimaurer verwenden aber nicht nur das Symbol des Allsehenden Auges für ihre Zwecke. Freimaurertempel sind überhäuft mit ägyptischen Statuen und ägyptischer Symbolik. Auch der Hochgradfreimaurer und Satanist Aleister Crowley trug zuweilen ägyptische Trachten sowie das Symbol des „Auges des Horus" in verschiedener Form.

Er übernachtete wie beschrieben in der Großen Pyramide, wo ihm angeblich von einem überirdischen (außerirdischen?) Wesen mit dem Namen Aiwass (in Lautschrift *„I was…"*, was so viel bedeuten könnte wie „ICH war es… Wer ist „Ich"? *Jahwe?*) das „Buch des Gesetzes" diktiert worden sein soll.

Abb. 108 links: Satanist und Hochgradfreimaurer *Aleister Crowley* in ägyptischer Tracht. **Abb. 109 Mitte:** Das „Allsehende Auge" aus dem Logentum, welche den oberen, abgehobenen Teil einer *Pyramide* symbolisiert, wurde ebenfalls aus dem Ägyptischen übernommen. **Abb. 110 rechts:** Das „Auge des *Horus*" emporgehoben von einem Ägypter. Links und rechts von ihm die (auberginenförmigen) Schlangen mit der Kugel auf dem Haupt.

Ohne Frage ist hier eine verborgene Wahrheit und Verbindung zum Logentum zu erkennen. Interessant ist in diesem Zusammenhang auch eine *weitere* Tatsache, die auf einen Missbrauch des Symbols hindeutet. Denn verbreitete Schutzamulette *gegen* Lilith bestehen zum Teil ebenfalls aus dem symbolischen „Auge." Offensichtlich ist auch die Verbindung bei dem von der Freimaurerei getragenem Schurz.

Abb. 111 links und **Abb. 113 rechts:** Die Geheimgesellschaft der Freimaurer (die sich nicht als Geheimgesellschaft in der Öffentlichkeit sieht, da ein Verbot ansonsten in greifbare Nähe rücken würde) verwendet ebenfalls den aus der ägyptischen Geschichte verbreiteten Schurz um die Lende. **Abb. 112 Mitte:** Ägyptische Statuen und Symboliken in einem Freimaurertempel.

Auch diese Tradition geht *direkt aus der ägyptischen Vergangenheit hervor*. Wobei wir über die offiziell verlautbarten Beweggründe nicht spekulieren wollen. Denn wir haben bereits allzu oft belegt, dass in Geheimgesellschaften offen verwendete Angaben nur *Tarnbehauptungen* für die Außenstehenden darstellen.

Der „Fluch" der Pharaonen:

Auffallend viele Entdeckungen in den Grabkammern in Ägypten wurden von *unerklärlichen Todesfällen* der Ausgrabenden und Untersuchenden begleitet. Ich will den Glauben an einen „Fluch" oder bakterielle Erreger mancher hier nicht angreifen, aber wäre es nicht eventuell auch möglich, dass hier etwas *vertuscht* werden sollte, was die Entdeckungen an jenen Orten betraf (Ich möchte einschränkend sagen, was *manche* Entdeckungen an diesen Orten betraf)?

Viele Leser halten sich für äußerst aufgeklärt, doch ausgerechnet *hier* glauben sie an *„mystische Flüche."*

Die Wahrheit dahinter könnte auch lauten: Wie erklärt man einer Bevölkerung, dass eine Vielzahl zufällig an einer Ausgrabungsstätte beteiligte Helfer und Entdecker plötzlich *„um die Ecke"* gebracht werden müssen, weil sie etwas erfahren und gesehen haben, das nicht für die Öffentlichkeit gedacht war?

Die Wahrheit über die Pyramiden, deren (Mit-)Erbauer? Deren „Götter"?

Die offizielle Variante tödlicher bakterieller Erreger klingt auf den ersten Blick durchaus glaubhaft, die durch das Öffnen der Grabkammern das Schicksal der Anwesenden besiegelten. Doch unter Umständen könnte man bakterielle Erreger oder Gift auch gezielt eingesetzt haben, um der Lage Herr zu werden und eine glaubhafte Erklärung für die Öffentlichkeit bereitstellen zu können. Hierfür sprechen zumindest weitere Indizien im Zusammenhang um die Ereignisse:

Unerklärlicher Stromausfall in Kairo legt alle Telefonverbindungen lahm: Ist es nicht merkwürdig, dass unmittelbar nach den Entdeckungen des Grabes des Tutenchamun die Stromversorgung in Kairo aussetzt und somit auch das *Telefonnetz?* Übrigens ein Phänomen, das die „Fluchgeister" auch *zufällig* nach dem Attentat auf *John F. Kennedy* in Dallas einsetzten, oder auch bereits bei der Ermordung *Abraham Lincolns*, als das Telegraphennetz danach ebenfalls „zufälligerweise" für zwei Stunden ausfiel. Dreizehn der zwanzig bei der Öffnung der Hauptkammer des Tutenchamun anwesenden Personen starben infolge auf unerklärliche rätselhafte Weise. *Howard Carter*, Hochgradfreimaurer, den man als leitende Person des Unternehmens „Tutenchamun" sehen könnte, starb jedenfalls erst sechzehn Jahre nach der Öffnung. Ausgerechnet ihn und einige seiner engsten Verbündeten scheint der Fluch ausgenommen zu haben…

Ein Wissenschaftler, welcher hinter dem Fluch der Pharaonen einen *bakteriellen Erreger* entdeckte (nachdem er die Verstorbenen obduziert und eine spektakuläre Pressekonferenz für den Folgetag aufgrund seiner Erkenntnisse angekündigt hatte), verstarb einen Tag *vor* der „Medienaufklärung" über unbekannte neue Details auf mysteriöse Weise bei einem Autounfall. Wenn dies kein tragischer Zufall war, stellt sich die Frage des warum. Denn dann wäre die einzige logische Erklärung, dass er auf der Pressekonferenz Fakten enthüllen hätte können, die deutlich gemacht hätten, dass die bakteriellen Erreger nicht ganz so alt waren, wie offiziell behauptet? Oder seiner Kenntnis nach einen anderen Ursprung haben mussten?

Heute vermutet man, der bakterielle Erreger sei bei der Öffnung der Kammer von den Personen vor Ort eingeatmet worden. Nicht auszuschließen wäre aber auch die Alternative, dass ein bakterieller Erreger von unbekannter Seite bewusst eingesetzt wurde, um die Zahl der

Augenzeugen klein zu halten. Zumal der mysteriöse Autounfall des Wissenschaftlers, einen Tag vor seiner geplanten Medienkonferenz (warum erinnert mich das nur an den Tod von *Marylin Monroe*, die ebenfalls einen Tag vor einer angekündigten Pressekonferenz, bei der sie Fakten veröffentlichen wollte, die die Regierung stürzen könnten, offiziell „Selbstmord" beging…), nur so einen tieferen Sinn bekommen würde. Hier scheinen viele der Beteiligten jedenfalls vom gleichen Schicksal wie Tutenchamun selbst getroffen worden zu sein. Denn eine Verletzung an der linken Seite seines Kopfes deutet darauf hin, dass der Pharao wohl keines natürlichen Todes gestorben ist. Man fragt sich zudem, warum auch heute noch eine Vielzahl von Informationen (selbst um die Pyramiden in Gizeh, wie Erich von Däniken in einem Interview mit „Secret TV" *Jo Conrad* gegenüber andeutete) vor der Öffentlichkeit unter Verschluss gehalten werden? Er selbst zieht hier Parallelen zu einer Verschwörung. Denn `*was bitte ist so gewichtig an den alten Funden, dass man sie geheim halten muss – wie es zum Teil nachweislich bis heute geschieht (?)* `, fragt sich sicherlich nicht nur Erich von Däniken.

Er erwähnt auch, wie die Öffentlichkeit bei der Entdeckung unbekannter Räume in der Pyramide gezielt außen vor gelassen wurde.

Interessant ist in diesem Zusammenhang auch die Verwendung der Königsnamen. Carter selbst schrieb hierzu: *„Die Königsnamen werden merkwürdigerweise hier beide verwendet. An einigen Stellen ist der Name A-**ton** ausgemerzt und durch A-**mun** ersetzt, während an anderen der Name Aton unverändert stehen geblieben ist…"* (Quelle: Die Stargate-Verschwörung", Andreas von Rétyi, S. 168)

Hier wird natürlich auf ECHN*ATON* und TUTENCH*AMUN* angespielt. Also wurde an einigen Stellen offenbar bewusst der eine Name gegen den anderen ausgetauscht… Warum, dies bleibt derzeit Spekulation. Einen Hinweis könnte die Randbemerkung von Andreas von Rétyi geben:

„Der meiste Teil von Echnatons Leben hüllt sich in ein mystisches Dunkel. Wir wissen über ihn auffallend wenig. Dies liegt auch daran, dass seine Nachfolger sehr darum bemüht waren, all sein Andenken radikal auszulöschen. Wieder so eine Vernichtung von Schriftzeugnissen, wie sie wohl immer dann vorkommt, wenn die Angst vor der Macht eines anderen zu groß wird..." (Quelle: „Die Stargate-Verschwörung", S. 163)

Kapitel 8

Hier kann etwas nicht stimmen

Wenn es um das Thema „Plejaden" und „Außerirdische" geht, fällt in der Regel ein Name: *Billy Meier.*

Billy Meier, geboren am 3. Februar 1937, ist ein Schweizer Bauer, der im Jahre 1975 die „FIGU" (Freie Interessengemeinschaft für Grenz-, Geisteswissenschaften und Ufologiestudien) sowie das *„Semjase-Silverstar-Center"* gründete. Meier behauptet, seit dem Jahr 1942 Kontakt mit Außerirdischen von den Plejaden zu besitzen. Er erlangte aufgrund seiner Behauptungen weltweite Bekanntheit. Doch aus seinem angeblichen Beweismaterial ergibt sich eine nicht weg zu diskutierende Anzahl an Ungereimtheiten, die Zweifel an seinen Behauptungen aufkommen lassen.

Merkwürdigerweise ist die Aktenlage, was die Ortung von unbekannten Flugobjekten über der Schweiz durch das Militär, die Luftraumüberwachung, sowie die Aussagen von Piloten, Polizisten und anderen ebenso glaubwürdigen Augenzeugen betrifft, erdrückend. Die militärische Luftraumüberwachung der Schweiz registriert in regelmäßigen Abständen Flugbewegungen, die keinen konventionellen Flugkörpern zugeordnet werden können. Dies lässt die Aussagen von Meier auf den ersten Blick als durchaus glaubwürdig erscheinen. Ich werde Ihnen eine *etwas andere* Geschichte über Billy Meier erzählen.

Denn die Wahrheit über Billy Meier ist vielleicht ganz anders, als er selbst und auch jene, die ihn als Fälscher titulieren, glauben. Doch zuvor einige Beispiele für äußerst ungewöhnliche Ereignisse im Schweizer Luftraum, die belegen, dass dort tatsächlich etwas vor sich geht, was in vielen Fällen vom Militär und der Radarüberwachung bestätigt wird:

Im Jahre 1967 melden Piloten des schweizerischen Überwachungsgeschwaders ein großes kugelförmiges Objekt, welches unbeweglich am Himmel schwebt. Die Piloten konnten aufgrund der Leistungsfähigkeit ihrer Maschinen das Objekt, das laut deren Schätzungen auf etwa 10000 Metern Höhe schwebte, nicht erreichen. In den siebziger Jahren wird ein Kampfjet gestartet, um einen solchen „Foo-Fighter" zu verfolgen. Obwohl die Radarechos der militärischen Luftraumüberwachung das Objekt direkt vor dem Jet sahen, war es dem Piloten nicht möglich, den Flugkörper, der für das Radarecho verantwortlich war, zu erkennen. Die meisten Aufzeichnungen stammen aus den siebziger Jahren. Auch in den achtziger Jahren ereignen sich unglaubliche Vorfälle.

Im November 1992 melden verschiedene Radarstationen mehrere Objekte, die im Gebiet der Zentralschweiz und den Alpen mehrmals durch ihre unglaublichen Flugmanöver auffallen. In Sekunden legen die Objekte Höhendifferenzen von mehreren Kilometern zurück. Die Objekte werden von Militärpiloten gesichtet und als leuchtende Kugeln, identisch zu dem deutschen Phänomen der „Foo-Fighter" aus dem Zweiten Weltkrieg, beschrieben. Es liegen bereits „Foo-Fighter"-Sichtungen über der Schweiz aus dem Jahre 1929 vor.

Im Jahre 1967 wurden drei zigarrenförmige Flugkörper über Oberehrendingen gesichtet. Am 28. März 1980 wurden rotgelbe Kugeln über der Stadt Basel gemeldet. Die Objekte verschwanden vor den Augenzeugen hinter den Wolken und tauchten auf der anderen Seite wieder auf. Eines der Objekte drehte sich kurz vor seinem Verschwinden ungeheuer schnell um seine eigene Achse. Am 27. September 1983 wurden mehrere „Foo-Fighter" in V-Formation über Basel gesichtet.

Im Juni 1993 tauchte ein Objekt über der Schweiz auf, welches innerhalb kürzester Zeit seine Flughöhe zwischen 5000 und 10000 Metern blitzschnell änderte. Im Jahre 1996 kam es über der Schweiz zu einer Beinahe-Kollision zwischen einem solchen Objekt und einer

Passagiermaschine der Air Engiadina. Im Juli 1993 formierten sich solche Objekte zu einer Art Perlenschnur, wie wir es aus den Berichten über Mexiko kennen, und durchquerten den schweizerischen Luftraum mit hoher Geschwindigkeit. Während sie ab und zu an verschiedenen Stellen verharrten.

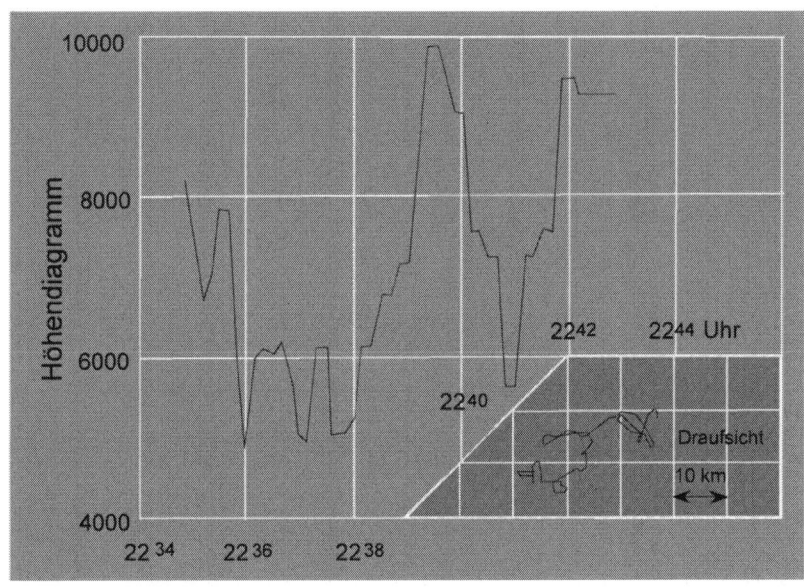

Radaraufzeichungen der militärischen Luftraumüberwachung eines UFOs über der Schweiz

Abb. 114: Militärische Radaraufzeichnung der Schweizer Luftwaffe, Höhendiagramm und Draufsicht, von einem Vorfall, der sich am 13. Juni 1993 zwischen 22.35 Uhr und 22.42 Uhr ereignete. Die Rechtecke der Draufsicht (unten rechts) stellen jeweils eine Entfernung von 10km dar. Das Flugobjekt änderte seine Höhe während des Manövers blitzschnell zwischen 5000 und 10 000 Metern.

Am 5. Juni 1996 tauchte ein untertassenförmiges, metallisches Objekt über dem Militärflugplatz von Dübendorf auf. Mehrere Luftwaffenmitarbeiter waren Augenzeugen des Vorfalls. Das UFO verschwand den Augenzeugenberichten zufolge plötzlich mit hoher Geschwindigkeit in Richtung Zürich. Am 28. September 1997 wurde erneut ein unbekanntes Flugobjekt über dem Flugplatz von Düben-

dorf gesichtet, welches, identisch zu den Objekten über Belgien, Anfang der neunziger Jahre, eine Dreiecksform besaß. Diesmal war der Chef der Schweizer Luftraumüberwachung selbst unter den Augenzeugen. Der Durchmesser des fliegenden Dreiecks wurde auf etwa 50 Meter geschätzt.

Ein Augenzeuge beschreibt ein riesiges schwarzes Dreieck im Dezember 1986 über Zürich. Am 18. Dezember 1988 wurde ein solches Dreieck über Gentilino gesichtet und im Herbst 1989 über Agno. Die Augenzeugen berichten: Das schwarze Dreieck muss größer als ein Haus gewesen sein, weil es den auf einen Berg bei Agno liegenden Hotelkomplex geradezu klein erscheinen ließ.

Der vermutlich erste Flugkörper über der Schweiz, der den Beschreibungen nach nahezu identisch mit den Dreiecken über Belgien ist, wurde am 26. Mai 1956 über dem Flugplatz Bern dokumentiert. Das Objekt wurde als „Dreieck mit drei Punkten" beschrieben. In der Mitte des Objektes, welches auf schätzungsweise 3000 Metern Höhe schwebte, schien ein Licht zu rotieren.

Weitere Berichte der unbekannten fliegenden Dreiecke über der Schweiz existieren aus dem Jahr 1987 und 1988. Stellvertretend für unzählige anderer Fälle soll hier ein weiterer Vorfall aus dem Jahr 1977 wiedergegeben werden, der von dem Chefpiloten der damaligen Swissair-Jumboflotte *J. Schmid* bestätigt und von der Schweizer Lauftraumüberwachung in Maastricht registriert wurde. *Luc Bürgin* berichtet hierzu in seinem Buch über den Vorfall, der bereits Jahre zuvor in der Dokumentation *„ UFOs – Sie fliegen doch!"* geschildert wurde:

„Einige Fälle aber bleiben mysteriös, wie J. Schmid, Chefpilot der Swissair-Jumboflotte, 1994 in einem Interview gegenüber der deutschen Fernsehanstalt ARD bestätigte. So etwa das Erlebnis einer Swissair-Crew, die am 14. April 1977 bei Luxemburg hautnah mit einem UFO konfrontiert worden war. Einem UFO, das sich laut

276

Schmid mit einer Beschleunigung entfernte, die `von keinem uns bekannten Flugzeug erreicht werden kann`.

Swissair-Pilot Hans-Georg Schmid hat die damaligen Ereignisse in einem internen Bericht detailliert festgehalten: `Plötzlich sah ich vor uns ein blitzartiges Licht. Doch als weder Kapitän S. noch die anwesenden Hostessen etwas sagten, dachte ich, ich hätte mich getäuscht. Etwas später fragte uns Maastricht nach unseren Flugbedingungen. Nachdem wir unsere Anwesenheit bestätigt hatten, informierte uns der Controller über ein seltsames Radarecho, Entfernung fünfzehn Meilen. Wir hatten negativen Kontakt, sahen aber für kurze Zeit zwei Echos auf dem Radarschirm, ungefähr fünfzehn Meilen entfernt.

Kurz danach sahen wir alle drei geradeaus ein weiteres entferntes, blitzartiges Licht. Maastricht informierte uns während den nächsten Minuten über den genauen Standort der Ziele. Gemäß Maastricht blieb das Echo für kurze Zeit in der gegenwärtigen Position, bewegte sich danach mit sehr hoher Geschwindigkeit nach Norden, um dann wieder in einer Position von drei Meilen Entfernung zu erscheinen – immer noch ohne visuellen Kontakt.

Etwas später bemerkten wir direkt vor uns noch einmal ein sehr, sehr helles Licht, Distanz nicht abschätzbar, vollkommen geräuschlos. Gemäß Maastricht bewegte sich das Echo dann nach Süden und schien – wie uns der Controller mitteilte – mit uns `zu spielen`, hinter uns und östlich unseres rechten Flügels.

Maastricht war unterdessen in Kontakt mit einer militärischen Radarstelle. Man schätzte die Höchstgeschwindigkeit des Objektes auf vier- bis fünffache Schallgeschwindigkeit. Ich sah danach ein viertes und letztes blitzartiges Licht in einer Distanz hinter unserem rechten Flügel, unfähig zu sagen, was es tatsächlich war. Maastricht informierte uns noch, dass sie vor einigen Wochen einen ähnlichen Zwischenfall mit einer anderen Maschine hatten, ohne eine logische Erklärung dafür gefunden zu haben.` Auch Phillippe R. V. Domogala, Radar Controller von Maastricht, notierte sich das Ereignis.

277

Swissair Pilot Peter Bircher weiß ebenfalls von einer UFO-Konfrontation zu berichten: `Wir flogen über geschlossener Wolkendecke und befanden uns in der Nähe von Stuttgart, als ich links hinter uns ein helles Licht entdeckte.` Im ersten Moment glaubte Bircher, dass es sich um ein aus dieser Richtung kommendes Flugzeug mit eingeschalteten Scheinwerfern handelte. Doch die Flugbahn des Objekts beunruhigte ihn. In wenigen Minuten, so fürchtete er, würde das vermeintliche Flugzeug seinen Kurs kreuzen. Rückfragen bei den zuständigen Radarstellen blieben ergebnislos. Unvermutet bewegte sich das UFO nach vorne und näherte sich mit konstanter Geschwindigkeit. Bircher verständigte die Hostessen und informierte auch seine Passagiere über den mysteriösen Begleiter. `Das Licht – es schienen zwei oder drei Scheinwerfer zu sein – veränderte sich dabei ins Grünliche bis Gelbe`, erinnerte er sich.

Als das Objekt auf gleicher Höhe mit seiner Maschine flog, hatten die Beobachter das Gefühl, als ob es sich drehen würde. `Plötzlich schoss der Flugkörper in einem 90-Grad-Winkel links weg und entfernte sich mit enormer Beschleunigung. So etwas hatte ich bis dahin noch nie gesehen.`"

(Luc Bürgin, „ *UFOs über der Schweiz – Das Dossier der Luftwaffe* ", Auszüge S. 117 – 122)

Der Stabchef der belgischen Luftwaffe, *General de Brower*, musste im Jahr 1990 sogar eingestehen, dass das Verteidigungssystem der NATO „gegen diese Maschinen machtlos" wäre. Der Chef der Schweizer Luftabwehr, *Divisionär Fehrlin*, bestätigte am 24. Oktober 1994 gegenüber der ARD ebenfalls: „ *Es gibt diese Phänomene!* " Er sehe aber als militärischer Verantwortlicher keine Bedrohung. Aus diesem Grund gäbe es auch keine wissenschaftliche Auswertung. So zumindest die offizielle Antwort.

In Anbetracht solcher Meldungen fällt es schwer, die Berichte von Billy Meier von vornherein zu ignorieren oder als billige Fälschungen zu entlarven. Sie werden erfahren, warum viele Billy Meier für einen Fälscher und Schwindler halten und Klarheit bekommen, ob und mit wem er wirklich Kontakt hatte. Es geht um eine Gruppierung, die angeblich für lange Zeit einen riesigen Stützpunkt unter einem Bergmassiv in den Schweizer Alpen gehabt haben soll, glaubt man verschiedenen Berichten. Doch was ist dran an solchen Behauptungen?

Um es kurz zu machen – ich bin kein Anhänger von Billy Meier.

Meier geriet von Beginn an in die Schlagzeilen, da er UFO-Fotos und Bildmaterial veröffentlichte, dass eindeutig gefälscht ist. Auf der anderen Seite hat Meier einige Aufnahmen und Bilder veröffentlicht, bei denen oftmals selbst die größten Skeptiker sich bis heute fragen, wie er das gemacht hat. Viele Argumente und Beweise gegen Meier halten aber nach näherer Überprüfung den Vorwürfen nicht wirklich stand. So gibt es zum Beispiel Aufnahmen eines UFOs, welches zeitgleich von vier verschiedenen Standorten aufgenommen wurde, wie uns *Wendell Stevens*, ehem. Col. der US-Air Force, berichtete. Der Vorwurf, dass bei Billy Meier UFO-Modelle gefunden wurden, kann auch nicht wirklich als Beweis gewertet werden, da sie nicht identisch mit den verwendeten „Modellen" am Himmel sind. Und hätte er wirklich Kontakt, dann würde sicherlich nichts dagegen sprechen, dass er sich durch die persönlichen Erlebnisse soweit inspiriert zeigen könnte, sich selbst ein UFO-Modell zu basteln oder zu kaufen.

Billy Meier hatte angeblich unter anderem Kontakt zu zwei weiblichen Außerirdischen, von denen er der Öffentlichkeit sogar ein Foto demonstrierte. Später fand man in der „seriösen" Presse heraus, es handele sich dabei lediglich um eine Aufnahme aus einem Fernsehmitschnitt – und die beiden außerirdischen Damen waren in Wirklichkeit Sängerinnen einer Musikgruppe. Damit war die Geschichte für die Medien gestorben und Billy Meier auf ein Neues bloßgestellt. Denkt man die Geschichte jedoch weiter, so müsste das nicht einmal ein Beweis gegen die Wahrheit sein, denn schließlich wird behauptet, dass jene menschlichen Außerirdischen unerkannt unter uns leben in ganz normalen Berufen. *Und Sängerin ist ein ganz normaler Beruf.*

Allerdings gibt es auch Punkte in der Geschichte von Meier, die selbst von den wohlwollensten Gläubigen nicht ohne weiteres unter den Tisch gekehrt werden können.

Falschaussagen und Widersprüche:

Zum Beispiel ist das Verhalten von Billy Meier gegenüber einem Jan van Helsing sicherlich nicht so, wie man es von einem echten Kontaktler vermuten würde, der mit einer Zivilisation Kontakt hatte, die die Lehren Jesus in die Welt gesetzt haben und *Liebe und Verständnis* predigen. Und man könnte ja unvoreingenommen annehmen, dass jene Außerirdischen für ihren *„Kontaktler Nummer 1"* eine Person auswählen, die, selbst wenn sie von einer anderen Meinung Dingen gegenüber ausgeht, ihre Mitmenschen dabei nicht übel beschimpft und eine gehörige Portion von Hass ausstrahlt.

Billy Meier berichtete von Mutterschiffen, kleinen unbemannten Sonden, welche er „Telemeterscheiben" nannte – und zudem von Objekten, die einen unvermittelt an die Geschichten der UFO-Kontaktler Adamski & Co – sowie die reichsdeutschen Scheiben erinnern. Aufgrund ihrer kreisrunden Auswüchse an der Unterseite der Schiffe.

Dies ist besonders interessant, da Billy Meier behauptet, die Kontaktler Howard Menger und George Adamski, die solche UFOs ebenfalls aufnahmen, seien Lügner. Man muss sich dann aber natürlich als unbedarfter Bürger fragen: Wenn Adamski und Menger Lügner sind, warum fotografiert Meier dann Jahrzehnte SPÄTER angeblich echte UFOs mit denselben drei runden Auswüchsen an der Unterseite der „Raumschiffe", wie die „Schwindler"?

Was *George Adamski* betrifft, wird dieser gerne aufgrund einiger sehr fragwürdig aussehenden Filmaufnahmen denunziert, die nicht wirklich echt wirken, weil die Flugbewegungen der Objekte schwankend sind. Auf der anderen Seite habe ich in meinem Buch „Nationale Sicherheit – Die Verschwörung" (S. 359-360) Bilder und einen Link zu einer *echten* Filmaufnahme einer fliegender Untertassen des US-Militärs aufgeführt, dem *AROD* („Airborn Remotely Operated Device"), bei dem man am Himmel dieselben schwankenden Bewegungen erkennt. Dies ist laut den Verantwortlichen ein Effekt, der auftritt, wenn man das Flugobjekt manuell steuert (durch den Piloten oder eine Fernsteuerung) und somit ein eventuell eingebautes computergesteuertes Stabilitäts-System in den Maschinen außer Kraft setzt. Gerade aber von George Adamski gibt es auch viele gute Aufnahmen, bei denen die Objekte stabil und in gerader Linie manövrieren (siehe hierzu auch die Dokumentation *„UFOs – Die Kontakte, 2000 Film Productions"*, Teil 1), die aber kaum jemand kennt.

Zudem kann bis heute niemand wirklich schlüssig erklären, warum Adamski bereits damals *ausgerechnet über Mexiko* Aufnahmen von *zigarrenförmigen Mutterschiffen* und kleinen *kugelförmigen Sonden* gemacht hat, wie wir sie dort aus der *aktuellen* UFO-Sichtungswelle, seit der Sonnenfinsternis vom Jahre 1991, in tausenden von Amateuraufnahmen demonstriert bekommen...

Einige dieser Aufnahmen, die sich qualitativ nicht hinter den heutigen aktuellen Aufnahmen am Himmel über Mexiko verstecken müssen, sind in der genannten Dokumentation von Michael Hesemann zu sehen.

Fragwürdiges Material besitzen sicherlich *alle drei* unter ihren Fotos. Auch – und im Besonderen – *Billy Meier*. Doch dies *könnte* auch mit der besagten Drohung zu tun haben, welche seitens der Illuminati für den Fall eines offiziellen Kontaktes im Raum steht, *der unweigerlich zum Zusammenbruch des internationale Logentums und der geheimen Weltregierung durch die Außerirdischen führen würde. Und von den Illuminaten, so wird behauptet, mit einem weltumspannenden atomaren oder biochemischen Holocaust beantwortet werden würde, da sie den Planeten und ihre Macht nicht freiwillig aufgeben werden,*

um danach den Rest ihres Lebens in Hochsicherheitsgefängnissen zu
verbringen.

Dies ergibt sich aus der Tatsache, dass durch die Landung einer positiven Außerirdischen Gruppierung, welche uns evolutionär um Millionen oder gar Milliarden Jahre voraus wäre, der Zusammenbruch einer hintergründigen Weltverschwörung die logische Konsequenz wäre. Ich habe diese Informationen hierzu ausführlich in meinem Buch „Geboren in die Lüge – Unternehmen Weltverschwörung" thematisiert, für jene Leser, die mehr Hintergrundinformationen hierzu suchen. Es könnte also eine bewusste Taktik der „Außerirdischen" sein, echtes Material mit solchen zu kombinieren, welches beim Betrachter unglaubwürdig und absolut an den Haaren herbeigezogen ankommt. Vielleicht ging es in der Anfangsphase erst einmal darum, die Menschheit nur mit der Thematik vertraut zu machen. Ein *„Was wäre wenn"* in diesen auszulösen? Nicht zuletzt aufgrund der benannten Drohung der Logen, welche im Falle einer Aufdeckung deren Machenschaften durch die Außerirdischen gegen die Menschheit ausgesprochen wurde.

Die falsche Wahrheit hinter Billy Meier

Abb. 115 links und **Abb. 116 Mitte:** UFOs, welche *Billy Meier* angeblich fotografiert hat. Sehr interessant, da *Meier* angibt, *Adamski* und *Menger* seien Schwindler. Man fragt sich dann natürlich, warum einige „seiner" UFOs – welche er Jahrzehnte *später* als *Adamski* und *Menger* fotografierte, *dieselben drei „Kugeln" an der Unterseite besitzen.* Es liegt wohl eher nahe, dass entweder beide schwindeln – *beide die Wahrheit über die Objekte selbst sagen – oder aber etwas mit Billy Meier nicht stimmt...* **Abb. 117 rechts:** Plan einer angeblich reichsdeutschen „Haunebu" – welche optisch fast identisch zu den außerirdischen „Scoutships" von *Adamski & Co* sind. *Dieser zeigt ebenfalls viele Jahre früher dieselben runden Ausläufer an der Unterseite, wie das Objekt bei Billy Meier.*

Ich habe Billy Meier übrigens zu dem Fall der Widersprüche bezüglich der halbkugelförmigen angebrachten Objekte (siehe Abb. 115 und Abb. 116) unterhalb der Schiffe vor einigen Jahren kontaktiert.

Zuerst bekam ich gar keine Antwort. Dann antwortete mir eine Dame der FIGU, eine *Elisabeth G.*, im September 2005:„ *...lässt er* (Billy Meier, Anm. d. Verfassers) *Ihnen ausrichten, dass die Modelle von Adamski rein gar nichts mit den Aufklärungsschiffen gemein haben.*"

Mit anderen Worten die Übereinstimmung der drei Kugeln an der Unterseite *sei „Zufall"*...

Da Billy angeblich der *„Kontaktler Nummer 1"* ist (seinen Aussagen zufolge) habe ich mir erlaubt, noch einige andere gewichtige Fragen zu stellen, die er ja möglicherweise dann wissen müsste:

Unter anderem habe ich die Dame der FIGU nach einer dunklen Hintergrundregierung (den *Illuminati*) befragt, beziehungsweise wie Billy Meier darüber denkt. Sie hat mir geantwortet: *„Bezüglich einer Hintergrundregierung kann man von einer reinen Illusion sprechen, da ist rein gar nichts dran."*

Da aber Billy Meier selbst sowohl in Bezug auf die Außerirdischen von einer dunklen „Splitter-Gruppe" sprach, welche er „Gizeh-Intelligenzen" nannte, sowie den angeblich real existierenden „Man in Black", und alleine in Guido Moosbruggers Buch „Und sie fliegen doch" von 13 (!) Mordanschlägen auf Meier berichtet wird, bleiben natürlich Fragen offen. Zudem hat die mit mir korrespondierende Dame folgende Aussage gemacht: *„...und zwar handelt es sich bei den Fotos von ... um Fälschungen, die in der Schweiz durch einen Fotographen namens Schmid im Auftrag der **Black Man** vorgenommen wurde."*

Ich habe sie nach der Konfrontation mit ihren Aussagen gefragt, ob die genaue Bezeichnung der Personengruppierung dahinter, ob nun Illuminaten oder anders genannt, dann nicht nur Wortklauberei sei.

Ich bekam keine Antwort mehr.

Aufgrund widersprüchlicher Aussagen habe ich sie ebenfalls gefragt, ob vielleicht Billy Meier von den Außerirdischen aus irgendeinem Grund nicht in allen Punkten die Wahrheit gesagt bekommen hat (immer mit dem Hintergedanken der Drohung, welche laut einiger seitens der Illuminaten im Raume stehen soll, nämlich im Falle einer Aufdeckung einen Vernichtungskrieg zu starten).

Darauf antwortete sie mir: *„Da es den Plejaren absolut fremd ist zu lügen, kann man mit völliger Sicherheit davon ausgehen, dass sie noch niemals gelogen haben."*

Anmerkung: Ich unterstelle Billy Meier nicht, wie andere von vornherein, dass er lügt. Es geht mir darum, Sachen zu *hinterfragen*, um der Wahrheit näher zu kommen. Dies könnte im Endeffekt auf eine Lüge seitens Meier hinauslaufen, seine Geschichte betreffend.

Es könnte aber auch eine Wahrheit dahinter verborgen sein, welche – vielleicht auch aus humanitären Gründen gegenüber einem Billy Meier seitens der Außerirdischen, etwas anders aussieht?

Denkbar wäre im Falle einer Authentizität Meiers auch, das seine Anhängerschaft gezielt von Querulanten unterwandert wurde, um falsche Fährten zu legen und ihn zu diskreditieren, weil er mit teilweise echten Beweisen an die Öffentlichkeit gegangen ist.

Die Venus-Verbindung:

Interessant ist, dass die plejadische / plejarische Außerirdische Semjase laut Meier (siehe „Und sie fliegen doch", Guido Moosbrugger) angab, dass sie (die plejadischen Außerirdischen) irdische Sonden auf der Venus gefunden hätten, welche durch den dort vorherrschenden Druck total zusammengedrückt seien. *Damit bestätigt Meier indirekt, dass Semjase & Co tatsächlich auf der Venus waren – jenem Ort, von dem laut Menger und Adamski „deren" Außerirdische „kamen."* Beziehungsweise die dort seiner Meinung nach eine Basis, einen Stützpunkt, besaßen.

Doch es wird noch besser, weil sogar explizit in den Schriften der FIGU angegeben wird, dass die Plejadier / Plejaren auf dem Mars und der Venus Basen besitzen würden.

„Außerirdische von der Venus" – das klingt erst einmal abgehoben und nach einer überreizten Phantasie, zumal diese Behauptungen von einer Vielzahl von angeblichen Kontaktlern, signifikant auch in den 50er Jahren, aufgestellt wurden. Deshalb wäre eine Konkretisierung angebracht:

Der Kontaktler Howard Menger, welcher wie Adamski angab, *„seine"* Außerirdischen hätten angegeben, sie kämen von der Venus, sagte dazu:

„Ich glaube, dass sie dort eine **Basis** *haben. Wenn man unsere Astronauten nach dem Rückflug vom Mond gefragt hätte, woher sie kommen, hätten diese ja auch gesagt `vom Mond!` und nicht von der Erde!"* (aus der Dokumentation *„UFOs – Die Kontakte"*, Teil 1, 2000 Film Productions)

Entweder hat hier der eine Fälscher vom anderen abgeschaut – oder aber hinter den Sichtungsfällen von Meier, Adamski, Menger & Co steckt dieselbe Föderation?

Die aldebaranische Kultur, welche ebenfalls im Sternbild Stier beheimatet ist, soll Vermutungen zufolge mit der der Plejaden eine Föderation bilden. *Uri Geller* und sein Freund *Pujaric* hatten angeblich ebenfalls Kontakt zu einer außerirdischen humanoiden Rasse, die die Menschheit vor denselben Katastrophen warnte, wie jene der anderen Kontaktler. Und Puharich gab an, eine Botschaft bekommen zu haben, dass die Außerirdischen ihn von einem riesigen zigarrenförmigen Mutterschiff aus kontaktieren würden. Von ebensolchen zigarrenförmigen riesigen Mutterschiffen berichteten aber auch die hier aufgeführten Kontaktler. *Noch so ein Zufall?*

Sie sagten angeblich, dass Uri Geller die Fähigkeiten von ihnen bekam, um `die Menschheit auf die Zukunft vorzubereiten`. Dass sie ihn aber auch programmierten, `dass er sich nicht daran erinnern wird`.

Ich fragte Uri Geller in einem persönlichen Gespräch: „*Ich habe gehört, Du hattest Kontakt zu einem zigarrenförmigen außerirdischen Mutterschiff, welches zeitweise in der Nähe der Erde stationiert sein soll. Stimmen die Berichte? Was ist dran an der "SPEKTRA-Story"?*"

Uri Geller: „*Die Geschichte ist korrekt. Uns wurden damals zwei Worte übermittelt. Das eine klang wie `Spektra` – das andere klang wie `Hoova`. Ich kann aber nicht sagen, dass ich wüsste, was diese Namen bedeuten, auch wenn viel darüber spekuliert wurde... Ich habe keine Ahnung, welche Bedeutungen wirklich hinter den Namen stehen.*"

Ich erwiderte: „*Vielleicht ist `Spektra` ja auch der Name des zigarrenförmigen Mutterschiffs?*"

Uri Geller: „*Ja. Kann auch sein. Möglicherweise.*"

Fast alle Außerirdischen benutzen, glaubt man den Kontaktlern, *zigarrenförmige Mutterschiffe*, so unterschiedlich ihre Geschichten auch sind. *Aber all diese sollen sich nicht „kennen" und nichts miteinander zu tun haben? Die ganze Wahrheit scheint nur niemand sehen zu wollen. Erinnern wir uns an die Geschichten über die „Fliegenden Schlangen", von denen ich einen kleinen Teil bereits aufgeführt habe...*

Uri Geller hat im Jahre 1972 eine Flotte UFOs über Deutschland fotografiert, welche neben der Maschine, in der er saß, herflogen. Interessanterweise filmte er nicht irgendwelche UFOs, sondern Maschinen, welche mit den reichsdeutschen „Haunebu" identisch zu sein scheinen, die wiederum aufgrund der Kontakte der VRIL-Gesellschaft in der Vergangenheit deutsche *Kopien* der außerirdischen „Scoutships" *(siehe hierzu Bildanalyse in „Nationale Sicherheit – Die Verschwörung", S. 125)* sind.

Außerdem hatte Geller auch ein ausschlaggebendes Erlebnis mit einer runden kugelförmigen „Foo-Fighter"-Sonde. Auch hierzu wollte ich etwas mehr von ihm persönlich erfahren:

„Uri, ich habe gehört, Du bist der Meinung, dass Dein Erlebnis im Israelischen Garten in Deiner Kindheit einen außerirdischen Hintergrund besitzt. Ist dies richtig?"

(Uri Geller sah damals eine helle Lichtkugel vom Himmel kommen. Er wurde von einem Strahl am Kopf getroffen, spürte einen stechenden Schmerz und fiel in Ohnmacht. Kurze Zeit später entdeckte er die außergewöhnlichen Fähigkeiten an sich).

Uri Geller: *„Ja, Dan. Ich habe immer wieder darüber nachgedacht und bin davon überzeugt, dass dieses Erlebnis einen außerirdischen Hintergrund besitzt. In den letzten ... Jahren hat sich ein wichtiges Ereignisse zugetragen, was dieses Thema betrifft. Als ich für die Sendung „The next Uri Geller" im Ausland war, meldete sich bei mir ein ehemaliger israelischer Offizier.*

Er hatte von der Geschichte im Israelischen Garten gehört und berichtete mir, er wäre damals ebenfalls im Israelischen Garten gewesen und er könne meine Aussagen bezeugen. Er war damals ein junger Mann in den Zwanzigern. Er war schockiert, als er von meinem Bericht hörte, da er wusste, dass es die Wahrheit war. Er berichtete mir von der hellen Lichtkugel und einem kleinen Jungen, der von einem Lichtstrahl am Kopf getroffen wurde. Der kleine Junge war ich im Alter von 5 Jahren. Er berichtete mir genau, was ich an hatte, welchen Weg ich danach durch die Straßen ging, um nach Hause zu kommen. Und es war korrekt.

Er sagte mir, das helle Licht sei dem kleinen Jungen nach Hause gefolgt. Er berichtete von einer Art Lichtexplosion. An der Stelle, wo die Lichtkugel verschwand, hätte er nach dem Vorfall schwarze Russspuren an der nahegelegenen Häuserwand vorgefunden."

Die Gizeh-Verbindung:

Billy Meier sprach von einer *negativen* Splittergruppe der Plejadier, die er als *„Gizeh-Intelligenzen"* bezeichnete. Man könnte daraus auf Anhieb ableiten, er gehe davon aus, die Pyramiden wären von der *negativen* Splittergruppe gebaut worden.

Doch im Text dazu findet man dann die Erklärung, dass sich der Name *„Gizeh-Intelligenzen"* aus einem anderen Grund ableitet: *„...Sie wurden vor 3344 Jahren von der Erde verbannt. Es dauerte aber nicht lange, da kehrte Arussem heimlich mit seinen Anhängern in das Solsystem zurück und sie nisteten sich hauptsächlich tief im Erdinneren unterhalb der Gizeh-Pyramide ein, deren unterirdische Räume zum Hauptquartier mit raffinierten Sicherungsanlagen ausgebaut wurde. Seitdem nennen wir diese negative Splittergruppe der Plejadier die `Gizeh-Intelligenzen`."* („...Und sie fliegen doch!", Guido Moosbrugger, S. 343)

Dies bedeutet, der Name leitet sich nicht von der Erbauung der Pyramiden ab, sondern von deren angeblichen unterirdischen Stützpunkt unterhalb dem Gizeh-Plateau, der übrigens vernichtet worden sein soll.

Es stellen sich nun einige Fragen und wir wollen versuchen, diese aufzudecken. Beginnen wir mit der Frage, wer die Pyramiden von Ägypten erbaut hat, um danach wieder auf Billy Meier zurückzukommen.
Sie waren anscheinend das Zeugnis einer außerirdischen Kultur, die hier auf die Erde kam, auch wenn die meiste Drecksarbeit beim Bau der Pyramiden angeblich von Erdenmenschen vollzogen wurde. Diese Pyramiden sind sehr viel älter, als offiziell angenommen. In Wirklichkeit vermutlich über 10000 Jahre alt. *Erich von Däniken*, der in seinem Interview in der Talkshow „Unzensiert" von „Secret TV" im Jahre 2007 beispielsweise zu diesem Thema auf uralte arabische Texte eingeht (die heute von den renommierten Wissenschaftlern übergangen werden), berichtet von einem unbekannten aber nach-

weisbaren Fakt, der die oben genannte Darstellungsweise unterstreicht.

Viele andere Details und Beweise, welche den Bau der Pyramiden in eine Zeit vor etwa 10500 v. Chr. datieren, wurden zudem von anderen Forschern und Autoren schon zur Genüge aufgezeigt und behandelt. So wurde diese Zeitangabe unter anderem von den Forschern *G. Hancock* und *R. Bauval* aufgrund eigener Recherchen in die Welt gesetzt, wird aber zwischenzeitlich von vielen Forschern angezweifelt. So schreibt beispielsweise der Autor *Andreas von Rétyi* in seinem Buch „Die Stargate-Verschwörung" auf S. 107/108 hierzu:

„Auch die Datierung der Pyramide nach Hancock und Bauval ist nicht schlüssig. Um 10500 v. Chr. nahmen die Gürtelsterne nämlich die „Giseh-Position" gar nicht ein. Und selbst wenn, dann bezog sich das nicht alleine auf dieses Jahr. So schnell verändert sich am Himmel nichts, und deshalb hätte das fragliche Jahr genauso 10000 oder 11000 v. Chr. sein können. In Wirklichkeit stellt sich die „Gizeh-Position" der Orion-Gürtelsterne im Jahr 8700 v. Chr. ein. Die Frage ist nun, warum Hancock und Bauval das Jahr 10500 v. Chr. so auffallend betonen. Offenbar wollen sie damit die von einflussreichen Gruppen verbreiteten und sorgfältig bewahrten Prophezeiungen des Amerikaners Edgar Cayce (der rückwirkend betrachtet doch auffallend oft falsch bei seinen Prophezeiungen lag und deshalb zurecht nicht alle wirklich überzeugt) *weiter stützen, jenes Mannes, der als „Schlafender Prophet" berühmt wurde ... In seinen Prophetien beschrieb er die sagenhafte Kultur von Atlantis und erklärte, es sei 10500 v. Chr. untergegangen..."*

Die Nefilim wurden für 10000 Jahre auf die Erde verbannt:

Stimmt jedoch die angegebene Datierung mit *8700 v. Chr.* bezüglich der Gizeh-Position der Orion-Gürtelsterne in etwa, so wie es *Andreas von Rétyi* und andere angeben, und wäre demzufolge Atlantis zu dieser Zeit untergegangen, berücksichtigt man dann noch seine Angabe „*...So schnell verändert sich am Himmel nichts, und deshalb*

289

hätte das fragliche Jahr genauso ... oder ... v. Chr. sein können..."
und überträgt dies auf die „neue" Datierung 8700 v. Chr. – dann
wäre dies unter Umständen ein weiterer unabhängiger Fingerzeig
darauf, dass in unserer Gegenwart tatsächlich jene Zeit abläuft, nach
der die Nephilim den Heiligen Schriften zufolge für 10000 Jahre auf
die Erde verbannt wurden. Denn *8700 Jahre* vor Chr. + *2000 Jahre
nach* Chr. ergibt nach Adam Riese und mir *10700 Jahre.* Einige Un-
genauigkeiten beim genauen Datieren jetzt noch *mit berücksichtigt,*
sowie die anderen hierzu notwendigen und zum Teil schon erwähnten Fakten in diesem Zusammenhang, und schon sind wir in der *Gegenwart* gelandet: *+/- 10000 Jahre nach Verbannung...*

Edgar Cayce lag jedenfalls offensichtlich (wieder einmal) falsch. Er
kündigte unter anderem für das Jahr 1998 an, man würde eine geheime Kammer, Hancock und Bauval nennen sie „Genesis-
Kammer", in Gizeh entdecken, in der die Atlantiden alle Geheimnisse ihrer Zivilisation aufbewahrt hätten. Auch die Freimaurer vermu-
teten in diese Richtung, ebenso die Rosenkreuzer. Doch die Kammer
wurde soweit wir es heute wissen, nicht im besagten Jahr 1998, wie
von Cayce benannt, gefunden. Andere behaupten, die Entdeckungen
wurden geheim gehalten. Denn interessanterweise behaupteten Bauval und Hancock, sie hätten diese Kammer gefunden.

Den Beweis blieben sie bis heute schuldig. Es scheint hier eher der
Fall zu sein, dass die beiden Cayces-Prophetien um das Jahr 1998
Auftrieb verleihen wollten, um ihre eigenen Theorien weltweit zu
vermarkten. Wobei sie ironischerweise trotzdem wichtige Hinweise
bei ihren Forschungen lieferten. Denn wenn der Fingerzeig der
Gizeh-Position der Orion-Gürtelsterne auch nicht auf das Jahr 10500
v. Chr. zeigt, so könnte die Uhr, wie von Rétyi vermutet, auf ein
etwas anderes Datum hindeuten und somit ein noch viel aussagekräf-
tigeres Potential beinhalten.

*Die Pyramiden von Gizeh wurden meiner Meinung nach mit Unter-
stützung der Außerirdischen erbaut.*

Erich von Däniken ist der Meinung, *„Henoch"* habe die Leitung an
diesem Bauprojekt gehabt. Es wäre also unter der Federführung der
weißen Bruderschaft erbaut worden?

Doch wer war Henoch?

Die erneute Wiederkehr Johannes des Täufers *alias* Elijas beschreibt
unter anderem *Hildegard von Bingen* sehr ausführlich in ihrer visio-
nären `Schau des wahren Lichts`. Es ist ihr eigentliches Hauptwerk,
in dem sie das lange und schmerzhafte Ringen des Elijas, beziehungsweise Johannes mit dem Antichristen detailliert voraussagt. An
die Seite Elijas ist ein treuer Gottesmann gestellt: *Henoch* (Der zum
Himmel auffuhr...).

Da *Henoch* laut den Texten also vermutlich der Gruppierung der
positiven Föderation zuzuordnen ist (als der Begleiter von Elijas), er
mit diesen Kontakt hatte und später auch von ihnen abgeholt wurde,
kann man folglich davon ausgehen: die Pyramiden zeugen zwar generell von einem plejadischen Hintergrund, aber deren Ursprung
liegt noch nicht in der Gruppierung um JAHWE und dessen Anhängern?

Interessant sind zwei weitere Fakten, die wir aus dem Text von Billy
Meiers Sichtweise entnehmen können:

Zum Einem wird hier berichtet, die negative Splittergruppe wurde
vor angeblich 3344 Jahren wieder *von* der Erde verbannt (nachdem
sie ja viele Jahre zuvor laut der Bibel *auf* die Erde verbannt wurden),
aber jene wären laut Meier bereits nach wenigen Jahren wieder heimlich zurückgekommen.

Interessant ist zudem, dass Billy Meier hier einen Fakt auf den Tisch
bringt, den wir ebenfalls bereits entdeckt haben: nämlich, dass die
negative Splittergruppe der Plejadier / Plejaren *unterirdische Anla-*

gen errichtet haben soll. So lesen wir über die negativen Plejaren / Plejadier – die „Nephilim": *„Sie nisteten sich hauptsächlich ... im Erdinneren ein. Gezwungener maßen arbeiteten sie aus dem Untergrund, dafür aber mit den übelsten Methoden und Machenschaften, mit Intrigen, Lug und Trug, mit Falschbelehrung, Irreführung, negativer Beeinflussung des Bewusstseins usf."* („...Und sie fliegen doch!", Guido Moosbrugger, S. 343)

Wir haben hier also eine große Übereinstimmung zu den angeblich auf Tatsachen beruhenden Romanen *„Die unterirdische Macht"* von *Walter Ernsting* oder auch dem Roman *„VRIL oder eine Menschheit der Zukunft"* von *Edward Bulwer-Lytton*, auf den wir noch zu sprechen kommen werden, da hierüber viel Blödsinn in den in den vergangenen Jahren berichtet wurde.

Ich sehe im Falle Billy Meier ein Problem, denn es beinhaltet einen Widerspruch, den ich in Folge erklären möchte.

Zuerst die „gute" Nachricht:

Es gibt deutliche Hinweise, dass Billy Meier ein echter Kontaktler ist. Wie ich darauf komme, obwohl doch viele seiner UFO-Bilder äußerst zweifelhaft erscheinen und ohne Frage billige Fälschungen darstellen? Ich komme darauf, weil er in seinen Schriften Bruchstücke von Informationen verwendet, die darauf hindeuten, dass er *kein* Schwindler ist. Hier einige Beispiele, die er über die „negativen Gizeh-Intelligenzen", die Nephilim, berichtet:

„Nach 2000 Jahren war es dann soweit, dass ein Angriff auf die Erde in Erwägung gezogen werden konnte. So kehrte dieses Hassvolk unter Führung des Jschwjsch (JAHWE, Hervorhebung durch den Autor) ARUS I. vor 13.000 Jahren mit ihren Großraumschiff zur Erde zurück. ARUS I. (JAHWE!) war ein Wissenschaftler von äußerst bestialischer Gesinnung, weshalb er auch „der Barbar" genannt wird. Zu seiner Hilfe hatte er 200 Wissenschaftler verschiede-

ner Fachgebiete zu Stellvertretern und Unterführern ernannt. Mit einem Blitzangriff fielen sie über die Erde her und eroberten zunächst das Land Hyperborea hoch im Norden Amerikas ... Es ist übrigens das heutige Florida, das durch einen Erdsturz (Polsturz) in diese neue Lage versetzt wurde ... In ihrem Größenwahn ließen sie sich als Gott im Sinne des Schöpfers feiern, forderten Blutopfer und meist tödliche Maßnahmen als Vergeltung bei den Erdenmenschen. Sie stifteten also sehr viel Unheil, Not und Elend bei vielen Völkern der Erde."

("...Und sie fliegen doch!", Guido Moosbrugger, S.342-343).

Dies bedeutet, er weiß nicht nur, wer JAHWE wirklich ist, es wird im letzten Teil des hier gezeigten Ausschnittes auch deutlich, dass die Nephilim unsere Weltreligionen beeinflussten und sich als Götter feiern ließen.

Es ist also die nahezu 100%ige Übereinstimmung mit den hier im Buch zu diesem Thema erlangten Erkenntnissen. Selbst die Götterkriege werden hier mit dem Angriff auf Hyperborea angesprochen.

*Im nächsten aufgezeigten Absatz wird sogar detailliert darauf einge-*gangen, dass die negative Splittergruppe der Föderation einen Plan verfolgten, die Existenz von Außerirdischen auf der Erde gezielt als lächerlich hinzustellen und einen Sklavenstaat zu errichten, *in dem sie Führungskräfte auf der Erde für sich vereinnahmten:*

„In sehr starkem Maß bemühten sie sich in letzter Zeit darum, Erdenmenschen in sektiererhafter Form zu beeinflussen, um ein außergewöhnliches Verbrechen an Menschenleben zu begehen, wodurch die Existenz der Außerirdischen unmöglich und lächerlich gemacht werden soll.

Seit geraumer Zeit steht insbesondere ein Erdenmenschenpaar unter dem bösen Einfluss der Gizeh-Intelligenzen, um in ihrem Sinne verbrecherische und entwürdigende Dinge in die Welt zu leiten ... (1) Das Unternehmen soll in religiöser Form getarnt werden in Form eines neuen Sektierertums, wodurch alle Willigen getäuscht und irregeführt werden sollen, um die wirklichen Hintergründe nicht zu erfassen. (2) Schwache und sonst wie untaugliche Personen sollen nach und nach ausgesondert und ermordet werden. (3) Mehrere der für tauglich Befundenen sollen in versklavender Form gezwungen werden, als Arbeitsroboter auf der Erde Frondienste zu leisten..." („...Und sie fliegen doch!", Guido Moosbrugger, Mitglied der FIGU, S. 343-344)

Und wir erfahren in Folge zudem, dass die benützten Erdenführer sich größtenteils überhaupt nicht darüber bewusst sind, in wessen Spiel und für wessen Zwecke sie hier eingesetzt werden:

„Die für diese Unternehmen werbenden Erdenmenschen sind sich dieser Tatsache jedoch nicht bewusst, denn sie leben in einem ihnen **eingepflanzten** *(Hervorhebung durch den Autor) Wahn ... Es besteht daher die Gefahr, dass alle Irregeleiteten ermordet werden, denn für die Weltherrschaftssüchtigen ist das Leben eines Erdenmenschen von absoluter Bedeutungslosigkeit..."* („...Und sie fliegen doch!", Guido Moosbrugger, S. 345-346)

Billy Meier berichtet zudem von einem Außerirdischen mit dem Namen „QUETZAL", mit dem er angeblich Kontakt hatte. Ich möchte nun in keiner Weise behaupten, dass dies der selbe Außerirdische gewesen ist, den wir als „QUETZECOATL" aus der Vergangenheit der Mayas und Azteken kennen und dort symbolisch mit für die „Schlange" stand – aber die Wortableitung deutet doch eindeutig auf ein und denselben Ursprung hin.

Ich habe in meinem Buch „Nationale Sicherheit – Die Verschwörung" hauptsächlich die Geschichte der Greys in der Weltgeschichte beschrieben, die ebenfalls auf der Seite der Verschwörer als Verbündete agieren und die Weltreligionen mit beeinflussen sollen.

Sie arbeiten also, verbunden mit den in diesem Buch aufgezeigten Fakten, zusammen mit der negativen Splittergruppe der Föderation und den unterwanderten Weltregierungen. Ich habe in dem genannten Buch beschrieben, dass die dreieckigen UFOs, die weltweit gesichtet wurden, wohl überwiegend den negativen Gruppierungen der Außerirdischen zuzuordnen sind und die Daten vorgebracht, welche dies zu belegen scheinen.

Und auch Billy Meier bringt hier zumindest einen entscheidenden Hinweis: *„Als angemessene Antwort auf diesen Anschlag verpasste Menera ... einen Denkzettel, den sie wohl nicht so schnell vergessen werden. Das feindliche, **dreieckförmige** Flugobjekt, das den Anschlag verübt hatte, war wie gesagt eine ferngesteuerte Apparatur...“* („...Und sie fliegen doch!“, Guido Moosbrugger, S. 354, Hervorhebung durch den Autor)

Man könnte hier also eine Übereinstimmung sehen, was die grundsätzlichen Daten betrifft. Da wir sie mit den Greys in einem Zug nennen können, wie wir glauben, bekommt auch folgende Aussage einen Sinn: *„Sie schrecken vor Menschenentführungen nicht zurück, auch nicht vor Mordanschlägen.“* („...Und sie fliegen doch!“, Guido Moosbrugger, S. 343)

Außerdem bestätigt Billy Meier auch, dass es weltweite Programme und Suchaktionen gab, um die Stützpunkte und Technologien der negativen Splittergruppe ausfindig zu machen und zu eliminieren.

Für mich klingt das danach, dass Billy Meier wahrscheinlich ein echter Kontaktler ist. Man sollte dann allerdings davon ausgehen, dass dieser negativen Splittergruppe der Föderation dies auch nicht verborgen geblieben ist. Und sie ihn, „das offizielle Aushängeschild der positiven Bruderschaft“, eliminieren und vor der Welt, laut dem bereits genannten Zielprogramm „Lächerlichmachung / Diskreditierung“ bloßstellen würden.

Dass Billy Meier lächerlich gemacht wurde, muss ich niemanden erzählen. Dass unzählige Mordanschläge, speziell von der negativen

Splittergruppe, verübt wurden, darüber finden wir viele Beispiele in seinen Büchern. Eines möchte ich hier erwähnen:

„Gerade in jenem Augenblick, als ich meine Hand vor dem mir entgegengehaltenen Strunk und etwa 15 cm über dem äußeren Steinrand hatte, da zischte von links her ein Lichtblitz heran..."

Laut Billy Meier wurde die Attacke von der positiven Bruderschaft der Plejadier / Plejaren vereitelt. Lesen wir weiter:

„...Die 1/3 Sekunde war aber genau die Zeit, als ich rund sieben Meter links von mir eine blau-weiße, hellstrahlende Kugel, von der Größe von etwa 6 Fußbällen, vom strahlend blauen Himmel niederschießen sah ... ziemlich genau in der Mitte zwischen der Atlaszeder und der amerikanischen Roteiche ... zerbarst das strahlende Lichtgebilde in einer gleißenden Explosion. Gleichzeitig zerriss ein ohrenbetäubender, berstender und fetzender Donnerschlag sozusagen direkt über unseren Köpfen die Luft, während mich eine Druckwelle hart mit dem linken Knie auf den großen Stein niederpresste..." („...und sie fliegen doch!", Guido Moosbrugger, S. 333)

Das klingt alles sehr interessant. Betrachten wir aber das Gesamtbild, dann tauchen Fragen auf, die einen stutzig werden lassen, mit WEM Billy Meier hier WIRKLICH Kontakt hatte.

Und nun kommen wir zur schlechten Nachricht:

Laut den Aussagen der „positiven Plejadier / Plejaren", wie Billy Meier angibt, wären alle Stützpunkte der negativen Gizeh-Intelligenzen inzwischen beseitigt worden. Es würde keine Gefahr mehr bestehen.

Warum kann ich diese Aussage nur nicht glauben...?

Ich werde nun etwas behaupten, was ich am Anschluss beweisen werde:

Billy Meier hatte nicht Kontakt zu den positiven Außerirdischen der Plejaden, sondern zu der Gruppierung um JAHWE – *den Nephilim!* Zugegeben: Es wäre ein Schachzug ungeahnten Ausmaßes – ein geheimdienstliches Meisterstück, gezielt Fehlinformationen in die Welt zu setzen, gespickt mit Teilen der Wahrheit: Um die ganze Angelegenheit zu diskreditieren!

Und es würde genau in das von Meier beschriebene Szenario passen, was die negative Splittergruppe hier ja angeblich auf der Erde als Programm laufen hat: *„...wodurch alle Willigen getäuscht und irregeführt werden sollen, um die wirklichen Hintergründe nicht zu erfassen...“* („...Und sie fliegen doch!“, Guido Moosbrugger, S. 344)

Beginnen wir mit einigen Indizien:

Die negative Bruderschaft um JAHWE ist, nimmt man alles zusammen, hier vor Ort. Es wäre nur wahrscheinlich, dass sie irgendeinen Plan in Szene setzen, um die wahren Hintergründe zu verschleiern. Denn wenn sie aus den Beweisen um Billy Meier und ihn *einen Spinner* machen, wird niemand mehr an Außerirdische von den Plejaden glauben wollen.

Das Beispiel mit dem UFO in diesem Kapitel, welches ganz eindeutig die drei Kugeln unterhalb des Raumschiffes angebracht zeigt, ist – auch wenn es Billy Meier abstreitet – ein Hinweis, dass hier etwas nicht stimmt!

Und dies würde auch die bereits vorgebrachten Tatsachen über die Aussagen der Objekte von Meier erklären, die dieselben drei Kugeln an der Unterseite besitzen. Und das hier kein Zusammenhang Bestünde – *sowie die Aussagen zur angeblich nicht existierenden Weltverschwörung!*

Dass tatsächlich unbekannte Flugaktivitäten über der Schweiz so massiv auftreten das ganze Bücher und Filme nur über dieses Thema veröffentlicht wurden, ist ein weiteres Indiz, welches man nicht verleugnen kann. Auch wenn viele es gerne tun würden.

Die „positiven" Plejadier / Plejaren erzählten Billy Meier angeblich, er sei der *einzige echte Kontaktler!*

Das ist die beste Taktik, die ich jemals gegen die UFO-Kontaktler weltweit gesehen habe. Denn es bedeutet: „Nur er würde die Wahrheit sagen!" Alle anderen wären Spinner!

*Damit splitten sie die komplette UFO-Gemeinschaft, weil jeder, der Billy Meier glaubt, allen anderen eigentlich nicht mehr glauben dürfte. Das ist eine Taktik, die mich, ganz unvoreingenommen, an die Vorgehensweise von **JAHWE** erinnert, „sich als den **einzigen, wahren Gott** in der Welt" zu verkaufen, der seine Anhänger gegen jeden aufbringt, der anders denkt oder etwas anderes behauptet.*

Die „positiven" Plejadier / Plejaren können anscheinend einen Anschlag durch die negativen „Gizeh-Intelligenzen", welche sich Billy Meier mit hochtechnologischer Raum-Zeit-Technik nähern, verhindern. Aber sie schaffen es merkwürdigerweise nicht, die angeblich echten Billy Meier übergebenen Beweise, ihrer Existenz für die Welt vor den „Men in Black" zu schützen...

Dies legt nahe, dass die runde außerirdische Sonde, die über Billy Meier abgeschossen wurde, ein außerirdischer Späher der Föderation war – und nicht ein Objekt der negativen Gizeh-Intelligenzen.

Und der Grund, warum laut den Verlautbarungen die geheime außerirdische Station in den Schweizer Alpen nicht mehr existiert und Billy Meier nur noch vereinzelt Kontakte hat, könnte darin liegen, dass sie von der Föderation aufgedeckt wurde. Wie viele andere Stützpunkte mit noch existierender atlantischer Hochtechnologie weltweit auch.

Da werden Billy Meier von diesen „positiven" Plejadiern angeblich echte Beweise geliefert, die sich später als reine Fälschungen herausstellen und ihn zum Idioten der Nation machen. Er bekommt von den Außerirdischen später zu hören: `Ja, als wir sie dir gaben, waren sie noch echt, doch sie wurden verfälscht`.

Natürlich weiß ich auch, dass diese danach jeweils immer eine Erklärung vor Billy Meier abgeben, *„warum es diesmal schon wieder schief gelaufen ist und die tollen Beweise diskreditiert und gegen plumpe Fälschungen ausgetauscht wurden oder alles in Wirklichkeit ganz anders war…".*

Es könnte sein, dass Billy Meier die Wahrheit sagt und echte außerirdische Kontakte hatte. Vielleicht ist ein Großteil der UFO-Fotos echt und ein anderer Teil *gezielt* gefälscht – und zwar von der Gruppierung der Nephilim!

Man erinnere sich auch an das Auftreten riesiger dreieckiger Flugkörper im Schweizer Luftraum, von denen ich einige Berichte am Anfang des Kapitels wiedergegeben habe.

Die ebenfalls dort häufig und vermehrt auftretenden „Foo-Fighter"-Sichtungen von runden kugelförmigen Objekten, die ich aufgeführt habe und bis in die Gegenwart reichen, könnten Sonden und Späher der Föderation sein.

Warum sollten die Nephilim einen offiziellen Kontaktler auserkoren haben?

Antwort: *Würde jemand tatsächlich ein echtes plejadisches Raumschiff in Folge sehen und fotografieren, jeder würde sich an die perfekten Aufnahmen von Meier erinnern „und das es ja doch nur Fälschungen waren" – den neuen Augenzeugen in die gleiche Schublade packen. Zumal die Nephilim hier gleich einen Rundumschlag vollführten, in dem sie ALLE Kontaktler außer Meier mit einem Schlag der Lüge bezichtigten.*

Welchen Vorteil könnte das für die Nephilim gegenüber ihren Häschern bringen? Eigentlich sind es zwei Fliegen mit einer Klappe: Die Gläubigen würden gegeneinander aufgehetzt und die Ungläubigen fühlen sich bestätigt, dass alles nur Lug und Trug ist.

Doch der wahre Hintergrund bleibt im Verborgenen: Andere Personen ausfindig zu machen, die Kontakt zur Föderation haben könnten.

Es ist eine Form von Präventivschlag:

Bevor die Gegenseite mit der wahren Geschichte hinter der Bibel und der „Zahl 7" an die Öffentlichkeit geht, sorgt man dafür, dass niemand noch irgendwelche Geschichten über plejadische / plejarische Außerirdische ernst nehmen wird. *Wo auch immer sie auftreten.*

Theoretisch gewinnt man so Zeit, die illuminatische Weltherrschaft in die letzte Phase zu treiben. Und die Vernetzung durch das internationale Logentum an den notwendigen Stellen der Macht (welche im Besitz der nuklearen und biologischen / chemischen Waffen ist) sorgt dafür, dass der Gegenseite klargemacht wird, was passiert, wenn man in die vorherrschenden Machtverhältnisse einzugreifen gedenkt?

Tatsache ist jedenfalls, dass auch diese „Null Bock-Strategie" **nur einen** zu kontaktieren – wo sie doch eigentlich keine Lust und andere Dinge (Ausbau der Weltherrschaft und des Überwachungsstaates) zu tun haben, *für* die Gruppierung hinter JAHWE spricht.

Und das die „negative Splittergruppe" vor „3344 Jahren" wieder VON der Erde verbannt wurden (nachdem sie zuvor auf sie verbannt wurden), wie es Meier zufolge zutraf, macht ebenfalls eine ihm möglicherweise aufgesetzte Lüge deutlich. Ein taktischer Schachzug, der nun *überhaupt nicht* mit dem Zeitplan der Offenbarung übereinzustimmen scheint, berücksichtigt man alle Fakten. Und offensichtlich eher die Menschheit in Sicherheit wiegen soll, dass die „bösen Buben" bereits längst wieder weggeflogen sind und jetzt alles *„Friede, Freude, Eierkuchen"* ist… Armageddon laut diesen somit schon längst in der Vergangenheit liegt.

Ohne Frage könnte in der nahen Zukunft auch ein „offizieller Kontakt" durch die geheime Weltregierung vor der Weltöffentlichkeit geplant sein. Dann, wenn die Neue Weltordnung und die Operation „Überwachungsstaat" technisch abgeschlossen ist. Und man infolge der Welt die Nephilim und deren Verbündeten als die Guten verkauft, welche uns technisch geholfen haben und somit Schwarz gegen Weiß vertauscht wird. An deren Spitze und Führungsebene:

Die Erleuchteten Weltherrscher – Die Illuminaten unter Führung der auf die Erde verbannten Nephilim.

Ab diesem Zeitpunkt könnte man die Föderation als Aggressoren vor der Weltöffentlichkeit verkaufen und dieses Weltbild über alle Medien verbreiten – durch konstruierte Lügen, Geschichtsverdrehung und gezielte Fälschungen.

Die Tatsache, nur eine Person offiziell zu kontaktieren, deutet ganz genau auf diese Hintergründe hin. Da es für sie derzeit noch nicht der richtige Zeitpunkt war, an die Öffentlichkeit zu treten und es wichtigeres zu tun gab und vielleicht noch gibt. Denn warum sollten sie hier *zig* Leute kontaktieren und von der außerirdischen Realität überzeugen, wo sie doch eh schon hier sind und die Mächtigen der Welt für sich vereinnahmt haben? *Und sind wir doch mal ehrlich: Wären die „positiven" Plejadier im Falle von Billy Meier tatsächlich die positiven,*

> *warum kontaktieren sie dann nur ihn?*

> *Warum sagen sie ihm nicht die Wahrheit über das real existierende Logentum?*

> *Warum können sie Mordanschläge auf Billy Meier verhindern, aber nicht, dass die echten Beweise verfälscht werden?*

> *Warum geben sie ihm Waffen und Schießunterricht?*

> *Warum lehren sie ihn nicht (wie andere Ufo-Kontaktler, glaubt man den Berichten) sich vegetarisch zu ernähren?*

> *Warum lassen sie ihn, bei aller Freundschaft, heute noch vor der ganzen Welt als Idioten dastehen?*

Einmal kontaktiert, lässt man sich gerne erzählen, „*dass man nur Gutes im Schilde führt und nie lügt.*"

301

Somit kann jene Gruppierung, die hier so widersprüchlich agiert, zu jemanden wie Meier *alles* sagen, er wird es ihnen glauben und es verbreiten. *Ob es aber wirklich die Wahrheit ist – nun, das ist eine andere Frage...*

Es besteht natürlich in der Theorie noch die Möglichkeit, dass die positiven Außerirdischen Billy Meier mit dieser Vorgehensweise *beschützen* wollten. Denn er würde zwar in den Medien als Spinner dastehen, aber genau dies wäre seine Lebensversicherung.

Doch dagegen spricht, nach all diesen Indizien, der nachfolgende BEWEIS, der absolut unwiderlegbar ist und die ganze Geschichte von Billy Meier in ein anderes Licht rückt.

Der Beweis:

Wir bekamen zu hören „Sie würden niemals lügen!" Diese Angaben sind auch den Schriften der FIGU zu entnehmen. Dies klingt geradezu danach, als wäre dies ein evolutionärer Aspekt ihrer Spezies. Auch die Dame von der FIGU äußerte sich mir gegenüber in diesem Tenor. Doch da kann etwas nicht stimmen, denn über die negativen *Plejadier /Plejaren* wird ja berichtet:

„Sie nisteten sich ... ein. Gezwungenermaßen arbeiteten sie aus dem Untergrund, dafür aber mit den übelsten Methoden und Machenschaften, mit Intrigen, Lug und Trug, mit Falschbelehrung, Irreführung, negativer Beeinflussung des Bewusstseins usf." („...Und sie fliegen doch!", Guido Moosbrugger, S. 343)

Warum sollte eine positive Gruppierung *das* behaupten, wenn sie gleichermaßen angeben, dass die *negative* Splittergruppe ihres *eigenen* Volkes mit Lug und Betrug arbeitet?

WER spricht denn da in der „positiven" Gruppierung so vollmundig für ALLE...? Und wenn sie doch lügen, was also nachweislich vorkommt, dann gehören SIE zur NEGATIVEN Gruppe. Oder welche dritte Lösung fällt Ihnen dazu ein? Ein guter Mensch wird niemals von sich behaupten, dass er nicht lügt – da er weiß, dass er nicht unfehlbar ist. Ein Mensch mit NEGATIVEN Absichten aber schon. Er wird dies behaupten, um seine Ziele, jemanden zu beeinflussen und in eine gewisse Richtung zu steuern, zu erreichen!

Es gibt absolut KEINE Alternativlösung für eine Gruppierung, die Mitglieder ihrer eigenen Föderation (die benannten negativen… Intelligenzen…) an einer Stelle als „Lügner", „Betrüger" und „Mörder" hinstellt – wenn sie an anderer Stelle gegenüber einem Herrn Meier behauptet, ihr Volk würde NIEMALS lügen und betrügen…

Für mich ist die Antwort klar.

Einer von beiden lügt im Falle von Billy Meier:

Entweder ist er es / oder es ist die Gruppierung der Außerirdischen.

Gegen eine Lüge Meiers bezüglich seines Kontakts sprechen zu viele echte Indizien, Daten in seinen Texten, die Benennung von JAHWE als einen negativen außerirdischen Anführer und all die anderen vorgebrachten Daten, einschließlich der Aktivitäten im Schweizer Luftraum, der belegbar ist.

Die Schweiz bezeichnet sich als „unabhängiges" Land. Könnte hier hintergründig eine andere Wahrheit verborgen liegen, als man gemein hin glaubt? Bezüglich des Bankensystems gibt es dort eine weltweit geschätzte Sonderstellung, die gerne genützt wird und viele dazu über Jahre verleitet hat, ihr Geld in der Schweiz anzulegen. Auch wenn dieses System langsam bröckelt. Und ganz zufällig und merkwürdigerweise trägt die Freimaurerloge in Bern den Namen „Freimaurerloge Die Plejaden."

Die Fakten sprechen eine eindeutige Sprache: Billy Meier ist ein falscher Prophet. Gezielt eingesetzt und wahrscheinlich sogar gegen sein Wissen.

Der Bestsellerautor Armin Risi *schrieb mir am 4. April 2008 einen mehrseitigen Brief zu meinem Buch(-Manuskript) „7", welches ihm vor Veröffentlichung zugespielt wurde. Darin schrieb er unter anderem:*

„Vorgestern traf ich Ronald Zürrer vom Govinda-Verlag, der mir Dein Manuskript überreichte ... weil er dachte, es könnte mich vielleicht interessieren ... Obwohl ich an einer ganz anderen Arbeit war und ganze Stapel auf mich warteten, ließ ich irgendwie alles stehen und liegen und las Dein Manuskript in einer 14-Stunden-Sitzung durch (von 13 Uhr nachmittags bis 3 Uhr morgens)... Gerade was die Plejaden-Verbindung angeht, ist mir einiges bekannt, auch aus eigenem Erleben..."

Zu meiner in diesem Kapitel aufgeschlüsselten Billy Meier-Behauptung schrieb er folgendes:

„Ganz einverstanden bin ich mit Deiner Einschätzung von Billy Meier. Ich war einmal in seinem Center und hatte eingehende Gespräche mit seinen gläubigen Anhängern. Da könnte ich Dir noch einiges mehr erzählen, aber es würde einfach Deine Schlussfolgerungen bestätigen..."

Kapitel 9

Alte Hochkulturen berichteten weltweit

von ihren Göttern, die von den Plejaden kamen

Im Juli des Jahres 1999 fand man in Sachsen-Anhalt in der Stadt Nebra auf dem Mittelsberg eine bronzene Himmelsscheibe, die zwischenzeitlich auf ein Alter von etwa 3600 Jahren datiert wurde. Auf ihr ist neben der Sonne und dem Mond das Sternbild der Plejaden eingearbeitet. Der spektakuläre Fund geisterte in Folge durch fast alle Medien und man fragte sich, warum man dort ausgerechnet die Plejaden mit verewigt hatte. Ein anderes noch spektakuläreres Detail ist erwähnenswert, worauf wir kurz eingehen werden. Denn der Witzbold, der hier die Plejaden eingefügt hatte, brachte noch etwas anderes darauf an. Ich führte im Jahr 2010 ein Interview mit dem Autorenkollegen *Oliver Deberling* (der Autor von „Das große Geheimnis der Templer" – erschienen im Kopp Verlag) über die Plejaden und einige andere Themen, da er auf dem Cover seines damals aktuellen Buches „Geheimsache außerirdisches Leben" die Himmelscheibe von Nebra vor einer Pyramide der Mayas dargestellt zeigte, was mich neugierig machte. Oliver Deberling berichtete mir hierzu:

„Die Himmelsscheibe wird auf ein Alter von 3600 Jahren datiert. Der Grund dafür, warum ich die Scheibe als Titelbild gewählt habe, ist ein angedeutetes Boot, das an ihrem unteren Rand erscheint. Ich frage mich, warum Menschen der Bronzezeit den Himmel im Zusammenhang mit einem Boot darstellten ... Andererseits kennen wir fast alle religiöse Überlieferungen fliegender Wagen oder Barken der Götter, die oft genug mit exakten technischen Beschreibungen wiedergegeben werden. Meiner Ansicht nach sind es tatsächlich Urerinnerungen an Begegnungen mit einer nichtirdischen Zivilisation..." (Quelle: Cover Up! Newsmagazine, Interview mit *Oliver Deberling*, 10.05.2010)

Die Plejaden scheinen ein verbindendes Element darzustellen in fast allen Weltreligionen und Überlieferungen mit deren Göttern. In uralten Höhlenmalereien in Frankreich, den Höhlen von Lascaux, welche auf 17000 – 15000 v. Chr. oder älter datiert werden (…), wurden die Plejaden ebenfalls identifiziert, und zwar ausgerechnet über einem Auerochsen (ein „eiszeitlicher" Stier).

Die Plejaden tauchen wie beschrieben bei den Aborigines als die „Sieben Schwestern", auch als *Makara* bekannt, auf. Dies alleine wäre kaum erwähnenswert, wenn es sich hierbei nicht um den überlieferten *Schöpfungsmythus* der Aborigines handeln würde. Einige Kritiker behaupteten, ich hätte für das Buch eine Geschichte zusammengeschustert, die an den Haaren herbeigezogen ist. Doch genau das Gegenteil ist der Fall. Ich hatte in den ersten Auflagen von „7" vor der erweiterten Auflage aus Platzgründen noch untertrieben. Was kann ich dafür, wenn eine Vielzahl von Meinungsmachern mir unterstellt, ich würde Fakten verdrehen, wenn ich anmerke, dass die Plejaden das verbindende Glied in fast allen Religionen ist, als ob ich dies erfunden hätte! Auch wenn ich zugebe, dass in den Mainstream-Medien bei Dokumentationen zu den alten Kulturen gerne dieses Bindeglied vergessen wird, als ob jemand mit purer Absicht diese Vernetzung aus dem Gedächtnis der Menschheit löschen würde.

Nehmen wir zum Beispiel die *Hopi*-Indianer, deren Götter laut den Hopis von den Plejaden auf die Erde gekommen sein sollen und die heute noch von diesen in den Kachina-Figuren (auch Katchinas genannt) gewürdigt werden. Die Hopi selbst sollen ebenfalls Nachfahren dieser Götter sein. Also auch hier ein überlieferter *Erbsündenfall*.

Die Kachinas sollen hierbei als „Vermittler" zwischen den Göttern und den Menschen fungiert haben. Bei den *Inkas* wird ebenfalls überliefert, dass deren Götter einst von den Plejaden auf die Erde gekommen sein sollen, siehe hierzu auch ergänzend „Die große Erich von Däniken Enzyklopädie", 1997/1998, unter dem Stichwort

„Plejaden" (Herkunft der Götter), S. 282. Und somit waren sie auch hier prägend für den Schöpfungsmythos!

Die Hawaiianer bezeichneten eine spirituelle Lebensphilosophie und spirituelle Heilkunst als HUNA. Laut den Mythologien sind die zugrunde liegenden Prinzipien die Eckpfeiler atlantischer Heilkunst gewesen und nach dem Untergang speziell in Hawaii bewahrt worden. So wären unter anderem die Bezeichnungen auch nach Amerika, Ägypten sowie zu den Essenern gelangt. Den alten Schriftrollen von Qumran zufolge soll sich Jesus lange Zeit bei dieser Gruppe aufgehalten haben. Dies würde die Ähnlichkeit zwischen der Bergpredigt und den alten Huna-Weisheiten erklären. Die Hawaiianer selbst pflegen einen Schöpfungsmythos, wonach Huna *„von den Plejaden"* (…) herstamme. Dies würde sich auf die Anschauung beziehen, dass noch vor der Besiedlung von Atlantis im polynesichen Raum eine Hochkultur, die Lemuren, existiert habe, deren Götter von den Plejaden auf die Erde gelangt wären.

Oder nehmen wir die Cherokee-Indianer:

Nach den Plejaden richtet sich bei den Cherokee auch der Beginn des neuen Jahres, ebenso wie der Anfang der Aussaat im Frühjahr. Die Schöpfungsmythen der Cherokee berichten, dass das Volk ursprünglich von den Plejaden kam, genauer gesagt von *Alkyone*, dem hellsten Stern der Konstellation. Im Sonnenkalender der Cherokee entspricht der Plejaden-Monat dem November, genauer gesagt der Zeit vom 23. Oktober bis zum 21. November, was wiederum dem Tierkreiszeichen Skorpion entspricht.

Und selbstverständlich erwähnen deren alte Erzählungen auch den Sirius. In der Mythologie der Cherokee ist er die „große Mutterhündin." Sowie den Orion: Er wird laut den Cherokee-Mythen von den *„Sieben Jägern"* gejagt…

Oder nehmen wir die Wikinger und die slawische Mythologie: Veles oder *Volos* war einer der Hauptgötter in der slawischen Mythologie.

Als Gott war Veles der Gegenpol zum Donnergott *Perun. Veles selbst wird als gehörnte Schlange mit Bart dargestellt.*

Der Gott Veles wird vor allem in russischen Quellen benannt und trägt dort den Beinamen *skotij bog*. Veles galt als „*Gott der Plejaden*" und wird mit den in Ost- und Südslawien bekannten Gottheiten *Volosyni* (russisch), *Vlascite* (bulgarisch) sowie *Vlasići* (serbokroatisch) gleichgesetzt. Der plejadische Gott Veles erscheint auch in mittelalterlichen russischen Heldenliedern, den Bylinen.

Er war in deren Glauben auch der „Gott der Rechtsordnung." Er galt als durchaus positive Gottheit.

*Aber **nach der Christianisierung** wurde Veles **zum Teufel umgedeutet**…*

Das kennen wir doch bereits irgendwoher, oder?

Oder wie ist das mit der mystischen Zahl „7", die sich auf unerklärliche Weise über den Planeten ausgebreitet hat?

Auch in Indien ist sie die bevorzugte Zahl. Die Zahl Sieben ist die häufigste Zahl in den Buddhalegenden.

In China besitzt die Sieben ebenfalls eine Sonderrolle.

In Ägypten werden den Überlieferungen nach die Hauptgötter Ra und Osiris von sieben Gottheiten umgeben…

Bei den Babyloniern hatte die Zahl Sieben ebenfalls eine Sonderstellung, die im 4. Jahrtausend vor Christus von den Sumeren übernommen wurde. Die mystische Auffassung drang in das Volksbewusstsein der Babylonier und Assyrer.

Im antiken Europa nahm die Zahl Sieben insbesondere im Apollo-Kult eine Sonderstellung ein, ein griechischer Gott, Sohn des Zeus (Jahwe?), dem namentlich auch das NASA-Apollo-Raumfahrtprogramm gewidmet wurde. Die Pythagoreer vertraten die Ansicht, die Zahl Sieben sei mit geheimnisvollen Kräften ausgestattet, und glaubten, dass die Personifizierung dieser Zahl das Weltgeschehen regeln würde...

In der griechischen Mythologie taucht sie ebenfalls überall auf, so zum Beispiel in den „7 Weltwundern", den „7 Helden" und den „7 Theben", den „7 Weltmeeren" und dem „Siebenkampf." Ein zerbrochener Spiegel würde sieben Jahre Pech bedeuten, gefolgt von sieben Jahren Glück... Und hier bei den Griechen gibt es wie bereits angedeutet auch eine direkte Zuordnung zu den Plejaden und Atlas, dem Vater der Plejaden.

Rom wurde angeblich auf „7 Hügeln" erbaut, die Republik wurde den Überlieferungen zufolge nach der Herrschaft von „7 Königen" errichtet.

In der jüdischen Tradition besitzt die „7" ebenfalls eine Sonderrolle. Der Sabbat ist der siebte Tag der Woche, im siebten Jahr folgt jeweils das Schmittahjahr, den sieben fetten Jahren folgen sieben magere, der heilige Leuchter, die Menora, hat sieben Arme, usw...

Wir könnten diese Aufzählung noch über viele Seiten weiterführen.

Eine der ältesten Beschreibungen der Plejaden überhaupt wurde im Jahr 2357 v. Chr. in China verfasst. Die Chinesen kannten das Sternbild auch unter der Bezeichnung „Mao", wobei in Indien und China die Plejaden nicht als Tauben sondern überwiegend als Fische dargestellt wurden.

Das Volk der *Pueblos* im Südwesten der USA führte beim Erscheinen der Plejaden ein heiliges Ritual durch. Viele griechische Tempel wurden nach dem Auf- und Untergang der Plejaden ausgerichtet. Die Sonnenpyramide bei *Teotihuacan* ist ebenfalls mit dem Lauf der Plejaden verbunden, denn ihre Westseite und viele umliegende Straßen sind direkt mit dem Untergang der Plejaden um Mitternacht jener Nacht ausgerichtet, in der sie auf dem höchsten Punkt stehen.

Die *Maori* Neuseelands kennen die Plejaden ebenfalls in ihren Überlieferungen, ebenso wie die *Sioux*-Indianer. Die *Maorie* definieren sie als „*Mutter*"…

Auch die *Cahokia*-Indianer kennen die Plejaden aus ihrer *Schöpfungsgeschichte*, aus deren Legenden sich wiederum die Legenden vieler Eingeborenenstämme Nordamerikas ableiten.

Die *Cree* behaupten, sie wären zuerst in *geistiger Form* von den Plejaden auf die Erde gelangt und seien später hier *zu Fleisch* geworden, was mich persönlich wiederum deutlich an die Geschichte von „Tomy" von *Erich von Däniken* erinnert.

Die frühen Geschichten der *Dakota*-Indianer sprechen ebenfalls über die Plejaden, als seien sie ihre Ahnen. Die *Navaja* nannten die Plejaden die „Funkelnden Sonnen", die die Heimat des „*schwarzen Gottes*" wären.

Die *Serokai – Akowoia, Britisch Guayana*, kennen sie ebenfalls aus ihren Mythen. Wenn auch der Verlauf der Handlungen dieser Sagen sehr verschieden ist, so kommen sie mehr oder weniger alle zu demselben Ergebnis, und zeigen dadurch, dass sie auf einen gemeinsamen Ursprung zurückgehen. *Wawaija* erblickten sie laut diesen Mythen in den Plejaden, *Wailya* in der Aldebaran-Gruppe – sein Auge ist der hellste Stern erster Größe. *Serikoai* ist bei ihnen der Orion.

Neben den Plejaden, die den *Haupthelden* in deren Überlieferungen darstellen, spielen die *nach indianischer Auffassung dazugehörigen Sterne der Aldebaran-Gruppe und des Orion* ebenfalls eine Rolle. Die Geschichte gehört zu den so genannten „Orion-Sagen" und hat zahlreiche Parallelen bei anderen Guayanastämmen bezüglich ihrer Gottheiten. Schriftsteller wie *Geoffrey Ashe* unternahmen bereits in den achtziger Jahren des letzten Jahrhunderts den Versuch, die Zahl „Sieben" in Verbindung mit den Plejaden zu erklären.

In Ägypten und im Orient nennt man sie auch „die sieben Hebammen", sprich *Geburtshelfer der Erde*…

Im Prävedischen Indien maß man ihnen ebenfalls eine heilige Bedeutung zu, die als *„heilige Mutter der Welt"* beschrieben wird.

„Kritikas", ein anderes Wort für das Siebengestirn, wird auch mit „Messer" übersetzt, wobei des Messers Schneide darüber entscheidet und richtet. Das griechische Wort „kritikos" bedeutet *„Richter."*

Wir können diese Tatsachen weiterhin ignorieren, oder damit beginnen, uns darüber ernsthafte Gedanken zu machen. Immer wieder die *gleichen* Herkunftsorte der Götter – überall auf der Welt: *Von Mexiko, Südamerika, über das alte Reich der Sumerer, auf deren Geschichte in Verbindung mit den Plejaden wir noch ausführlich eingehen werden, Babylon, Australien, die Wikinger und Slawen, die Ägypter, die Griechen, bis hin nach Indien...* Würde es um einen Mordfall gehen, man würde bei so viel Ignoranz bei den Ermittlern, die einer solchen Spur nicht nachgehen, wahrscheinlich die komplette Abteilung austauschen. Das heißt – eigentlich geht es ja um einen Mordfall. *Einen...?* Entschuldigung: Nein: um *Massenmord* – niedergeschrieben und überliefert in den Texten der Weltreligionen.

Aber wer soll ihn aufklären, wenn das Netzwerk inzwischen so verwoben ist, dass Mitglieder der Logen an allen wichtigen Schnittstellen sitzen?

Ein Blick des Nachts zu den Sternen kann Wunder bewirken. Sich dabei einmal wieder darüber Gedanken machen, wie klein und unwichtig wir sind – und was dort draußen so alles auf uns lauern könnte. Und wenn man der Bibel glaubt, dann ist „Es" schon hier. Denn wo sind die gefallenen Götter, die für 10 000 Jahre bis zur Letzten Schlacht / Entscheidung auf die Erde verbannt wurden, *wenn nicht unter uns...?*

Wenn wir das bezweifeln, brauchen wir auch nicht auf einen Jesus Christus warten. Denn der wird dann *auch* nicht kommen. Immer wieder gibt es Verweise in der *Anderson*-Chronik auf den angeblich „göttlichen" Ursprung der Freimaurerkunst:

So gab es für viele Freimaurer von Anbeginn keinen Zweifel: *Adam* (mit dem sich die einstige Nephilim *Lilith* einließ, bevor sie sich von ihm abwendete und dieser sich bei Jahwe beschwerte – der wiederum ein Killerkommando hinter ihr herschickte) und seine Söhne, sowie *Moses* (für den Jahwe das Meer zurückgedrängt hatte, um später darin seine Verfolger ertrinken zu lassen) waren die ersten so **genannten** „Freimaurer" (siehe hierzu auch „Geheime Gesellschaften", *Walter Jörg Langbein*, S. 95 zu diesem Thema). Warum dies so ist, auch darauf werden wir noch zu sprechen kommen. Hier sieht man den Ursprung, lange vor König Salomon. Die Freimaurer rühmen sich also zum Teil, Adam wäre nicht nur „der erste Mensch" gewesen, sondern auch der erste Freimaurer der Weltgeschichte.

Wenn das sinnbildlich so wäre, dann wissen wir jetzt aber auch, in welchem Auftrag die Freimaurerei hintergründig wirklich tätig ist. Denn Moses und Adam waren, wie beschrieben, zumindest zeitweise Vasallen des blutigen Gottes Jahwe.

Und sind die Illuminaten, unter welchen Namen und Zweigen sie heute auch immer im Geheimen tätig sind – *die sich klammheimlich an die Spitze der Freimaurerei positioniert haben, um sie als Werkzeug zu nutzen* – unterwandert von einigen *echten* Nephilim oder deren Nachkommen? Die Schlussfolgerungen aus diesem Buch als wahr vorausgesetzt, legt es zumindest nahe. Was wir jedoch mit *Sicherheit* schon jetzt wissen ist, dass Luzifer als der *Lichtbringer* in der Mythologie und in der Freimaurerei gilt. Und „Illuminaten" übersetzt *„Die Erleuchteten"* bedeutet.

Und das ist noch nicht alles:

Adam wird in (zum Teil geheimen) Quellen, stellvertretend für den „ersten Mann", mit der Farbe ROT identifiziert, Eva stellvertretend für die „erste Frau" mit der Farbe BLAU. Erinnern wir uns in diesem Zusammenhang an die BLAUEN und ROTEN Grade der Freimaurerei. Zufall ausgeschlossen. In WIKIPEDIA lesen wir zum Beispiel unter dem Stichwort Adam: *„Das hebräische ... Wort für Adam steht* *für Erdboden (insbesondere rote Erde) ... und „Röte", Adam kann daher auch „der Rote" bedeuten..."*

Im Jahr 1954 wurde im niederländischen Religionsunterricht noch gelehrt, dass männliche Personen rot und weibliche blau dargestellt werden sollten (Quelle: siehe auch „Erinnerungen an Adam und Eva", *J. W. Richter*, 2010).

Die US-Zeitung *Sunday Sentinel* rät den Müttern noch im Jahr 1914 die Wahl der Farben *Rosa für Buben* und *Blau für Mädchen (...)*, *„damit sie sich **an die Traditionen** halten. "*

Der Wechsel zu *Rosa für Mädchen* und *Blau für Buben* stamme aus der Zeit nach dem Zweiten Weltkrieg, so der Autor *J. W. Richter* in „Erinnerungen an Adam und Eva."

Die oberen Grade in der Freimaurerei sind die ROTEN GRADE und somit dem ursprünglich männlichen Prinzip zugeordnet, ebenso wie davon abgewandelte Zuordnungen wie ROT für „gewalttätig" („ich sehe Rot!").

Für die Hindus sind die Plejaden eine dem Feuergott *Agni* geweihte Flamme. Frucht der Vereinigung mit den *blauen* (weiblichen darge-stellten) Plejaden ist laut diesen eine große *rote* Wolke, die von Blit-zen durchdrungen ist. Damit ist der *weibliche* und *männliche* Aspekt gut dargestellt.

Der Buchautor und Fernsehmoderator *Rainer Holbe*, einst unter an-derem durch die TV-Serie „Phantastische Phänomene" bekannt ge-worden, befragte in dem Buch „Wir von Atlantis – Protokolle aus fernen Zeiten" – *das auch von den Göttern von den Plejaden in Ver-bindung mit Atlantis handelt* – eine Frau, die angab, plejadischen Ursprungs zu sein.

Rainer Holbe: *„Kam es denn zu Vermischungen zwischen diesen Urmenschen und den Plejaden-Besuchern, Liebesaffären zwischen Göttern und Erdentöchten?"*

Susanne: *„Es war so. Gehen wir davon aus, dass bekanntermaßen in allen Sagen und Mythen ein wahrer Kern steckt, so auch in den Göttergeschichten der Griechen, Römer und Germanen, wo es von solchen Verstrickungen zwischen den Himmelssöhnen und schönen Erdenfrauen nur so wimmelt. Sie haben ihren Ursprung in der Besiedelung dieser frühen Kontinente."*

Rainer Holbe: *„Bei den Recherchen zu diesem Buch habe ich schon die tollsten Geschichten gehört. Die Plejaden-Theorie ist mit die phantastischste."*

Susanne: *„Ich muss es noch einmal betonen. Es ist keine Theorie ... Der sizilianische Geschichtsschreiber Diodor erklärte die Plejaden als den Hort der Götter und Helden ... Die griechischen Tempel sind so konstruiert, dass sie zum Auf- und Untergang der Plejaden weisen. Schon 1881 hat der Historiker Haliburton Überlieferungen der Sumerer und Phönizier zitiert, für die der Stern Alcyone der Plejaden der Mittelpunkt des Universums war. Sie sprachen dabei sogar von einer „Urheimat" der menschlichen Rasse und der Wohnung der Götter. In Griechenland gab es einen Acht-Jahre-Zyklus, der durch das Erscheinen der Plejaden bestimmt wurde und nachdem die Feste in Orakelstätten von Delphi, Theben und Kreta ausgerichtet wurden. Apoll war ... ein göttlicher Sohn der Plejaden, dem man den „siebenten Tag" weihte. Er ist ja noch heute als Ruhetag heilig. Also auch immer wieder die Sieben als magische Zahl, der Hinweis auf das „Siebengestirn." Ich könnte Ihnen ähnliche Parallelen auch aus anderen Überlieferungen nennen, wie zum Beispiel der Schöpfungsgeschichte der Mayas, nach der vierhundert Göttersöhne zu den Plejaden zurückgekehrt sein sollen, nachdem sie erschöpft von ihrer irdischen Aufgabe waren. Hinweise auf die Plejaden finden wir in ... Peru und bei fast allen megalithischen Bauten in Europa. Das südafrikanische Hottentottenvolk feiert seinen höchsten Feiertag zu Ehren eines Gottes, wenn die Plejaden am nächtlichen Horizont erschei-*

nen.... " (Quelle: „Wir von Atlantis – Protokolle aus fernen Zeiten",
Rainer Holbe, 1988, S. 109, 111-112)

Professorin *Merete Mattern*, die sich an ihr ehemaliges Leben in
Atlantis erinnert, berichtete Rainer Holbe eine Geschichte, die wiederum an Dänikens „Tomy" erinnert:

„ ...*Und dann sind ... Wesenheiten aus dem universellen Bereich
gekommen, die noch nicht materialisiert waren ... Um sich den phy-
sikalischen Gesetzen ... anzupassen, haben sie sich dann ... materialisiert ... Die Hopis nennen diese ... Kachinas ... die sich mit den
schönsten Töchtern der Erde zusammentaten, um Kinder zu zeugen.
Dies, so sagen sie, sei der Ursprung der heutigen Menschenrasse
gewesen ... Nach den Überlieferungen peruanischer Stämme sind in
der zweiten Phase von Atlantis noch einmal geistige Wesenheiten aus
dem Sternbild der Plejaden gekommen, die der Mischbevölkerung
weitere spirituelle Schübe vermittelten...* " (Quelle: „Wir von Atlantis
– Protokolle aus fernen Zeiten", *Rainer Holbe*, 1988, S. 18/19)

In einen Gespräch mit dem inzwischen verstorbenen Mikrobiologen
Dr. Jens Möller geht Holbe auf eine Verbindung zum Schwarzwald
ein, wo im Jahr 1936 ein UFO abgestürzt sein soll. Rainer Holbe:
„*Jens Möller, das Karlsruhe, wie es sich heute als „Tor zum
Schwarzwald" präsentiert, ist so alt doch wiederum nicht.* "

Mikrobiologe Dr. Jens Möller: „ ...*Deswegen war ich auch sehr
glücklich, als ich in einer Schlossbibliothek einen Hinweis fand, der
besagt, dass es eine alte megalithische Kulturtradition ist – wahrscheinlich aus atlantischem Erbe – jeweils von einem Mondheiligtum
aus ein Sonnenheiligtum zu gründen. Dies habe ich dann auf der
Karte studiert und herausgefunden, dass von einem kleinen Ort Bü-
chelberg ... die Sonnenstadt Karlsruhe gegründet worden ist ... Mir
liegt eine Satellitenaufnahme des Südschwarzwaldes vor, auf der zu
sehen ist, wie von dem Elsässer Belchen aus die verschiedenen Ber-*

ge, diese Belchen, unter der Maßgabe ... angepeilt sind. Und zwar der kleine Belchen in der Nähe von Colmar am Tage der Mittsommersonnenwende, zum morgendlichen Anfang, der Schwarzwälder Belchen in der Nähe von Freiburg exakt zur Tagundnachtgleiche, nach Osten ausgerichtet, und der Belchen bei Olten in der Schweiz ganz nahe der Wintersonnenwende."

Rainer Holbe: *„Dr. Möller, ein wesentlicher Punkt sollte noch angesprochen werden. Auch verschiedene Symbole wie das Hakenkreuz wurden von ihnen* (den Nazis, Anm. d. Verf.) *aufgegriffen. Könnte es sein, dass die Nazis dem Geheimnis von Atlantis auf der Spur gewesen sind?*

Mikrobiologe Dr. Jens Möller: *„ ...Hitler und Himmler sind von der Atlantis-Sage fast magisch angezogen worden, um mögliche (Symbole) ... aus dieser Zeit ... für ihre Zwecke zu missbrauchen. Unglaublich ist auch die Tatsache, dass dreihundert Meter entfernt von diesem Sonnenorakel Malsch bei Karlsruhe der westliche Führungsbunker von Hitler gewesen ist..."* (Quelle: „Wir von Atlantis – Protokolle aus fernen Zeiten", *Rainer Holbe*, 1988, Auszüge S. 218-224)

Inzwischen ranken sich um den Tod des Mikrobiologen seit Jahren fragwürdige Theorien. Er wäre aufgrund der Veröffentlichungen zu diesem Thema in einem von ihm verfassten Buch und der darin enthalenen Aufdeckungen ermordet worden. Stimmen diese Vermutungen, oder sind es nur Legenden? In seinem Buch geht er unter anderem auch auf gefundene Erkenntnisse, so zum Beispiel Winkelmaß und Zirkel, dass in der Freimaurerei verwendete Symbol des männlichen und weiblichen Prinzips, ein, die in der Sonnenstadt in geheimer Symbolik einst verbaut worden wären. In meinem Buch „Terrorstaat – Die dunkle Seite der Macht", gehe ich ausführlich auf die Stadt Karlsruhe in diesem Zusammenhang ein.

Kapitel 10

Das Geheimnis der Pyramiden

Das internationale Logentum verwendet unter anderem die Pyramide als ihr Symbol. Sicherlich ist auffallend, dass wir bei nahezu allen Kulturen, welche von Vorfahren sprachen, die vom Himmel kamen – beziehungsweise himmlische Halbgötter und Götter in ihrer Geschichte besitzen – Pyramiden finden.

Es hat immer den Anschein, als solle man glauben, Ägypten sei das *einzige* Land dieser Art. In Wirklichkeit zieht sich das Netzwerk der Pyramiden aber über die ganze Welt. Manchmal stehen sie in verbotenen Zonen, ein anderes Mal befinden sie sich überwuchert im Urwald oder aber auf dem Grunde des Meeres. Ja sogar auf unseren Nachbarplaneten scheinen diese überwältigend monumental in den Himmel zu ragen, wenn der Eindruck an mancher Stelle nicht täuscht.

Unabhängig davon, ob sich die Strukturen auf dem Mars natürlich erklären lassen, gibt das Netzwerk der Pyramiden auf der Erde Rätsel auf. Um dies zu verdeutlichen, werden wir uns die Verbreitung dieser Baukunst aus teilweise längst untergegangenen Kulturen einmal vor Augen führen.

In China, dessen Kultur ebenfalls von göttlichen Wesen sprach, welche vor Urzeiten auf Himmelschlangen und Drachen zur Erde kamen, finden wir ganze Landzonen mit Pyramiden, *die teilweise die doppelte Größe der Cheopspyramide in Ägypten besitzen. Unglaublich, aber wahr.*

Abb. 118 links: Die große weiße Pyramide in *China*. Nur eine von vielen, welche sich dort wiederfindet. **Abb. 119 rechts:** Überwucherte Pyramide in *Coba*. *Deutet das (teilweise unbekannte) Netzwerk der weltweiten Pyramiden auf die sogenannten „Götter vom Himmel" hin?*

Oder hatten etwa alle Kulturen einst den gleichen Gedanken? Und wenn ja – warum? *Ein bislang ungelöstes Geheimnis breitet sich lautlos über die Erde aus.*

Abb. 120 links: Pyramide in *Honduras*. Davor in Stein verewigte Götter, welche den Überlieferungen nach vom Himmel kamen. **Abb. 121 rechts:** Pyramide in *Altun. Deuten all diese Monumente auf einen weltweiten Kontakt der Götter mit der Erde in der Vergangenheit?*

Kann man all diese Monumente in einen globalen Zusammenhang bringen, oder sind sie zufällige Bauwerke unterschiedlichster Kulturen?

Pyramiden – eine weltweit übereinstimmende Verbindung

Abb. 122 links: Pyramide in *Lamanai.* **Abb. 123 rechts:** Weitere Pyramide in den *verbotenen Zonen Chinas.*

Liegt hinter dem Geheimnis *dieses augenscheinlichen Netzwerkes* möglicherweise *das Geheimnis der Menschheit* verborgen? Haben wir Jahrtausende auf diesem Planeten gelebt, *ohne die Offensichtlichkeit dieses weltumspannenden Zusammenhangs zu erkennen?*

Pyramiden – eine weltweit übereinstimmende Verbindung

Abb. 124 links: Pyramide in *Xunantunich.* **Abb. 125 Mitte:** Pyramiden im *Mexeltanjin.* **Abb. 126 rechts:** Pyramide in *Edzna.*

Sicherlich wäre es falsch, die Tatsache zu umgehen, dass viele der Pyramiden offensichtlich gebaut wurden, um als Grabkammern zu dienen. Jedoch stellt sich die Frage, warum ausgerechnet die Pyramidenform weltweit von den Menschen gewählt wurde, um so den Göttern näher zu sein? Zudem sollte nicht vergessen werden, dass die Grabtheorie in manchen Fällen, einschließlich der Cheops Pyramide in Gizeh, bereits in vielen Fachkreisen als widerlegt gilt. In anderen Fällen wurden die monumentalen Bauwerke möglicherweise auch im Nachhinein als solche „missbraucht", um zu den Göttern vom Himmel, mit denen man Kontakt hatte, nach dem Ableben aufzusteigen und vereint zu sein. Ist es etwa doch kein Zufall, dass das „Auge Gottes" in Form einer Pyramide dargestellt wird und heute noch im Logentum als „Allsehendes Auge" über der Pyramide schwebt? Ist dies ein geheimer Hinweis, aufbauend auf das Wissen aus den geheimen Mysterienschulen der Vergangenheit, als die Esoterik und die Exoterik voneinander getrennt worden ist? Wurde den Menschen auf der Erde irgendein Zeugnis hinterlassen, welches diese Bauweisen in einer Art „Kargo-Kult" rechtfertigt? Erich von Däniken zeigte in seiner Serie „Auf den Spuren der Allmächtigen" eindrucksvoll, dass Eingeborene nicht nur die Flugzeuge der plötzlich hereinbrechenden Soldaten aus Stroh nachbauten, sondern auch die Radarstationen mit Antennen auf dem Dach, eine Landebahn, bis hin zu Nachbildungen der Armbanduhren. Weil sie die Soldaten für Götter hielten, die mit ihren Schiffen vom Himmel auf die Erde kamen.

Pyramiden – eine weltweit übereinstimmende Verbindung

Abb. 127 links oben: Pyramide in *Elsalvsanandr*. **Abb. 128 Mitte oben :** Pyramide in *Kabah*. **Abb. 129 oben rechts:** Pyramide in *Honduras*. **Abb. 130** unten links: Überwucherte Pyramide in *Mexuxmal*. **Abb. 131 Mitte unten:** Pyramide in *Mayapan*. **Abb. 132 unten rechts:** Pyramide in *Unite*.

Pyramiden – eine weltweit übereinstimmende Verbindung

Abb. 133 oben links: Illustration der Pyramiden von *Spainguimar.* **Abb. 134 oben rechts:** *Südkorea.* **Abb. 135 Mitte links:** Pyramide in *Teothihuacan.* **Abb. 136 Mitte rechts:** Pyramiden im *Sudan.* **Abb. 137 links unten:** Pyramide in *Uxmal.* **Abb. 138 rechts unten:** Pyramide in *Xunantunich.*

Es stellt sich also die Frage, wer oder was die Menschen überall auf der Welt dazu inspiriert hat? Zufall alleine ist sicherlich ein wenig ungenügend bei der Suche nach der Ursache.

Ich befragte im Jahr 2012 Erich von Däniken persönlich zu diesem Thema, der mit mir einer Meinung war, dass dieses über die Erde gespannte Netzwerk *nie und nimmer* Zufall ist und die Götter vom Himmel der gemeinsame Ursprung zu sein scheinen. Er hat diesen weltumspannenden *gemeinsamen Hintergrund* selbst in seinem Buch „Was läuft falsch im Maya-Land?" mit aufgeführt, Jahre nach der Erstveröffentlichung von meinem Buch „7" zu diesem Thema. Mir erzählte *Erich von Däniken* in einem persönlichen Gespräch hierzu unter anderem:

„Ich hab's im Maya-Buch drin. Aber die Fachleute werden mich dafür nur auslachen. Es gibt im alten Indien Pyramiden, die sehen genauso aus wie die Maya-Pyramiden in Zentralamerika. Also Du kannst in Südindien Tempeltürme bestaunen und die vergleichen mit den Maya-Bauten. Im alten Indien gab's alte Schriften, von denen heute noch viel erhalten ist. Und in einer dieser alten Schriften wird ein Zwillingspaar beschrieben, man nennt sie die Maruts, kommt im Maya-Buch vor. Dort werden diese Maruts gepriesen, dort steht „Ihr fliegt in den Lüften, mit Donner kommt ihr daher, überall könnt ihr gleichzeitig sein, ihr fliegt über das Wasser, über die Länder", etc.

Pyramiden – eine weltweit übereinstimmende Verbindung

Abb. 139 links: Pyramide in *Zentralamerika*. **Abb. 140 Mitte:** Pyramide im *Iran*. **Abb. 141 rechts:** Pyramide in *Israel*.

Jetzt könnte ich mir sehr wohl vorstellen, dass diese so genannten Zwillinge, die Maruts, irgendwo vom alten Indien nach Südamerika geflogen sind. Auch anderswo hin. Dort haben sie ihre Botschaft hinterlassen, und die Maya wie auch die alten Inder haben zu ihren Ehren die Pyramidentürme gebaut ... Und dies ist eine laienhafte Erklärung, aber immerhin Tatsache, weil wir in verschiedenen Ländern steile Pyramiden haben, genau wie in Indien..." (Quelle: siehe auch Magazin Matrix 3000, Artikel „Was läuft falsch im Maya-Land", *Erich von Däniken* im Gespräch mit *Dan Davis*, Band 67, Januar 2012, S. 52-53)

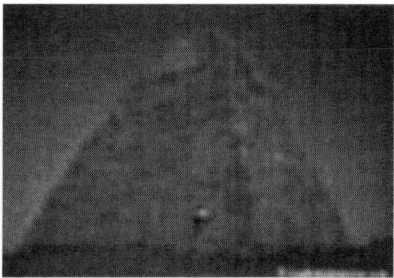

Abb. 142 links: Pyramide in *Nevada*. **Abb. 143 rechts:** Pyramide in *Yimg.*

Nun werden Sie sich möglicherweise fragen, wo das verbindende Glied ist zwischen den Pyramiden und den (außerirdischen) Göttern? Wir finden es ebenfalls in der ägyptischen Kultur – und inzwischen in allen Machtzentren der Geheimen Regierung: *der Obelisk.*

Der Obelisk – eine in den Himmel gehobene Pyramide

Abb. 144: Obelisk in *Israel*. Er symbolisiert eine in den Himmel gehobene Pyramide und soll symbolisieren, WO die Götter zu finden sind, welche laut der Geschichte und den Überlieferungen in den Kulturen auftauchten.

Der Obelisk steht inzwischen an allen Machtzentralen der Geheimen Weltregierung und ist das symbolische Bindeglied zwischen den Pyramiden und den Göttern!

Denn hinter der Symbolik steht eine *in den Himmel gehobene* Pyramide!

Ein altes Rätsel lüftet sein Geheimnis…

Und der Fingerzeig, warum die Pyramide gen Himmel gehoben wird, ist einleuchtend: *es soll symbolisieren, WO der Ursprung der ersten Pyramiden auf der Erde zu suchen ist – bei einem Volk, welches vom Himmel gekommen ist, so wie all die Mythen, die Sagen und die Geschichten der verschiedenen Kulturen es ohnehin lehren.*

Viele Wissenschaftler der „alten Garde" wollen uns immer noch weiß machen, der Obelisk habe eine andere Erklärung. Obwohl sie wissen, dass auch speziell die ägyptische Kultur von Göttern spricht, die vom Himmel kamen und in vielfältiger Art Einzug in jede nur erdenkliche Form der Kunst, des Lebens und des Symbolismus fanden. Der Vatikan, ein weiteres illuminatisch unterwandertes Machtzentrum, kennt die Symbolik nur zu gut.

So steht ein ägyptischer Obelisk mitten auf dem Petersplatz in Rom. Jedoch wurde dort die Pyramide auf der Spitze durch ein Kreuz ersetzt… Dieser Fingerzeig macht deutlich: *Es kommt auf das an, was sich auf dem Sockel befindet!*

Der Astronaut *James Irwin* führte vor Jahren ein Interview mit der US-Zeitschrift „SAGA", dass eigentlich die gleiche Aufmerksamkeit verdient hätte, wie ein Interview von Astronaut Edgar Mitchell im Jahr 2008 mit dem Radiosender „Kerrang!", in dem er davon sprach, dass er aus erster Hand wissen würde, dass die Existenz Außerirdischer auf dem Planeten Erde sowie Kontakte zu diesen seit Jahren vor der Bevölkerung von den Regierungen vertuscht werden würde. Denn was James Irwin hier verkündete, war starker Tobak. Berichtete er doch von Hintergrundinformationen zu Apollo 15 und einer Pyramide auf dem Mond, deren Untersuchung Teil der Mission war. Edwin Irwin gegenüber dem Magazin SAGA:

„ Unser Landeplatz wurde so gewählt, dass es uns möglich sein soll-te, eine 140 Meter hohe Pyramide zu untersuchen, die aus einem Material bestand, das eine andere Farbe als die Umgebung hatte ... aber wir hatten Schwierigkeiten mit der Landung und glitten einige Kilometer über die Mondoberfläche, ehe wir einen geeigneten und kraterfreien Platz fanden.

Als wir dann endlich gelandet waren, merkten wir, dass wir uns viel zu weit weg von dem fraglichen Gebiet entfernt hatten. Außerdem musste das `Ding` genau hinter dem Mount Hadley sein, so dass wir es nicht sehen konnten ... Es war die größte Enttäuschung, die wir während der ganzen Fahrt hatten... "

Trotzdem stießen die Apollo 15-Astronauten auf rätselhafte Spuren auf dem Mond. Die US-Zeitschrift „SAGA" veröffentlichte neben dem Interview mit Irwin aus diesem Grund die Wiedergabe eines Dialogs von Irwin mit dem Astronauten Scott und der Bodenkontrolle:

Irwin: *„Hey, schau Dir diesen weiß gefärbten Berg an. Es sieht aus wie eine weiße Maserung an der Spitze des anderen Berges. "*

Scott: *„Ja, schau Dir das an. Es ist ein dunkelgrauer Berg, aber er sieht tatsächlich wie ein Pentagramm aus – mit einer kleinen grauen und weißen Änderung an der Spitze. Das Pentagramm misst 15 Zen-timeter im Durchmesser und ist 10 oder 12 Zentimeter hoch. An der Spitze befindet sich ein weiteres, winkelförmiges, 5 oder 7 Zentimeter ... mit einem Licht zum mittleren Graustein. Es steht wirklich heraus. Es ist erstaunlich...Die Pfeilspitze verläuft wirklich von Ost nach West. "*

Bodenkontrolle: *„ Verfolgt die Spuren... "*

Irwin: *„Wir sind dabei ... wir wissen, dass das ein ganz schöner Marsch ist ... Ich komme nicht über diese Hügelketten, die sich schichtweise am Mount Hadley überlagern."*

Scott: *„Ich schaff's auch nicht. Aber das ist wirklich eindrucksvoll."*

Irwin: *„Sie sehen wirklich bewundernswert aus."*

Scott: *„Man kann schon direkt von Organisation sprechen."*

Irwin: *„Dies Gefüge besitzt den schematischsten Aufbau, den ich je gesehen habe."*

Scott: *„Es ist so einheitlich in der Breite."*

Abb. 145: Artikel mit dem Titel „Fanden Astronauten sogar uralte Bauwerke auf dem Mond?" in der BILD-Zeitung vom 23. August 1996. Darin wird der ehemalige Kommunikationschef der Apollo-Mission, Maurice Chatelain, zitiert: *„Die UFOs sahen aus wie Riesenpilze. An der Unterseite Glutschimmer. Auf dem Mond selbst haben die Astronauten Bauwerke vorgefunden und fotografiert..."*

Irwin: *„So etwas haben wir vorher noch nie gesehen. Man erkennt die gleichförmigen Schichten vom obersten Ende dieser Spur bis zum Boden."*

Als sie später wieder an Bord waren, berichten sie:

„Okay, Gordy, jetzt will ich Dir erzählen, was wir um unsere Lande-fähre herum sahen: Als wir 10 Meter nach draußen gegangen waren

sahen wir, dass dort einige Objekte, weiße Dinger, herumflogen. Sie schienen heranzukommen." (ergänzende Informationen hierzu siehe „Geboren in die Lüge – Unternehmen Weltverschwörung.")

Abb. 146 oben links: *London.* **Abb. 147 oben rechts:** *New York.* **Abb. 148 unten links:** *Paris.* **Abb. 149 unten rechts:** *Washington.*

327

Abb. 150: Aleister Crowley, seinerzeit Satanist, Illuminati und Freimaurer, mit dem „Auge des Horus" (dem „Allsehenden Auge") in Form eines dreieckigen Hutes auf dem Kopf.

Fortsetzung in Band 2

Quellennachweis:

Die Quellenverweise wurden im Verlauf des Textes im Buch eingefügt.

Grafiken:

Günter Bosch

Verwendete ergänzende Bildquellen:

COVER UP! Newsmagazine, Archiv Dan Davis, NASA, Erich von
Däniken, Peter Krassa, INFOWARS.COM, Alex Jones, ARGO Verlag, Jan van Helsing, Amadeus Verlag.

Der Tag an dem die Welt erwachte Band 2

€ 21,99

Erscheinungstermin 2. Dez. 2020

Dan Davis

Softcover 325 Seiten

ISBN 978-3-947048-15-1

Band 2

Das was jetzt mit „Corona" unseren Alltag bestimmt, wurde von Dan Davis bereits nahezu 1:1 Jahre zuvor mahnend als Zukunftsvision unter anderem in seinem Buch „7" angekündigt, für den Fall, dass wir nicht rechtzeitig aufwachen. Ein Zufall? Der Autor bringt eine Vielzahl weiterer Beispiele und Fakten, die sich seit der Erstauflage des Buches nachweislich ereignet haben und inzwischen Realität wurden, bringt die beängstigende Geschichte dahinter, die weit in die Vergangenheit reicht und deren Ausläufer und das agierende Netzwerk (der sog. „Deep State") längst alle wichtigen Bereiche unserer Gesellschaft infiltriert haben.

Terrorstaat - Die Dunkle Seite der Macht

€ 22,99

Dan Davis

Softcover 372 Seiten

ISBN 978-3-947048-12-0

Die Corona-Akte

Die Corona-Pandemie hält im Jahr 2020 die Welt in Atem. Doch was steckt wirklich dahinter? In dieser Spezial-Ausgabe des Buches werden Hintergründe und Fakten benannt, die aufzeigen, welche Lügen gezielt verbreitet wurden und warum.

Der Autor Dan Davis hat sich in der Vergangenheit mit Politikern wie der ehemaligen Bundesministerin für Justiz, Herta Däubler-Gmelin, der im Jahr 2002 ein angeblich von ihr gemachter Bush-Hitler-Vergleich in den Mund gelegt wurde, und anderen getroffen, führte Interviews und Gespräche mit Mitgliedern aus Geheimlogen und Opfern verschiedener Regierungsprojekte.

Erst Kontakt – Es passiert jeden Tag

Das größte Geheimnis der Menschheit ist gelüftet

Sind wir allein im Universum? Diese Frage stellt sich die Menschheit seit sie im nächtlichen Himmel die unzähligen Sterne erblickt. Die Wissenschaft ist sich mittlerweile ganz sicher: Es muss dort draußen noch weiteres intelligentes Leben geben, in den Weiten des Universums. Während sich aber die Mainstream-Forscher noch Gedanken machen, was wohl passiert, wenn wir zum ersten Mal Kontakt zu einer anderen intelligenten Lebensformen im All haben, erleben Millionen von Menschen weltweit bereits das schier Unmögliche: Sie kommunizieren mit Wesen aus anderen Welten.

€ 24,95
Johann Nepomuk Maier
Softcover, 384 Seiten
ISBN 978-3-947048-13-7

Die UFO Verschwörung

Mit einem Vorwort von Dan Davis

Glauben Sie nicht, was man Ihnen von offizieller Seite sagt. UFOs, Freie Energie und Antigravitationstechnologie sind real. In den vergangenen 70 Jahren sind UFOs zu einem Synonym für Lügen, Legenden und Vertuschung durch die Regierung der Vereinigten Staaten geworden. Die Wahrheit hinter dem Phänomen ist bis heute Verschlusssache und nur einer handverlesenen Zahl von Geheimnisträgern vorbehalten. *Die UFO Verschwörung – Lügen, Legenden, Wahrheit* versucht Fakten von Fiktionen zu unterscheiden und sucht die Wahrheit hinter einer jahrzehntelangen Desinformationspolitik von Seiten der US Regierung.

€ 19,95
Frank Schwede

Softcover, 268 Seiten
ISBN 978-3-947048-08-3

€ 19,95

Markus Schlottig
Softcover 246 Seiten
ISBN 978-3-947048-09-0

Mythos Nibiru

Nibiru – immer, wenn die moderne Astronomie ein neues Objekt am Firmament ausmacht, bringt es gleichzeitig jene Endzeit-Enthusiasten auf den Plan, die sofort damit beginnen, die eigenen Ängste auf andere zu projizieren. Woher stammt diese Ur-Angst vor einem großen Himmelskörper, der Verwüstungen in unserem Sonnensystem erzeugen soll? *Mythos Nibiru* geht dieser Frage auf den Grund und fördert dabei Antworten zu Tage, die sowohl verblüffend als auch beruhigend sind. Während einerseits das erneute Auftauchen dieses Himmelskörpers faktisch unmöglich ist.

€ 19,95

Markus Schlottig
Softcover 258 Seiten
ISBN 978-3-947048-10-6

Mythos Anunnaki

Die Anunnaki – jene vermeintlichen „Astronauten-Götter, die herabstiegen um unter anderem den Menschen zu erschaffen."

Ein frommes Märchen, mit dem Ziel, den Zeitrahmen menschlicher Entwicklung herabzusetzen – die menschliche Spezies ist sehr viel älter als bislang angenommen – und ihn irgendwelchen Göttern zuzuschreiben, die nichts anderes taten, als eine vorhandene Menschheit genetisch zu manipulieren.

Mythos Anunnaki trägt dazu bei, eine völlig neue Sichtweise auf diese Astronauten zu lenken, die alles andere als "Götter" waren. Das kann kein Zufall sein.

€ 19,95

Markus Schlottig
Softcover 258 Seiten
ISBN 978-3-947048-11-3

Mythos Pyramidenkriege

Pyramidenkriege – so nannten viele Forscher diesen Konflikt, der seinen Ursprung in einer Zeit hat, als die menschliche Zivilisation noch „in den Kinderschuhen steckte." Dieser Konflikt hat überall auf der Welt Spuren hinterlassen besonders in Mythen, Legenden und „heiligen Büchern." *Mythos Pyramidenkriege* geht diesen Spuren nach und fördert dabei erstaunliches zu Tage: Die Kriege sind immer noch im vollen Gange. Was ist der Grund für den Konflikt? Wer sind die Kontrahenten? *Mythos Pyramidenkriege* zeigt Möglichkeiten auf und findet den roten Faden, der sich durch die Schriften der alten Völker hindurch windet.

€ 19,95
Frank Schwede
Hardcover, 279 Seiten
ISBN 978-3-947048-01-4

Warum die Wahrheit so schwer ist
Vorwort von Reiner Elmar Feistle
Roswell, Belgien und Rendlesham haben ein gemeinsames Geheimnis! Es wird strenger gehütet als der Heilige Gral.
Die bis heute wohl mit Abstand berühmteste Verschwörungstheorie aller Zeiten. Glauben Sie nicht, was man Ihnen darüber sagt. Man wird Ihnen von offizieller Stelle niemals die Wahrheit sagen.
Welches Geheimnis soll die Welt nicht erfahren? Dieser Frage versucht der Buchautor und Schriftsteller Frank Schwede in diesem Werk nachzugehen. Machen Sie sich auf unbequeme Fakten und schockierende Enthüllungen gefasst.

€ 19,95
Frank Schwede
Hardcover, 220 Seiten
ISBN 978-3-947048-0-6

Unterwegs zu anderen Dimensionen

Vorwort von Karin Feistle
Der bekannte Sachbuchautor Frank Schwede geht von der Theorie aus, dass die Erde über eine Vielzahl von Portalen verfügt, die interstellare Reisen über Wurmlöcher möglich machen.

„Operation Stargate" beschäftigt sich mit der inneren und äußeren Welt des Seins und mit der Möglichkeit, Kontakt mit der Wahrheit aufzunehmen. Wir befinden uns an der Schwelle einer grundlegenden Bewusstseinsveränderung, die der gesamten Menschheit ein neues Zeitalter eröffnet!

Begegnung mit dem Unfassbaren

€ 19,95
Frank Schwede
Hardcover, 230 Seiten
ISBN 978-3-947048-05-2

Die Wahrheit wird greifbar

Die Menschheit befindet sich an der Schwelle zu einer neuen, einer grundlegenden Bewusstseinsveränderung, die uns ein neues Zeitalter eröffnet.

Unsere bisherige Vorstellung über das Universum war falsch. Mysteriöse Monumente auf unseren Nachbarplaneten Mars und Mond sowie zahlreiche der Öffentlichkeit bisher verschwiegenen Funde in der Antarktis und in Ägypten geben uns mehr und mehr Anlass dazu, unsere Frühgeschichte zu überdenken.

Werden wir bald alle in der Lage sein, unter bestimmten Umständen Raumzeitgrenzen zu überschreiten.

€ 22,00

Reiner Elmar Feistle

Hardcover, 360 Seiten
ISBN 978-3-947048-06-9

Haben Sie sich jemals gefragt, ob in der Unendlichkeit des Universums anderes, hochentwickeltes Leben existiert?

Haben Sie sich jemals auch nur im Ansatz vorzustellen gewagt, dass die Außerirdischen bereits auf unsere Erde reisten, und es immer noch tun, um Menschen zu kontaktieren.

Können Sie sich vorstellen welche Konsequenzen das für die Regierungen und die gesamte Menschheit haben könnte?

In der aktualisierten erweiterten Neuauflage wurde ein zweiter Teil mit neuen Kapiteln integriert, um auf die Gefahren der KI (Künstlichen Intelligenz) hinzuweisen, die immer mehr unseren Alltag dominiert.

Welche Erkenntnisse können wir für die Zukunft daraus ziehen?

Aldebaran - Das Vermächtnis unserer Ahnen

€ 21,00
Reiner Elmar Feistle
Hardcover, 308 Seiten
ISBN 978-3-000367-16-8

Mit einem Vorwort von Dan Davis

Sind Sie sich bewusst darüber, dass unsere Ahnen bereits seit einem längeren Zeitraum wieder auf der Erde agieren und viele Menschen kontaktieren? Können Sie sich vorstellen, dass die Alten zum Teil unter uns weilen, uns studieren, analysieren und oft genug auch unsere Dummheiten korrigieren?

Haben Sie sich jemals gefragt, ob Zeitreisen existieren und durchführbar sind?

Dieses Buch wird Ihnen auf viele Fragen Antworten geben, die Sie vielleicht in dieser Form nicht erwartet hätten.

Seien Sie offen, wagen Sie den Schritt in eine neue und höhere Dimension.